ПУТЕВОДИТЕЛЬ

Высокочтимая Лучезарная

Мекка-Медина

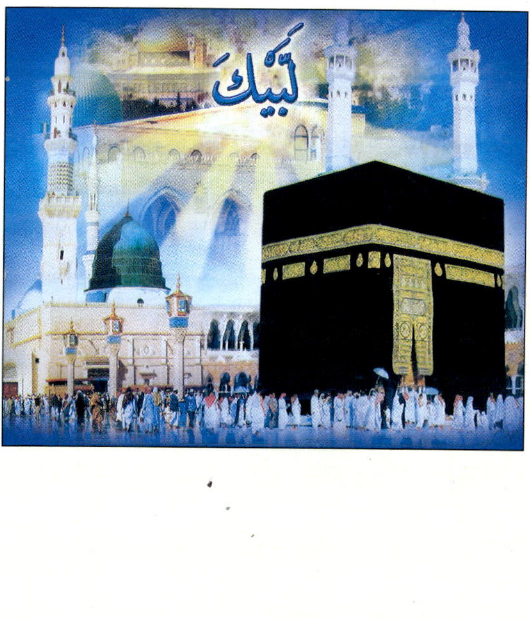

Москва — Санкт-Петербург
«ДИЛЯ»
2007

ББК 63.3 (5)
86.38
П 90

Уважаемый читатель!
Относитесь с почтением к этой книге, не используйте ее в недостойных целях и не храните в неподобающих местах, ибо в ней упоминается имя Создателя и аяты Священного Корана. За добро ваших сердец воздастся вам добром!

Авторы-составители:
Г. Ф. Нуруллина, П. О. Гусейнова

Генеральный директор
издательства «ДИЛЯ» *И. С. Раимов*

П 90 **Путеводитель паломника.** Высокочтимая Мекка — Лучезарная Медина. — СПб: «Издательство «ДИЛЯ», 2007. — 240 с., илл. 162.

ISBN 5-88503-592-X

СОДЕРЖАНИЕ

Во имя Аллаха, Милостивого и Милосердного!

Слава Аллаху, Господу миров, мир и благословение последнему из пророков — Мухаммаду, его семье и сподвижникам. Да пребудет с вами мир и милость Аллаха, дорогие читатели!

Посланник Аллаха, мир ему и благословение Аллаха, сказал: «Малые паломничества смывают совершенные между ними грехи, а вознаграждением за благостное большое паломничество может быть только рай» (аль-Бухари и Муслим).

Совет муфтиев России выражает огромное удовлетворение тем, что российские читатели имеют возможность ознакомиться с книгой «Путеводитель паломника. Высокочтимая Мекка — Лучезарная Медина» издательства «ДИЛЯ».

Хадж является одним из обязательных условий в религиозной практике мусульман. В данной книге описывается история священных мест, приводится полезная практическая информация, основные молитвы ду'а, краткий разговорник. Главным достоинством путеводителя является то, что в доступной и наглядной форме изложены правила совершения хаджа в соответствии с основными мазхабами — ханафи и шафи'и. Вышеуказанный труд является, пожалуй, основным подробным источником на сегодняшний день по данной тематике на русском языке. Примечательно, что книга содержит авторские фотографии, иллюстративный материал, а также карты.

Данная книга — это плод многолетней и профессиональной работы, выполненный на основе личного опыта одного из авторов. Совет муфтиев России считает, что подобного рода труд будет полезен не только мусульманам, но и представителям других конфессий, а также людям, изучающим историю и культуру Востока.

Мы желаем авторам-составителям дальнейших успехов в работе и выражаем надежду на плодотворное сотрудничество на благо ислама и мусульман. Да поможет вам Аллах!

Муфтий Шейх Равиль Гайнутдин
Председатель Совета муфтиев России,
Председатель Духовного управления
мусульман европейской части России

بِسۡمِ ٱللَّهِ ٱلرَّحۡمَٰنِ ٱلرَّحِيمِ

Мекка и Медина — священные города ислама, в которых расположены его главные святыни — мечети *аль-Масджид аль-Харам* (Заповедная мечеть) с Каабой и *аль-Масджид ан-Набави* (мечеть Пророка). Мекка — родина этой мировой религии и ее основателя — Пророка Мухаммада ﷺ. Здесь ему были ниспосланы первые *аяты* Священного Корана, здесь он начал проповедовать и приобрел первых последователей — мусульман. В Медине, куда Пророк ﷺ переселился в 622 г., он провел последние годы своей жизни и был похоронен. В этом городе ислам сформировался как целостная идеологическая система, отсюда он начал распространяться по всей Аравии и далеко за ее пределы.

Миллионы верующих со всех концов света приезжают в эти города для выполнения *хаджа* — паломничества, обязательного раз в жизни для каждого мусульманина. *Хадж* — это сложный ритуал, требующий определенной физической, духовной и интеллектуальной подготовки. К сожалению, не все российские паломники в состоянии правильно понять и безошибочно исполнить все его обряды. Причин тому несколько: это и незнание арабского языка, и отсутствие необходимых знаний по исламу, нехватка времени и качественной литературы по данной тематике. Восполнить этот пробел в определенной степени может данная книга: помимо подробного описания обрядов *хаджа*, она содержит разделы, посвященные истории и достопримечательностям Мекки и Медины, практические советы, тексты молитв и краткий разговорник. Знакомство с ней поможет паломнику не только верно исполнить все предписанные ему обряды, но и сделает более понятными посещаемые им города — Мекку и Медину.

Все данные, приведенные в путеводителе, были тщательным образом проверены, однако авторы не гарантируют полное отсутствие неточностей в отношении номеров телефонов различных организаций, поскольку эти данные со временем могут меняться. Составители путеводителя старались придерживаться объективной точки зрения при подборе и подаче материалов. Авторы признают возможность иных трактовок и наличие различных точек зрения на описываемые в путеводителе факты.

Встречающиеся в книге арабские термины и имена собственные даны в упрощенном варианте русской транслитерации. Учитывая определенную сложность в передаче некоторых арабских названий по-русски, составители признают возможность иного, чем в путеводителе, написания этих слов.

Как это принято в мусульманской традиции, упоминание имени Пророка сопровождено формулой благопожелания: «Да благословит его Аллах и да приветствует» (араб. *Салля-ллаху аляйхи ва саллям*), которая имеет следующий вид ﷺ.

Приводимые в тексте ссылки на Коран даны в скобках: первая цифра — номер *суры* и через двоеточие — номер *аята*. Например (2:2–4), что означает *сура* 2, *аяты* 2–4.

Сокращение г. х. означает год *хиджры*.

Практический раздел путеводителя был подготовлен на основе личного опыта совершения *хаджа* одним из авторов и переработанных материалов по *хаджу* за последние годы. С учетом того, что правительство Королевства Саудовская Аравия уделяет большое внимание улучшению условий для совершения ритуала *хаджа*, некоторые предложенные практические рекомендации могут обновляться год от года.

САУДОВСКАЯ АРАВИЯ

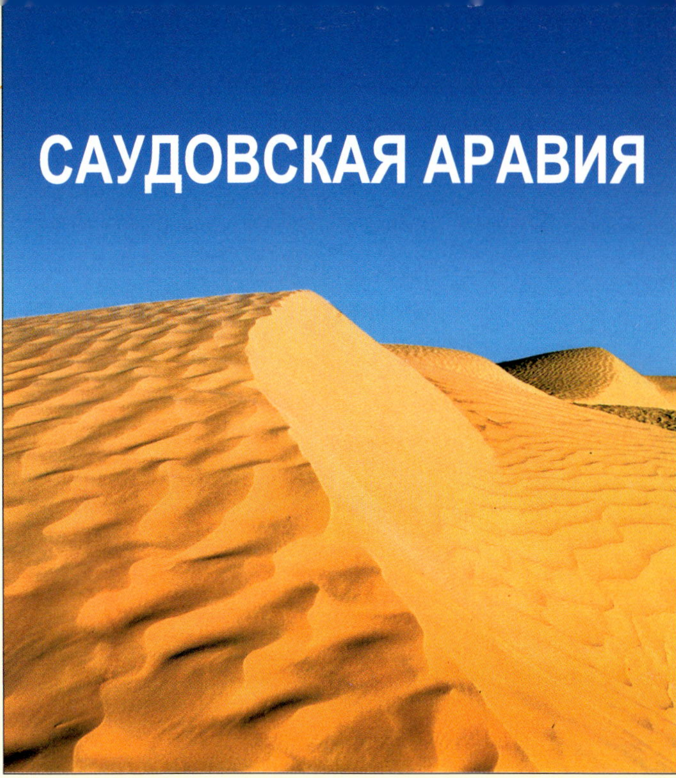

ОБЩИЕ СВЕДЕНИЯ

Официальное название	Королевство Саудовская Аравия (КСА)
Столица	Эр-Рияд (4 млн чел.)
Численность населения	26 417 599 чел. (2005 г.)
Территория	1 960 582 км^2
Тип правления	Абсолютная монархия
Глава государства	Король — ‘Абдуллах ибн ‘Абд аль-‘Азиз Аль Са‘уд (у власти с 1 августа 2005 г.)
Политическое деление	13 провинций — *мухафаз*
Национальный состав	Арабы (более 90%)
Государственный язык	Арабский
Религия	Ислам суннитского толка
Конституция	Основана на *шари‘ате*
Денежная единица	Саудовский риал, равный 100 халалам
Курс	$1=3.745 риала; 1 евро=4.307 риала
Время	Летнее время отстает от московского на 1 час. Зимнее — совпадает с московским. В Мекке и Медине время московское
Выходные дни	Четверг и пятница
Праздники	*‘Ид аль-Фитр*, отмечаемый по окончании месяца *рамадан*; *‘Ид аль-Адха* — по окончании *хаджа*; День государства — 23 сентября
Флаг	Зеленый с белой надписью: «Нет Бога, кроме Аллаха, и Мухаммад — Посланник Аллаха»
Международный телефонный код	+966
Напряжение в электросети	110 В и 220 В, 50 Гц
Система мер и весов	Метрическая

●	Эр-Рияд	свыше 1 000 000 жителей
●	Джидда	от 500 000 до 1 000 000 жителей
●	Абу-Даби	от 100 000 до 500 000 жителей
●	Эль-Мукалла	от 50 000 до 100 000 жителей
●	Джазир	менее 50 000 жителей

остального мира пустынями и морями. Изоляция Аравии закончилась только в 1869 г., после открытия Суэцкого канала. Аравия, оказавшаяся на важном торговом пути из Европы в Азию, стала вовлекаться в мировую торговлю и политику. Однако и сейчас эта страна остается одной из самых закрытых в мире, сюда не так легко попасть в качестве туриста, хотя Министерство по туризму Саудовской Аравии в последнее время делает реальные шаги по развитию этой индустрии. Главные достопримечательности страны — два священных города Мекка и Медина — доступны только для паломников-мусульман, совершающих *хадж* или *ʻумру*.

Географическое положение и климат

Королевство Саудовская Аравия расположено на Аравийском полуострове, на стыке двух материков — Евразии и Африки. С севера Саудовская Аравия граничит с Иорданией, Ираком и Кувейтом, а на юге с Йеменской Республикой и Оманом, на востоке — с Объединенными Арабскими Эмиратами, Катаром и островным государством Бахрейн. Рельеф местности Саудовской Аравии достаточно разнообразен, но почвы ее большей частью бесплодны и грубы, часто встречаются солончаки, каменистые равнины, пески, крайне мало озер и непересыхающих рек. На юге страны находится самая большая песчаная пустыня в мире Руб-эль-Хали (араб. «пустая четверть»). На юго-западе, в провинции ʻАсир (араб. «трудный»), горные вершины вздымаются более чем на 2700 м.

Арабы называют Аравийский полуостров Джазират аль-ʻАраб — «островом арабов», так как, по мнению аравийцев, он отделен от

Климат КСА жаркий, сухой, тропический, на севере субтропический, на юге тропический. Дожди здесь довольно редки. Летом стоит сухая, жаркая погода, температура днем в пустыне превышает 40°C. Средние температуры июля выше 30°C, января 20°C. Осадков около 100 мм в год (в горах до 400 мм). Постоянных рек нет. Растительность пустынная, полупустынная.

Влажность в прибрежных районах порой достигает 100%. Климат в северных и центральных районах более мягкий. Зимой под влиянием холодного потока воздуха на севере и в центре страны наблюдается понижение температуры, которая опускается ночью ниже нуля градусов.

Государственный флаг КСА

Экономика

Основа экономики — нефтяная и газовая промышленность. Саудовская Аравия обладает уникальными запасами нефти и природного газа. Страна занимает 1-е место по запасам нефти — 35,6 млрд тонн (в России нефтяные запасы оцениваются в 6,7 млрд тонн) и 4-е место по запасам природного газа — 5260 млрд м^3. Развиты нефтеперерабатывающая, нефтехимическая, металлургическая, бумажная, текстильная, пищевая промышленности; производство стройматериалов; ремесла. Преобладает крупное и среднее землевладение, мелкое арендное землепользование. Выращивают: финиковую пальму, пшеницу, ячмень. Основные морские порты: в Персидском заливе — Рас-Таннура, Даммам, Эль-Хубар и Мина-Сауд; на Красном море — Джидда, обслуживающий свыше 1,5 млн паломников в год, Янбу и Джизан.

История

Аравийский полуостров был населен с глубокой древности кочевыми арабскими племенами, называвшими себя *аль-ʻараб* (арабы). Древние арабы никогда не были под игом персов или других иноземцев, что отразилось на их укладе и культуре. Во II–V вв. среди части арабов получили распространение иудаизм и христианство. В VII в. на западе полуострова, в Хиджазе, возникла новая религия — ислам, с которой связан расцвет Аравии.

Основатель Саудовского государства король ʻАбд аль-ʻАзиз Аль Саʻуд

Под знаменем ислама был создан Арабский *Халифат* со столицей в Медине — первое централизованное мусульманское государство, объединившее всю Аравию. Вскоре арабы завоевали Сирию, Месопотамию, Северную Африку, Испанию. Столицей их огромного государства был вначале Дамаск, а затем Багдад. В период правления Омейядов (661–750 гг./41–132 гг. х.) и Аббасидов (750–1258 гг./132–656 гг.х.) Аравия превратилась в политическую и экономическую окраину *Халифата*. С XVI в. Хиджаз находился под властью Османской империи. К началу XIX в. большая часть Аравии была объединена *эмирами* из рода Саʻуд в государство Саудидов, существовавшее (с перерывами) до начала XX в. В результате войн за объединение Аравии в 1920-е гг. *эмир* Неджда ʻАбд аль-ʻАзиз Аль Саʻуд возродил свой эмират, собрав вокруг него другие аравийские земли. В 1927 г. Ибн Саʻуд был провозглашен королем, а в 1932 г. страна получила название Королевство Саудовская Аравия. Король из династии Саудидов стал покровительствовать главным исламским святыням в Мекке и Медине.

Законодательство и государственное устройство

Законодательная система Саудовской Аравии основана на *шари'ате*. Роль конституции страны играет Коран, в котором определяются этические ценности и даются предписания. Саудовская Аравия — исламское государство. Исполнительная и законодательная власть принадлежат королю и Совету министров. Министры Королевства и все прочие правительственные инстанции подотчетны королю.

Летосчисление

В КСА официально принят исламский календарь, в основу которого положен лунный год, а не солнечный, как в западном григорианском календаре. Лунный месяц — это отрезок времени между двумя последовательными новолуниями. Хотя лунный год содержит 12 месяцев, он на 11 дней короче солнечного, вследствие чего религиозные праздники и другие знаменательные даты постепенно сдвигаются во времени.

Летосчисление ведется от года переселения *(хиджры)* Пророка Мухаммада ﷺ из Мекки в Медину (622 г.). На Западе исламское летосчисление принято обозначать сокращением г. х. (год *хиджры*). 2007 г. соответствует 1428 г. х. Праздничный (выходной) день недели у мусульман — пятница, рабочая неделя начинается с субботы.

Религия

Ислам — монотеистическая религия, в основе которой лежит чистое единобожие. В переводе с арабского *ислам* означает покорность Богу, а *Аллах* — Один Единый Бог. Последователи ислама — *мусульмане* верят в Единого Бога, а также в то, что Мухаммад — Его Посланник и последний Пророк. Коран, Священное Писание ислама, был ниспослан людям на арабском языке. Сегодня сообщество мусульман, включающее в себя людей многих рас и культур, насчитывает более 1,5 млрд человек, 20 млн из которых проживает в России.

Мусульманину предписано пять обязанностей, называемых «пять столпов ислама». **Первая** — это произнесение свидетельства веры (араб. *шахада*): «*Ля иляха илля ллах, Мухаммадун расулю-ллах* (Нет божества, кроме Аллаха, Мухаммад — Посланник Аллаха»). **Вторая** — ежедневное совершение пятикратной молитвы (*салят*), во время которой верующие обращаются в сторону Мекки. **Третья** — выплата *закята* — определенной части собственности на нужды мусульманской общины, в частности, неимущим ее членам. **Четвертая** — пост (*саум*) в священный месяц *рамадан*, когда мусульмане воздерживаются от еды и питья от восхода до заката солнца. Пятый — *хадж,* паломничество в Мекку, которое полагается совершить хотя бы раз в жизни.

Исторически Саудовская Аравия занимает особое место в исламском мире. Именно здесь находятся священные города Мекка и Медина. Королевство, неся заботу об этих городах, постоянно привлекает значительные финансовые и человеческие ресурсы с целью создания наиболее комфортных условий в период *хаджа* как можно большему числу мусульман.

Мечети

Мечеть (от араб. *масджид*, т. е. «место коленопреклонения») является символом ислама и местом сбора верующих для совместной молитвы. Наиболее почитаемыми в исламе считаются три мечети, две из которых находятся в Саудовской Аравии. Это *аль-Масджид аль-Харам* (Заповедная мечеть) в Мекке, *аль-Масджид ан-Набави* (мечеть Пророка) в Медине и *аль-Акса* (Удаленная) в Иерусалиме. Основными элементами мечети являются: место для омовения, в котором до начала молитвы верующие омывают лицо, руки и ноги; молельный зал; ниша в стене молельного зала *(михраб)*, указывающая направление в сторону Мекки *(кибла)*; кафедра проповедника *(минбар)* и *минарет* — сооружение, с которого произносится призыв к молитве *(азан)*. Мечети делятся на соборные (*джами*‘), в которых мусульмане собираются по пятницам послушать проповедь и помолиться, и квартальные, где они совершают молитву в остальное время.

Михраб

Арабская письменность и искусство

Арабы читают и пишут справа налево. Арабское письмо существует по крайней мере с 300 г. и зачастую используется в каллиграфической форме в качестве орнамента. Изображение людей, хотя и не запрещено Кораном, тем не менее не рекомендуется, так как считается, что оно может привести к возникновению культа героев или святых. В декоративных целях применяются так называемые арабески — мотивы, использующие геометрические формы, узоры, листья или цветы.

Басмала

Арабские цифры

Восточные символы:	٩	٨	٧	٦	٥	٤	٣	٢	١	٠
Западные символы:	9	8	7	6	5	4	3	2	1	0

Арабский алфавит

Написание	Название	Чтение	Написание	Название	Чтение
ا	Алиф	(а̄)	ض	Да̄д	д
ب	Ба̄	б	ط	Т̣а̄	т̣
ت	Та̄	т	ظ	З̣а̄	з̣
ث	С̱а̄	с̱	ع	‘Айн	‘
ج	Джӣм	дж	غ	Г̣айн	г̣
ح	Х̣а̄	х̣	ف	Фа̄	ф
خ	Х̮а̄	х̮	ق	К̣а̄ф	к̣
د	Да̄ль	д	ك	Ка̄ф	к
ذ	З̱а̄ль	з̱	ل	Ля̄м	л
ر	Ра̄	р	م	Мӣм	м
ز	Зайн	з	ن	Нӯн	н
س	Сӣн	с	ه	Х̨а̄	х̨
ش	Шӣн	ш	و	Ва̄в	в (ӯ)
ص	С̣а̄д	с̣	ي	Йа̄	й (ӣ)

Международный аэропорт короля ‘Абд аль-‘Азиза

Международный аэропорт короля ‘Абд аль-‘Азиза принимает более 90% общего числа паломников, прибывающих из-за рубежа. Он расположен в 19 км от города Джидда. В настоящее время комплекс аэропорта занимает площадь 105 км^2, включая в себя три самостоятельных терминала, один из которых предназначен для местных полетов авиакомпании «Саудия», второй — для международных полетов, совершаемых самолетами более 40 зарубежных авиакомпаний, третий — для обеспечения паломничества. Пропускная способность аэропорта — более 80 тыс. паломников одновременно.

МЕККА

ОБЩИЕ СВЕДЕНИЯ

КРАТКИЙ ОЧЕРК ИСТОРИИ ГОРОДА

МЕЧЕТЬ *АЛЬ-МАСДЖИД АЛЬ-ХАРАМ*

СВЯЩЕННЫЕ ОКРЕСТНОСТИ МЕККИ

ПАМЯТНЫЕ МЕСТА МЕККИ

ОБЩИЕ СВЕДЕНИЯ

Географическое положение и климат

Мекка (долгота — 39°, широта — 22°) — город, в котором расположена наиболее почитаемая святыня мусульман — мечеть *аль-Масджид аль-Харам* с находящейся в центре ее Каабой. Мекка — третий по величине город Саудовской Аравии; численность его населения составляет около 1 млн человек, включая обслуживающий персонал. Она находится на западе Аравийского полуострова, в 75 км от побережья Красного моря, в небольшой каменистой долине, окруженной со всех сторон горами. Климат в этой части Аравии жаркий и засушливый, температура воздуха зимой достигает 18 °С, летом 48 °С. Среднегодовая норма осадков не превышает 80 мм, что ничтожно мало даже для Аравии. Редкие муссонные дожди порою вызывают наводнения, от которых не спасают дамбы, сооруженные для защиты города.

Наводнение, затопившее Заповедную мечеть

Значение и религиозный статус

Мекка — древний религиозный центр, родина мировой религии — ислама и ее основателя Пророка Мухаммада ﷺ. В 622 г. из-за преследований своих соплеменников-курайшитов он переселился в оазис Йасриб (ныне Медина), однако до конца своей жизни продолжал любить родной город. Согласно одному из *хадисов*, покидая его, Пророк ﷺ сказал: *«Нет лучшего города, чем ты, и более любимого мною. И если бы твои жители не изгнали меня, я не стал бы жить в другом месте»* (ат-Тирмизи).

Мекка не раз упоминается в Коране, к примеру, в следующем его *аяте*: **«Клянусь смоковницей и оливой, клянусь горой Синай и этим безопасным городом»** (95:1–3). «Безопасный город» (араб. *аль-Баляд аль-Амин*) — одно из названий Мекки; избрав ее предметом своей клятвы, Аллах показал, насколько важное значение она для Него имеет.

Границы священной территории

Мекка и ее окрестности считаются священной территорией — *харам*, где все живое до наступления Судного дня находится под защитой Аллаха. На север она простирается на 7,5 км до ат-Тан‘има, где находится знаменитая мечеть А‘иши; на юг — на 16 км до Адат Лябан (ныне *аль-‘Акишийа*). На ее восточной границе, в 22 км от Заповедной мечети, расположена деревня аль-Джи‘рана, на западной — равноудаленная от Мекки аль-Худайбийа (аш-Шумайси), где в 628 г. /6 г. х. сподвижники присягнули на верность

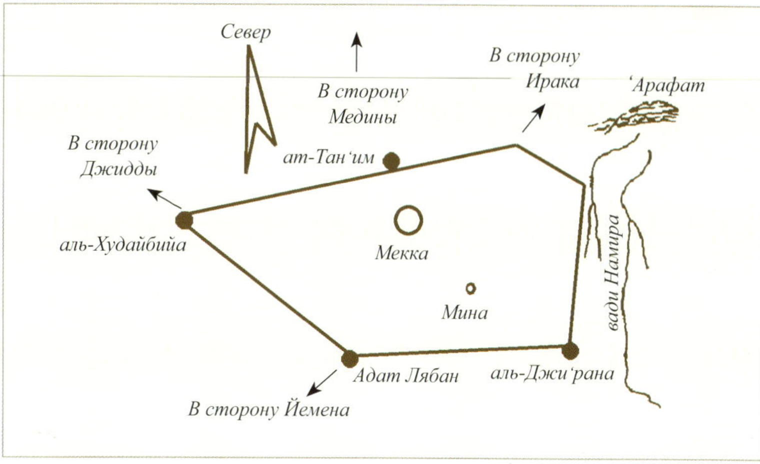

Границы священной территории (харам) Мекки

Пророку ﷺ. Границы священной территории отмечены столбами высотой в метр, которые стоят у дорог, ведущих в город. Считается, что эти столбы были впервые установлены пророком Ибрахимом в местах, указанных ему ангелом Джибрилем. Позднее они не раз реконструировались, причем однажды это было сделано по личному распоряжению Пророка ﷺ. После завоевания Мекки в 630 г. /8 г. х. он послал группу своих сподвижников во главе с Асʻадом аль-Хузаʻи обновить межевые столбы близ Мекки.

В пределах *харама* запрещено убивать и проливать кровь, носить оружие, охотиться, рубить деревья и рвать траву. Пророк ﷺ сказал: *«Аллах сделал заповедным этот город в день, когда Он сотворил небеса и землю, и он останется таковым по велению Аллаха до самого Судного дня…»* (Муслим). Согласно другому *хадису,* город, по велению Аллаха, объявил заповедным пророк Ибрахим, который поселил в его долине жену Хаджар и сына Исмаʻила. Он помолился за Мекку и своих потомков, попросив Аллаха уберечь их от идолопоклонничества, наделить плодами (14:35–37) и дать им посланника из их среды (2:129). Аллах исполнил мольбу Ибрахима и сделал Мекку безопасным городом, так что сам ад-Даджжаль (Лжемессия) в будущем не сможет проникнуть в нее (аль-Бухари). Он избрал посланника из числа потомков Ибрахима, через которого ниспослал людям Священное Писание — Коран.

Мечеть ʻАиши в ат-Танʻиме

Европейские путешественники в Мекке

В течение всех четырнадцати веков ислама Мекка остается закрытым городом для иноверцев. Тем не менее, начиная с XVI в., под видом мусульманских паломников в нее проникают европейцы — исследователи, шпионы и авантюристы. Первым среди них был итальянский путешественник, уроженец Болоньи Лодовико ди Вартема (ок. 1465–1517). В 1503 г. он отплыл из Венеции, побывал в Египте, Сирии, странах Персидского залива, Персии. В числе прочих Вартема посетил Хиджаз и его священные города Мекку и Медину, что было смертельно опасно для немусульманина. Его путевые записки, изданные в 1510 г., пользовались популярностью и были переведены на многие европейские языки.

Наиболее часто европейцы посещали Мекку в XIX в. Многие из них оставляли ее подробнейшие описания, ставшие источниками ценных сведений об истории города и его достопримечательностях, социальном и политическом строе, обычаях и нравах жителей. Особое значение среди них имеют труды швейцарца Иоганна Людвига Буркхардта (1784–1817) и англичанина Ричарда Бертона (1821–1890), посетивших Мекку в первой половине XIX в. Первый прославился, открыв в 1812 г. древнюю столицу Набатеи Петру (Иордания). Он обследовал Сирию и Ливан, побывал в Египте и Нубии, откуда морем перебрался в Хиджаз. В Мекке он выдавал себя за паломника-индуса *шайха* Ибрахима; прекрасное знание арабского языка, Корана и мусульманских обрядов позволили ему отлично справиться с этой ролью и не вызвать никаких подозрений. Свои впечатления от поездки он изложил в двух книгах: «Путешествие в Аравию» и «Заметки о бедуинах».

Сэр Ричар Бертон — офицер-разведчик, дипломат, путешественник, переводчик (ему принадлежит английский перевод известных сказок «Тысячи и одной ночи») и авантюрист. В 1853 г. в возрасте 32 лет отправился в Хиджаз, намереваясь посетить Мекку и Медину. В пути караван паломников, с которым он ехал, дважды подвергался нападению разбойников. Понятна его радость, когда наконец он благополучно добрался до конечной цели своего путешествия — Мекки. Как он пишет в

Паломники, бросающие камни в долине Мина. Рисунок Р. Бертона

своей книге: «Из всех молящихся… которые прижимались бьющимися сердцами к камню, никто не испытывал большего душевного волнения, чем хаджи с далекого севера». С риском для жизни он измерил и описал мекканскую мечеть и ее главную святыню — Каабу. По возвращении на родину он составил трехтомное «Личное повествование о паломничестве в Медину и Мекку», которое принесло ему известность.

Названия Мекки

Официальное название Мекки — *Макка аль-Мукаррама* (Высокочтимая Мекка). Кроме того, она имеет около 50 других названий, некоторые из которых упомянуты в Коране. Это: Мекка (араб. *Макка*, 48:24), Бакка (3:96), Город (араб. *аль-Баляд*, 14:35), Безопасный город (араб. *аль-Баляд аль-Амин*, 95:3), Мать городов (араб. *Умм аль-Кура*, 6:92), Город (араб. *Карйа*, 47:13), Безопасное святилище (араб. *Харам Амин*, 28:57), Долина, в которой не растут злаки (араб. *Вади гайр зи зар‘ин*, 14:37), Заповедная мечеть (араб. *аль-Масджид аль-Харам*, 48:27).

Историки и лингвисты предлагают несколько вариантов толкования названия Мекки. Согласно традиции, оно происходит от арабского глагола *макка*, что значит «уменьшать», «уничтожать», поскольку нахождение в ней избавляет человека от грехов. Как полагают европейские исследователи, слово «Мекка», или «Макораба» (название города, приводимое греческим географом Птолемеем) заимствовано из языка южных арабов, к которым относились первые обитатели этих мест — племена джурхум и хуза‘а. Оно образовано от слов *мак* («дом») и *рабб* («господь»), что вместе дает *Макурабб* или «Дом Господа». Слово *Бакка* есть фонетический вариант Мекки (араб. *Макка*), образуемый при замене первой буквы *мим* на *ба*, как это имеет место в языке южных арабов.

КРАТКИЙ ОЧЕРК ИСТОРИИ ГОРОДА

Возникновение города

Мекка — древний город, упоминание о котором мы находим у древнегреческих и древнеримских авторов. Так, Птолемей Александрийский (II в.) пишет о ней как о Макорабе. Кроме того, древние историки сообщают о существовании в западной части Аравийского полуострова нескольких мест, почитаемых арабами как священные. Названия их эти авторы не приводят, но вполне возможно, что среди них была и Мекка. О существовании у арабов известного святилища пишет и греческий историк Диодор Сицилийский (I в. до н. э.); которое некоторые исследователи склонны отождествлять с Меккой.

Мусульманские историки относят его возникновение к временам пророков Ибрахима и Исма‘ила. Согласно одному из *хадисов*, по велению Аллаха Ибрахим привез свою жену Хаджар и младенца-сына Исма‘ила в безлюдную долину, в которой позднее возникла Мекка. Здесь он покинул их, снабдив финиками и водой. Хаджар соорудила шалаш у холма, полагая, что его заметят посещающие это место караваны. Когда их запасы иссякли, Хаджар, не желая видеть мучений сына, в поисках воды принялась бродить по долине. Семь раз она пробежала между находящимися здесь холмами ас-Сафа и аль-Марва, пока недалеко от того места, где стоял их шалаш, ей не явился ангел, открывший источник воды. Это был *Замзам*, появление которого привлекло в долину новых обитателей — йеменское племя джурхум, осевшее здесь с разрешения Хаджар. Исма‘ил выучил арабский язык, на котором говорило это племя; возмужав, он женился на девушке-джурхумитке, которая родила ему детей. Время от времени к нему приезжал Ибрахим; в одно из таких посещений по велению Аллаха они построили Священную Каабу, ставшую первым домом, возведенным для поклонения (аль-Бухари). Забота о его состоянии легла на плечи Исма‘ила.

Мекка до ислама

После смерти Исма‘ила почетная должность хранителя Каабы отошла к его потомкам, которые, впрочем, сохраняли ее совсем недолго. Воспользовавшись малолетством осиротевших внуков Исма‘ила, этой привилегией самовольно завладели их родственники-джурхумиты. Они распоряжались всеми делами, относящимися к Священному Дому, и так продолжалось до той поры, пока в долине Мекки не появилось новое племя, также вышедшее из Южной

Пророк Мухаммад ﷺ в цепи пророков

Адам
|
Нух (Ной)
|
Ибрахим (Авраам)

Исхак (Исаак) — Йа‘куб (Иаков) — Йусуф (Иосиф) — Муса (Моисей) — ‘Имран — ‘Иса (Иисус Христос)

Исма‘ил (Измаил) — ‘Абд аль-Мутталиб — ‘Абдаллах — **Мухаммад**

Аравии. Это были хуза‘иты, переселившиеся на север после разрушения Ма‘рибской плотины в Йемене. В столкновении с ними джурхумиты потерпели поражение и были изгнаны из мекканской долины. Хуза‘иты владели городом на протяжении пяти столетий, и именно в это время, как гласит предание, в нем начали поклоняться идолам. Первые идолы были привезены из Набатеи вождем племени ‘Амром ибн Лухаййем, который желал таким способом снискать Мекке еще большую известность и привлечь в нее новых паломников. Внутри Каабы поместили статую бога-воителя Хубала, считавшегося покровителем города, а вокруг нее расставили 360 других идолов, свезенных с разных мест Аравии, Набатеи и Месопотамии.

Примерно в середине V в. Мекку захватило племя курайш во главе с Кусаййем ибн Килаб ибн Мурра. Кусайй поселил курайшитов в городе, разделив его между родами племени. Некоторые мусульманские историки утверждают, что до того, как городом завладел Кусайй, в нем не было ни одного сооружения за исключением Каабы. Жившие здесь прежде племена джурхум и хуза‘а не желали возводить рядом с нею другие постройки; каждый вечер они покидали город и проводили ночь за пределами его священной территории. Когда власть над Меккой перешла к Кусаййу, он собрал курайшитов и поселил их в пределах *харама*, велев не покидать его ночью. Часть курайшитских родов осела в городе, на участках, отведенных им Кусаййем, другие (так называемые долинные курайшиты) — в его окрестностях. Сам Кусайй построил для себя дом недалеко от Каабы, который стали называть *Дар ан-надва* (Дом собраний), поскольку в нем собирались для обсуждения городских дел старейшины племени.

После прихода к власти Кусайй сконцентрировал в своих руках все должности, связанные с религиозно-политическим управлением города. Он был главным хранителем Каабы, снабжал паломников водой и пищей, председательствовал в Доме собраний и хранил знамя курайшитов. После кончины Кусаййа эти функции отошли к его старшему сыну ‘Абд ад-Дару и его потомкам. В дальнейшем они были вынуждены поделиться своими привилегиями с другими курайшитскими родами; в частности, их дальние родственники, разбогатевшие потомки младшего сына Кусаййа ‘Абд Манафа, получили право поить паломников.

Пророк Мухаммад ﷺ и зарождение ислама в Мекке

Пророк Мухаммад ﷺ родился около 570 г. в Мекке. Он был единственным сыном ‘Абдаллаха ибн ‘Абд аль-Мутталиба, принадлежавшего к курайшитскому роду хашим, и Амины, происходившей из рода зухра. Мальчик рано остался сиротой: ‘Абдаллах умер еще до его рождения, а через шесть лет за ним последовала и Амина. После ее кончины ребенок был взят на воспитание дедом ‘Абд аль-Мутталибом, которому было тогда около восьмидесяти лет. Будучи старейшиной рода хашим, он владел почетным правом поить паломников; именно ему местное предание приписывает заслугу обнаружения источника *Замзам*, заброшенного когда-то

*Печать Пророка Мухаммада*ﷺ

джурхумитами. В доме деда Мухаммад провел два года; когда ‘Абд аль-Мутталиб скончался, его опекуном стал дядя Абу Талиб. Семья Абу Талиба обладала скромным достатком, а потому повзрослевшему Мухаммадуﷺ пришлось самостоятельно заботиться о собственном пропитании. Сначала он за небольшую плату пас овец курайшитов, затем стал участвовать в снаряжении караванов. В возрасте 25 лет Мухаммадﷺ женился на Хадидже бинт Хувайлид из близкого хашимитам рода асад. Она родила ему двух или трех сыновей, которые умерли в младенчестве, и четырех дочерей: Зайнаб, Рукаййу, Умм Кульсум и Фатиму. До наступления своего сорокалетия Мухаммадﷺ вел ничем не примечательную жизнь: торговал, растил дочерей, выдавал их замуж. Среди остальных мекканцев он выделялся своей удивительной честностью, снискавшей ему прозвище аль-Амин (араб. «надежный», «достойный доверия»). Единственным значительным событием этого периода его жизни было участие в ремонте Каабы, предпринятом курайшитами в 605 г. Они заново возвели стены храма, разрушенные селем, и впервые покрыли его крышей. По преданию, Пророкﷺ собственноручно вставил в стену Каабы Черный камень, который поднесли ему на плаще старейшины курайшитских родов.

Когда Мухаммадﷺ достиг возраста сорока лет (ок. 610 г.), Аллах избрал его Своим пророком и посланником, возложив на него миссию нести Его слово людям. Первое откровение было ниспослано ему в конце месяца *рамадан*, который он, как обычно, проводил в уединении в пещере горы Хира. По преданию, во сне перед ним предстал ангел Джибриль, продиктовавший ему первую из *сур* Корана: **«Читай, во имя Господа твоего, который сотворил все создания, сотворил человека из сгустка крови. Возвещай, ведь твой Господь — самый великодушный, который научил человека письму посредством калама, научил человека тому, чего он ранее не ведал»** (96:1–5).

Первыми последователями Пророкаﷺ стали члены его семьи: жена Хадиджа, приемный сын Зайд ибн Хариса, 10-летний двоюродный брат ‘Али и друг Абу Бакр. Со временем к ним примкнули и некоторые другие курайшиты, однако число их было невелико. По замечанию одного из средневековых арабских историков, в большинстве своем это были «молодые и незначительные люди»; Пророкﷺ собирал их в собственном доме, позднее в доме своего последователя аль-Аркама ибн Абу-ль-Аркама у подножия холма ас-Сафа. Спустя три-четыре года по велению Аллаха он выступил с открытой проповедью, которая не имела успеха у мекканцев. Посчитав его сумасшедшим, они изводили его вопросами о точном времени наступления Судного дня и ехидными просьбами оживить их умерших предков. Однако когда он начал ругать их богов, отношение к нему переменилось: от насмешек курайшиты перешли к открытой враждебности, объектами которой стал не только Пророкﷺ, но и его последователи-мусульмане.

Спасаясь от преследований, часть их эмигрировала в Эфиопию; Посланник Аллахаﷺ остался в городе под защитой своего рода и его главы Абу Талиба. После кончины в 619 г. Хадиджи и Абу Талиба он разом лишился поддержки и был вынужден искать союзников за пределами города. Пророкﷺ проповедовал среди паломников и торговцев, посещающих Мекку, предпринял поездку в соседний город Таиф, однако его усилия оказались безрезультатными. Наконец в 620 г. его проповедь нашла отклик у группы паломников из оазиса Йасриб, расположенного в 400 км к северу от Мекки. Населявшие Йасриб арабские племена аус и хазрадж находились в состоянии кровавых междоусобиц, сопровождавшихся гибелью людей, уничтожением садов и посевов. Покончить с ними, по обычаю того времени, можно было с помощью авторитетного арбитра, в качестве которого они и пригласили Пророкаﷺ. В 621 г. он договорился с ними о переезде и в следующем году тайно бежал из Мекки. Вместе с ним город покинули все остававшиеся в нем мусульмане. Переселение Пророка (араб. *хиджра*) в Йасриб, переименованный в Мадинат ан-наби («город Пророка»), или аль-Мадина (Медина), является поворотным моментом в истории ислама; позднее оно становится точкой отсчета нового мусульманского летосчисления.

В 630 г. /8 г. х. во главе мусульманского войска, в которое входят его мекканские и мединские последователи (*мухаджиры* и *ансары*), Пророкﷺ завоевывает Мекку. Теперь он не просто религиозный учитель и проповедник, каким был восемь лет назад до своего переезда, он глава мусульманского государства, в которое, помимо Медины, входят несколько других оазисов Северной Аравии. Посланник Аллахаﷺ очищает Мекку от идолов и принимает присягу от мекканцев, которые клянутся поклоняться только одному Аллаху.

После завоевания Мекки Пророкﷺ возвращается в Медину, где проводит оставшиеся годы жизни. За это время он лишь однажды посещает родной город для совершения паломничества, называемого «прощальным» (*хаджжат аль-вада‘*). 8 июня 632 г./12 *раби‘ аль-авваль* 11 г. х. в возрасте 62 лет он скончался; его могила находится в мединской мечети Пророка (*аль-Масджид ан-Набави*).

Вход в пещеру Хира (ныне ан-Нур), в которой Пророку Мухаммадуﷺ была ниспослана первая из сур Корана

570 г. — Абраха, эфиопский наместник Йемена, вознамерился уничтожить Каабу, для чего отправил в Мекку войско, в составе которого был боевой слон. Мекканцы, узнав о приближении войска, бежали в окрестные ущелья, и только дед Пророка ﷺ ‘Абд аль-Мутталиб с немногочисленными родственниками остался в городе для ведения переговоров. Недалеко от Мекки в *вади* Мухассир войско Абрахи было атаковано с неба птицами, забросавшими его камнями. Воины в панике бежали; оставленное ими имущество досталось ‘Абд аль-Мутталибу. Эти события и необычный вид слона настолько поразили воображение мекканцев, что они прозвали этот год «годом слона».

12 января 630 г. /21 *рамадана* 8 г. х. — армия мусульман во главе с Пророком ﷺ, не встретив сопротивления, занимает Мекку. Пророк совершает обход Каабы, после чего велит разбить расставленных около нее идолов. На следующий день мекканцы (включая женщин) присягают ему на верность. В числе присягнувших немало врагов Пророка ﷺ, которых он великодушно прощает.

Февраль 632 г./ *зу-ль-хиджжа* 10 г. х. — «прощальное паломничество» Пророка ﷺ, которое он предпринимает за три месяца до своей кончины. Вместе с Пророком ﷺ в *хадже* участвуют несколько тысяч мусульман со всей Аравии.

Слон, отказывающийся выполнять приказ о наступлении на Мекку

683 г. /64 г. х. — омейядский *халиф* Йазид I (680–683 гг./60–64 гг. х.) посылает войско против восставшего в Мекке ‘Абдаллаха ибн аз-Зубайра, сына сподвижника Пророка ﷺ аз-Зубайра ибн аль-Аввама и внука *халифа* Абу Бакра. С его приближением ‘Абдаллах вместе со своими сторонниками укрывается за стенами Заповедной мечети. Попытка вынудить их сдаться не имеет успеха, вследствие чего осадившие мечеть воины Йазида решают обстрелять ее из катапульты. Выпущенные из нее камни повреждают мечеть и Каабу; еще более серьезный урон они терпят несколько дней спустя во время пожара. Уничтожено покрывало Каабы и часть ее стен, расколот Черный камень. Безуспешная осада продолжается еще месяц; после смерти Йазида его войско спешно покидает Мекку и возвращается в Сирию.

692 г. /72 г. х. — к Мекке подступают войска омейядского военачальника аль-Хаджжаджа ибн Йусуфа (ум. 714 г./95 г. х.), призванные покончить с мятежным ʻАбдаллахом ибн аз-Зубайром. Последний отказывается сдаться и обороняется в мечети. Осадившие его сирийцы вновь применяют камнеметную машину. Осада длится несколько месяцев; из-за начавшегося голода часть защитников складывают оружие. Оставшись с горсткой верных соратников, ʻАбдаллах бросается в последнюю атаку и погибает. Тело его обезглавлено и распято.

930 г. /317 г. х. — еретики-карматы под предводительством Абу Тахира захватывают Мекку. Они убивают несколько тысяч паломников и жителей города, забрасывают мертвыми телами колодец *Замзам*, выламывают из стены Каабы Черный камень и увозят его в свою столицу аль-Ахсу в Бахрейне. Здесь он находится следующие 20 лет, пока его не выкупает аббасидский *халиф* аль-Мутиʻ (946–974 гг./334–363 гг. х.).

Мекканский шариф

969 г./358 г. х. — к власти в Мекке приходит первая династия *шарифов* — потомков Пророка Мухаммада ﷺ, ведущих свою родословную от его внука аль-Хасана. *Шарифы* правили городом почти тысячелетие; в отдельные периоды под их влияние подпадали соседние Медина, Таиф, Янбо и весь Хиджаз. Верховные правители Мекки — *султаны* Египта и, позднее, Османской империи, чьими вассалами признавали себя *шарифы*, не вмешивались в их внутренние дела, в жизнь города и, особенно, в вопросы престолонаследия. Власть *шарифов* не была наследственной; после смерти правителя на нее могли претендовать все его ближайшие родственники — сыновья, братья, дяди и кузены. Отсутствие четкого порядка передачи власти нередко становилось причиной кровавых столкновений, в которых брат шел на брата, сын — на отца. *Султаны* Египта и Турции обычно не принимали участия в междоусобицах своих вассалов, предоставляя им самостоятельно определить сильнейшего. Последний, одержав победу, неизменно выражал лояльность верховному правителю, который одаривал его грамотой на правление и щедрой наградой.

1258 г. /656 г. х. — монголы, возглавляемые Хулагу, захватывают Багдад и убивают последнего аббасидского *халифа* аль-Мустаʻсима. Мусульманский мир лишается своего номинального главы, владевшего прерогативой покровительствовать священным городам и присылать *кисву* для Каабы. С притязаниями на этот титул выступают владетели Йемена и, позднее, египетские *мамлюки*. Благодаря блистательным победам над «неверными» монголами и крестоносцами, почетный титул «*султанов* ислама и мусульман» достается мамлюкским правителям: в 1269 г. /667 г. х. мекканские *шарифы* признают власть аз-Захира Бейбарса (1260–1277 гг./658–676 гг. х.), который совершает паломничество в Мекку и вывешивает покрывало на Каабу. При *мамлюках* вместе с караваном паломников в Мекку начинают ежегодно отсылать *махмаль* — богато украшенные носилки, груженные на верблюда. Как и в случае с *кисвой*, отправка *махмаля* составляет привилегию верховного владетеля Мекки и Медины, знак его верховной власти над священными городами.

1517 г. /923 г. — османский *султан* Селим Явуз (Грозный) одерживает победу над египетскими *мамлюками*, после чего объявляет себя «служителем обоих священных городов», или, другими словами, светским и духовным главой всего мусульманского мира. Мекканский *шариф* выражает ему свою покорность и отсылает ключи от Мекки. В том же году Селим впервые отправляет в Мекку *махмаль* и покрывало для Каабы. Город (как и весь Хиджаз) находится под властью турок до начала XX в.

1520 г. /926 г. х. — в Красном море близ Джидды появляется португальская эскадра из 36 кораблей, посланная королем Мануэлем для взятия Мекки. Напуганные горожане ожидают нападения, однако войска, спешно прибывшие из Египта, заставляют эскадру покинуть аравийское побережье.

Апрель 1803 г./ мухаррам 1218 г. х. — в Мекку вступают войска Са‘уда ибн ‘Абд аль-‘Азиза, правите-

Внутренний двор Заповедной мечети с Каабой на изразце, относящемся к османскому периоду (XVII–XVIII вв.)

ля княжества в Центральной Аравии (Неджд), ревностного последователя учения о единобожии Мухаммада ибн аль-Ваххаба. Совершив паломничество, они разрушают все городские здания, не соответствующие их доктрине, прежде всего мавзолеи и мечети с куполами, воздвигнутые в память о героях раннего ислама. Жителей Мекки обязуют соблюдать все установления ислама, регулярно молиться, не курить публично, не носить шелковой одежды. Впрочем, новый порядок сохраняется совсем недолго, поскольку уже в июле город отвоевывают турки.

Зима 1805/1806 г. /1221 г. х. — город окружен бедуинами, вступившими в союз с *эмиром* Са‘удом. Из-за прекращения подвоза продовольствия в Мекке начинается голод, горожане едят кошек и собак. После заключения мирного договора с *шарифом* войска *эмира* Са‘уда занимают город. В продолжение нескольких лет они запрещают привозить в Мекку *махмаль*, в котором видят обычай, противоречащий духу ислама (*бид'а*).

1813 г. /1228 г. х. — турецкий *султан* Махмуд II (1808–1839 гг./1223–1255 гг. х.) поручает своему египетскому *паше* Мухаммаду 'Али покончить с государством саудовских *эмир*ов в Неджде, под власть которых подпал весь Хиджаз, включая священные города Мекку и Медину. Мухаммад 'Али снаряжает для похода в Аравию большую армию, во главе которой ставит своего сына Тусун-бея. Она занимает Медину, далее — Мекку и остальные города Хиджаза, в которых размещаются египетские гарнизоны. Захватив Хиджаз, Мухаммад 'Али отказывается возвращать его османским *султан*ам и включает его в состав своего обширного государства. До 1840 г. Хиджаз является египетской провинцией, управляемой губернатором (*пашой*), по своему усмотрению смещавшим и назначавшим *шарифов* Мекки.

5 июня 1915 г./1333 г. х. — в разгар Первой мировой войны *шариф* Мекки Хусайн II аль-Хашими восстает против Турции. Он объявляет независимость Хиджаза, принимает титул короля и вступает в войну на стороне Англии. К июлю 1917 г. /1335 г. х. Хусайн, опираясь на поддержку англичан и союзных ему бедуинских племен, изгоняет турок из Хиджаза. Правительство молодого арабского государства размещается в Мекке.

1924 г./1343 г. х. — между Хиджазом и Недждом разгорается война, поводом для которой стали притязания короля Хусайна на титул правителя всех мусульман (*халиф*). Спустя два года недждийский *султан* 'Абд аль-'Азиз одерживает окончательную победу над своим противником. В январе 1926 г./1345 г. х. в Заповедной мечети Мекки его провозглашают королем Хиджаза.

Махмаль — разукрашенные носилки, которые, начиная с XIII в., ежегодно отправляли в Мекку вместе с караваном паломников. Они состояли из квадратной деревянной рамы, над которой возвышалась пирамида, покрытая богато расшитым покрывалом из зеленой, красной или черной парчи. Право посылать *махмаль* составляло привилегию правителя, владевшего почетным титулом «служителя обоих священных городов» (*хадим аль-харамайн*). На протяжении шести с половиной столетий его вместе с покрывалом для Каабы (*кисва*) доставляли из Египта, сначала от имени местных владетелей-*мамлюков*, затем от их победителя — турецкого *султана*. В 1924 г. Мекка была захвачена войсками саудовского *эмира* 'Абд аль-'Азиза, сторонника учения об истинном единобожии в исламе. Он считал *махмаль* вредным нововведением (*бид'а*), не имеющим ничего общего с исламом, а потому всячески препятствовал его присылке из Египта. Спустя два года эта традиция прекратила свое существование.

Махмаль

Мечеть *аль-Масджид аль-Харам*

Мечеть *аль-Масджид аль-Харам* («заповедная», «запретная для греха мечеть») выстроена вокруг священной Каабы. Помимо Каабы в ее комплекс входят источник *Замзам*, *макам Ибрахим* и холмы ас-Сафа и аль-Марва, соединенные между собой крытой галереей.

Священная Кааба и ее значение

Главная святыня мусульман — меканский храм, известный как Кааба. Его также называют Домом Аллаха (араб. *Байту-ллах*), Благородным Домом (*аль-Байт аль-‘Атик*), Заповедным Домом (*аль-Байт аль-Харам*), Опорой ислама (*Ди‘амат аль-ислям*). В направлении Каабы обращаются мусульмане во время молитвы; миллионы их ежегодно совершают к ней паломничество.

Значение Каабы как священного для всех мусульман храма устанавливают Коран и *сунна*. Так, *сура* «Семейство ‘Имрана» гласит: **«Воистину, первый дом, который был воздвигнут для того, чтобы люди предавались богослужению, — тот, который в Бакке. Он благословен и служит руководством к истине для обитателей миров»** (3:96). Там же, в *суре* «Трапеза» говорится: **«Аллах создал Каабу — заповедный храм, опору для людей»** (5:97). Согласно одному из *хадисов*, Пророк ﷺ однажды сказал: *«Этот Дом — опора ислама. Человеку, который направится к нему с целью совершить хадж или ‘умру, Аллах, велик Он и славен, обещает рай, если Он упокоит его до возвращения домой; награду и прибыль — если вернет его назад невредимым».*

Вид внутреннего двора аль-Масджид аль-Харам

Форма Каабы

Кааба представляет собой каменное сооружение, имеющее следующие размеры: длина — 12,1 м, ширина — 10,6 м, высота — 15,2 м. Название храма происходит от его формы, схожей с кубом (араб. *ка‘ба*). Углы Каабы ориентированы по сторонам света; три его угла названы по странам, к которым они обращены: южный — йеменским (*ар-рукн аль-йамани*), северный — иракским (*ар-рукн аль-‘ираки*), западный — сирийским (*ар-рукн аш-шами*), а четвертый — углом Черного камня (*ар-рукн аль-асвад*). На высоте 1,1 м от земли в нем установлен Черный камень.

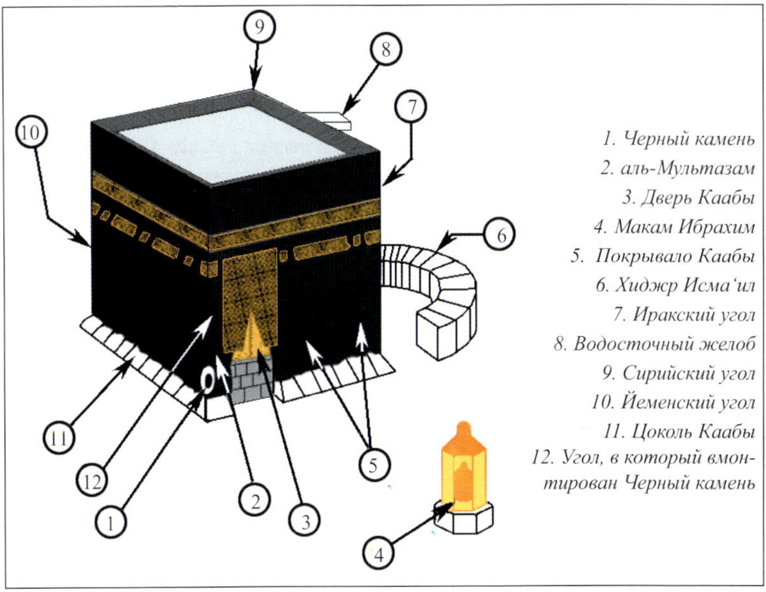

Кааба построена из отполированного горного камня. Снаружи она занавешена шелковым покрывалом (*кисва*) черного цвета. Дверь Каабы устроена в северо-восточной стене на высоте 2,25 м от поверхности земли. Часть стены между дверью и углом Черного камня называется *аль-мультазам*; считается, что молитва, произнесенная здесь, будет обязательно услышана Аллахом. С северо-запада к Каабе примыкает невысокая полукруглая стенка, которую, как и пространство внутри нее, называют *хиджр Исма‘ил* (или просто *аль-хиджр*). Прежде они составляли часть Каабы и были выведены за ее пределы при перестройке храма курайшитами (605 г.). Крыша Каабы облицована белым мрамором; по бокам ее установлена невысокая ограда (0,8 м) со специальными столбиками, к которым крепится покрывало. Нижний край *кисвы* держат кольца, вделанные в невысокий цоколь (*аш-шазарван*). С северо-западной стены над *аль-хиджром* выступает позолоченный желоб, по которому стекает дождевая вода с крыши.

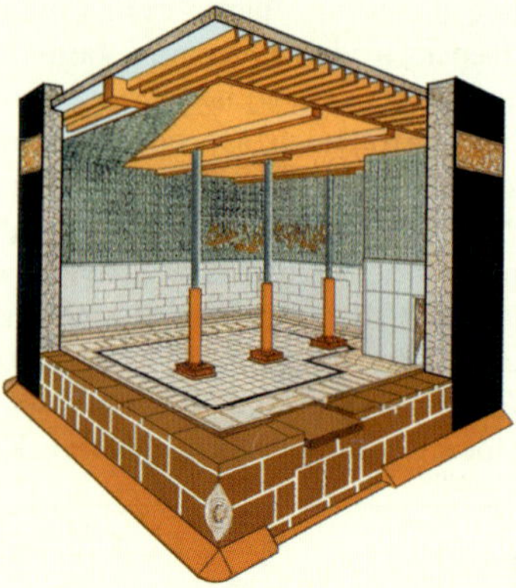

Интерьер Каабы

Согласно имеющимся описаниям, внутри Каабы находятся три деревянные колонны, подпирающие крышу. Напротив двери расположен *михраб*, устроенный в том месте, где когда-то молился Пророкﷺ. Выложенные мрамором стены занавешены шелковым покрывалом зеленого цвета, на котором золотом вышиты *аяты* Корана. Это покрывало (как и то, что вывешивают снаружи) ежегодно изготавливают на фабрике *кисвы* в Мекке. Справа от входа расположена перегородка с дверью *баб ат-тауба* («дверь покаяния»), за которой находится лестница, ведущая на крышу. В помещение Каабы не проведено электричество; свет дают лампы, висящие между колоннами, и небольшое окно, проделанное в потолке.

История Каабы

Кааба — одно из древнейших сооружений, воздвигнутых человеком. В Коране сказано: **«Воистину, первый дом, который был воздвигнут для того, чтобы люди предавались богослужению, — тот, который в Бакке. Он благословен и служит руководством к истине для обитателей миров»** (3:96). Впрочем, неизвестно, кто именно и когда ее построил. Некоторые предания называют ее основателем пророка Адама, другие утверждают, что Каабу по велению Аллаха возвели ангелы, третьи приписывают эту заслугу сыну Адама Шису (библейский Сиф) и т. д. Как пишет известный средневековый толкователь Корана Ибн Касир, эти предания сложились под влиянием священных книг христиан и иудеев; они не подтверждаются Кораном и *сунной*, а потому их нельзя ни признать верными, ни опровергнуть. Наиболее достоверной представляется версия, согласно которой Кааба была построена Ибрахимом и Исма‘илом, тем более что Коран упоминает о факте строительства ими Каабы (впрочем, по мнению отдельных комментаторов, они лишь восстановили ее после Всемирного потопа).

Местонахождение Дома было указано Ибрахиму Аллахом (22:26). По преданию, Он послал своему пророку ветер, вихри которого, достигнув нужного места, стали кружиться по земле, переплетаясь друг с другом подобно змеям (аль-Азраки). Сооружение Ибрахима было прямоугольным и не имело крыши. В северо-восточной и юго-западной стенах были устроены два дверных проема, находившихся у самой земли. В восточном углу Ибрахим установил Черный камень, обозначив им место начала обхода.

В начале VII в. Кааба была разрушена наводнением, после чего ее заново отстроили курайшиты. Для ведения строительства они разбились на четыре группы, каждой из которых была отведена одна из стен храма. Вначале они разобрали остатки здания, после чего возвели его заново из перемежающихся рядов камня и дерева. Высота стен была увеличена вдвое, с 9 до 18 локтей (9 м). Дверь в юго-западной стене была заделана; другая была поднята над землей на высоту 2 м. И наконец, сооружение впервые покрыли крышей, которая покоилась на шести деревянных столбах. Материалом для строительства послужили камни с окрестных гор и обломки византийского корабля, выброшенного на берег близ Джидды. Плотницкие работы были выполнены неким коптом, проживавшим в Мекке; он также расписал помещение Каабы, изобразив на его стенах Марию с младенцем Иисусом и пророка Авраама (Ибрахима).

Во время этой реконструкции длина двух стен Каабы (юго-восточной и северо-западной) была укорочена на семь локтей (3,5 м), вошедших в *аль-хиджр*. Изменение в конструкцию здания было внесено курайшитами вынужденно, по причине нехватки средств. Еще до начала строительства они сговорились тратить на него только те средства, что были добыты дозволенным путем, а не ростовщичеством и притеснением кого-либо из людей (Ибн Хишам). Таковых оказалось недостаточно, из-за чего им пришлось уменьшить размеры Каабы. В результате она приняла форму куба с примерно одинаковыми сторонами, каковую сохраняла до следующей перестройки, предпринятой в 683 г. ‘Абдаллахом ибн аз-Зубайром. В этом году Кааба была частично разрушена камнеметной машиной, которую использовало против ‘Абдаллаха сирийское войско. После его ухода он решил перестроить Каабу, вернув ей прямоугольную форму, так, как этого желал Пророк, о чем ‘Абдаллаху было известно со слов его тетки ‘Аиши. Прежде чем приступить к реализации своего замысла, он решил заручиться поддержкой авторитетных мекканцев, однако его попытка не увенчалась успехом. Большинство их не одобрили затеи ‘Абдаллаха и отказались в ней участвовать; опасаясь навлечь на себя

гнев Аллаха, перед началом работ они вместе с остальными мекканцами покинули город и поселились в долине Мина. Бегство горожан не смутило ‘Абдаллаха; он разобрал оставшиеся стены Каабы, дойдя до основания Ибрахима, камни которого, по сообщению одного из его современников, были похожи на соединенные друг с другом шеи верблюдов (аль-Азраки). После этого ‘Абдаллах заново возвел сооружение, устранив переделки, внесенные в его конструкцию курайшитами. Он увеличил длину стен Дома, включив в него *аль-хиджр*, и вновь устроил дверь в ее юго-западной стене. Внутри Каабы были оставлены три колонны взамен прежних шести; вместе с тем, появилась лестница, ведущая на крышу.

Сооружение ‘Абдаллаха просуществовало недолго: в 692 г./72 г. х. Мекка была захвачена омейядским войском, а сам он погиб в бою. Возглавлявший войско аль-Хаджжадж ибн Йусуф с одобрения *халифа* ‘Абд аль-Малика восстановил Каабу в том виде, который она имела до перестройки ее ‘Абдаллахом. После аль-Хаджжаджа Кааба более не перестраивалась, сохраняя до сей поры известную нам форму куба.

Согласно одному из *хадисов*, Кааба просуществует до самого Судного дня, и уничтожение ее станет одним из признаков его наступления. Разрушит ее эфиоп с короткими ногами, и в это время на земле уже не будет ни одного человека, который бы поминал Аллаха (аль-Бухари, Муслим).

Хранители Каабы

С давних пор служителями при Каабе состоят члены древнего рода, ведущего свое происхождение от курайшита Шайбы ибн ‘Усмана ибн Абу Талха (ум. 678 г./56 г. х.). Шайбиты (таково их родовое имя) хранят ключи от Каабы, открывают и закрывают ее двери, содержат в порядке ее внутреннее помещение и вывешиваемое снаружи покрывало, принимают посетителей и т. д.

Мусульманские источники называют первым хранителем Каабы пророка Исма‘ила. После него этой почетной привилегией владели его дети и внуки, далее племена джурхум и хуза‘а и, наконец, курайшиты, заполучившие ее при Кусаййе ибн Килябе. По преданию, Кусайй был женат на дочери хранителя Каабы, вождя хуза‘итов Халиля аль-Хуза‘и. После кончины вождя эта должность, согласно его завещанию, была вручена его дочери, жене Кусаййа. Поскольку она не могла исполнять возложенные на нее обязанности, ключи от Каабы (а вместе с ними и право попечительства) вручили ее брату Абу Габшану.

Богатый и влиятельный Кусайй посчитал себя более достойным этой должности: по преданию, он опоил Абу Габшана, после чего, воспользовавшись случаем, выкупил у него ключи за одного верблюда и мех вина. Понимая, что эта сделка никогда не будет признана хуза‘итами, Кусайй призвал на помощь союзников и соплеменников-курайшитов. Общими усилиями они изгнали племя хуза‘а из Мекки, сделав Кусаййа единовластным хозяином города и расположенной в ней святыни — Каабы. Правом попечительства Каабы он владел до самой смерти, после его кончины это право перешло к его старшему сыну ‘Абд ад-Дару.

В год взятия Мекки мусульманами (630 г. /8 г. х.) эту должность исполняли ‘Усман ибн Тальха и Шайба ибн ‘Усман, представители четвертого поколения потомков ‘Абд ад-Дара. По сообщениям мусульманских хронистов, Посланник Аллахаﷺ поначалу намеревался сместить их, для чего потребовал у ‘Усмана ключи от Каабы. Однако под влиянием ниспосланного ему тогда откровения: **«Воистину, Аллах велит вам возвращать владельцам имущество, которое было даровано вам, и судить по справедливости, когда вы судите (тяжущихся)…»** (4:58), он отказался от своего первоначального намерения. Позвав ‘Усмана, Пророкﷺ вернул ему ключи со словами: *«Возьмите их, потомки Тальхи, и владейте ими вечно, передавая их по наследству. И только тот, кто чинит несправедливость, посмеет отнять их у вас»* (Ибн Са‘д). Великодушие Пророкаﷺ так потрясло компаньона ‘Усмана — Шайбу (чей отец погиб от рук ‘Али в битве при Ухуде), что он тотчас же принял ислам. Подчинившись воле Пророкаﷺ, Шайба и ‘Усман продолжили исполнять свои прежние обязанности. После переезда последнего в Медину они целиком перешли к Шайбе, а от него — его потомкам — шайбитам. Шайбиты хранят ключи от Каабы, открывают и закрывают ее двери, содержат в порядке ее внутреннее помещение и вывешиваемое снаружи покрывало, принимают посетителей и т. д. Мусульманские авторы, опираясь на вышеприведенное высказывание Посланника Аллахаﷺ, считают, что члены этого древнего рода будут состоять хранителями Каабы до наступления Судного дня. В настоящее время главой шайбитов является *шайх* ‘Абд аль-‘Азиз ибн ‘Абдаллах.

Черный камень

В восточный угол Каабы на высоте 1,1 м от поверхности земли вставлен знаменитый Черный камень (араб. *аль-хаджар аль-асвад*). Это небольшой (25×17 см) камень неправильной овальной формы. Он состоит из 8 обломков разной величины, скрепленных оправой из серебра. Видимая часть камня черно-красного цвета; на ее поверхности, в местах соединения осколков, проступают маленькие красные точки и желтые волнистые линии.

Черный камень — одно из «явных знамений» Аллаха в Мекке — был ниспослан на землю вместе с Адамом. Прежде он и другой священный камень — *макам Ибрахим* — были драгоценными яхонтами рая, сияние которых, если бы его не погасил Аллах, могло озарить пространство между востоком и западом (ат-Тирмизи). Поначалу он был ярко-белого цвета (или, как сказано в *хадисе*, «белее молока»), однако грехи людские со временем зачернили его (ат-Тирмизи). В восточный угол Каабы его вставил пророк Ибрахим, пожелавший обозначить им место, откуда следует начинать *таваф*. Камень ему принес ангел Джибриль; согласно разным сообщениям, он доставил его с горы Абу Кубайс, что находится в Мекке (Ибн Хишам), из Индии (Ибн Хишам) и, наконец, с неба (аль-Хаким).

В доисламский период в Мекке существовал языческий культ Черного камня, которому поклонялись наряду с теми 360 идолами, которые прежде находились у Каабы. После установления в ней ислама этот пережиток язычества был уничтожен: отныне в этой святыне видели лишь символ могущества Аллаха, чудесный камень, чья история связана с именами пророков Адама, Ибрахима и, наконец, самого Мухаммада ﷺ.

Черный камень в серебряной оправе. На поверхности камня отчетливо видны места сколки его небольших фрагментов

Благодаря своему значению Черный камень всегда привлекал к себе внимание посещавших Мекку паломников. Впрочем, были и те, кого приводило к нему отнюдь не религиозное чувство. В истории этого камня немало случаев, когда он становился объектом преступных посягательств злоумышленников, действовавших как из идеологических побуждений, так и в своекорыстных целях. Наиболее вопиющий случай такого рода имел место в 930 г. / 317 г. х. после захвата Мекки армией еретиков-карматов. Они извлекли Черный камень из стены Каабы и увезли его в свою столицу аль-Ахсу в Бахрейне, где он находился до 951 г. /340 г. х., когда его выкупил аббасидский *халиф* аль-Мути‘. Как гласит легенда, во время перевозки камня в аль-Ахсу под ним пало 40 верблюдов (по другим версиям — 300 и даже 500). Обратно в Мекку его доставил тощий молодой верблюд, который, несмотря на тяготы трудного пути, прибавил в весе.

Подобные инциденты случались и в дальнейшем. Так, в 1022 г. /413 г. х. Черный камень подвергся нападению перса из Басры, фанатичного почитателя фатимидского *халифа*-еретика аль-Хакима (996–1021 гг./996–1021 гг. х.). Он несколько раз ударил по камню дубиной, после чего был растерзан толпой. Последним покушался на святыню некий афганец, выкравший в 1932 г. /1351 г. х. осколок Черного камня, а также кусок покрывала Каабы и фрагмент ее серебряной лестницы. Однако и в этот раз все обошлось благополучно: украденное удалось вернуть, а вор понес заслуженное наказание.

Вследствие этих и других событий внешнему виду камня не раз наносился серьезный ущерб, из-за чего его приходилось неоднократно реставрировать. К примеру, после пожара 683 г./64 г. х. он раскололся на три части, которые Ибн аз-Зубайр впервые соединил серебряной оправой. По свидетельству очевидца, камень треснул и почернел от пламени, однако середина его была белой «словно серебро» (аль-Азраки). В последующем обруч Черного камня периодически обновляли; обычно его изготовляли из серебра, и лишь однажды, в 1852 г./1268 г. х., турецкий *султан* Абдаль-Меджид (1839–1861 гг./1255–1277 гг. х.) прислал оправу из золота весом чуть более 10 кг. В последний раз обрамление камня меняли в 1955 г./1375 г. х., в правление короля Са‘уда ибн ‘Абд аль-‘Азиза.

Паломник, целующий Черный камень

Дверь Каабы

В северо-восточной стене Каабы расположена двустворчатая дверь, поднятая от земли на высоту выше человеческого роста. Ее высота — 3,10 м, ширина — 1,90 м, расстояние между ней и поверхностью *матафа* — 2,25 м. Каркас двери, изготовленный из прочного тикового дерева, обит золотыми пластинами, поверх которых нанесены изречения Корана и растительный орнамент. Снаружи дверь занавешена расшитым шелковым покрывалом черного цвета — *бурку‘*.

Согласно мусульманской традиции, древнейшее сооружение Каабы, возведенное Ибрахимом, имело две двери (вернее, два дверных проема), расположенные у самой земли. Одна из них, входная, была обращена на северо-восток, другая — на юго-запад. Курайшиты, ремонтируя Каабу в 605 г., заделали вторую дверь; оставшуюся они подняли над землей для того, чтобы внутрь ее не попадала селевая вода и не могли пробраться злоумышленники. Впрочем, как это следует из *хадиса*, у курайшитов были и другие причины для этой, на первый взгляд, несущественной перестройки. Процитируем отрывок из этого *хадиса*, передаваемого со слов ‘Аиши: «Пророк спросил: “А знаешь ли ты *(‘Аиша)*, почему твой народ *(курайшиты)* поднял ее *(Каабы)* дверь?” Я ответила: “Нет”. Он сказал: “Они сделали это из-за своей гордыни, для того чтобы мог войти в нее только тот, кому они это позволят. Они не мешали посетителю подняться *(по приставной лестнице);* но в тот момент, когда он был готов

Дверь Каабы, установленная в 1977 г. /1399 г. х. по распоряжению саудовского короля Халида ибн ‘Абд аль-‘Азиза. Она облицована золотыми пластинами, поверхность которых целиком покрыта растительным орнаментом и аятами Корана. Изготовление этой двери обошлось казне королевства в 13 млн 420 тыс. саудовских риалов ($ 3 млн 584 тыс.), причем большую часть этой суммы составили расходы на закупку 280 кг золота 99,99-й пробы

переступить через ее порог, они сталкивали его, и он летел вниз"» (Муслим). Таким образом, благодаря этой переделке курайшиты получили возможность контролировать доступ в Каабу посетителей. Неугодного им гостя они без особого труда сбрасывали вниз, тем более что стоявший на приставной лестнице человек не мог оказать им сопротивления. Бесцеремонность, с которой они порою действовали, как и сам факт ограничения ими доступа в святыню, свидетельствовали о мощи курайшитов и их возросшем влиянии на другие арабские племена.

Деревянный остов двери из коллекции музея Топ-капы в Стамбуле

‘Абдаллах ибн аз-Зубайр, перестроивший Каабу в 683 г. /64 г. х., восстановил вторую дверь в юго-западной стене, разместив ее, как и другую дверь, у самой поверхности *матафа*. Но спустя 10 лет все его переделки были устранены при ремонте Каабы аль-Хаджаджжем ибн Йусуфом, после чего здание приобрело прежний вид, который оно до сей поры и сохраняет.

Обычай украшать дверь Каабы существовал и до ислама. Согласно местному преданию, первую дверь для нее изготовил йеменский правитель (*тубба‘*) Ас‘ад аль-Камиль Абу Кариб (прибл. 385–420). Она была одностворчатой и запиралась на замок. Прадед Пророка ﷺ ‘Абд аль-Мутталиб украсил ее золотой статуэткой газели, найденной им при расчистке колодца *Замзам*. Это украшение выглядит сущей безделицей по сравнению с роскошью отделки двери при мусульманских правителях Арабского *Халифата*. Как и покрывало Каабы (*кисва*), ее присылал в дар Каабе *халиф* или правитель, под чьей властью находились тогда священные города Мекка и Медина. Соперничая друг с другом, они жертвовали на нее немалые суммы: так, омейядский *халиф* аль-Валид (705–715 гг./86–98 гг. х.) израсходовал в 709 г. /91 г. х. 15 тыс. динаров на изготовление золотого покрытия двери, а Аббасид аль-Амин (809–813 гг./193–198 гг. х.) — 18 тыс. динаров на его обновление.

Створки двери вырезали из прочной древесины тика, эбенового дерева, нильской акации. Их облицовывали золотыми или серебряными пластинами, поверх которых наносили декоративный орнамент и надписи разного содержания: коранические изречения, религиозные формулы вроде *шахады*, имена сподвижников Пророка ﷺ и т. д. Обязательно делалась надпись о том, когда и при каком владетеле была изготовлена данная дверь.

Замена двери производилась периодически, по мере ее обветшания. Деревянный каркас снятой двери хранители Каабы — шайбиты — помещали внутри Каабы или же отсылали верховному правителю священных городов. Последний мог, к примеру, передать его на хранение в свою сокровищницу, как это сделал турецкий *султан* Мурад III (1574–1595 гг./982–1003 гг. х.) (Сейчас эта дверь входит в экспозицию знаменитого музея Топ-капы в Стамбуле). Аббасидский *халиф* аль-Муктафи (11386–1160 гг./530–555 гг. х.) изготовил из старой двери Каабы деревянный гроб, в котором он распорядился похоронить себя. Снятые с нее пластины драгоценного металла делили между собой шайбиты. Каждая такая замена приносила им немалую выгоду: так, в 1332 г./733 г. х. они получили таким способом 60 ратлей серебра (ок. 27 кг).

Нам не известно, сколько раз меняли дверь Каабы. Можем лишь предположить, что ее металлическое покрытие обновляли несколько чаще, нежели деревянную основу. Во-первых, хрупкие пластины металла быстрее приходили в негодность, во-вторых, драгоценную обшивку порою повреждали воры (к примеру, из-за действий этих «маловеров» (так они названы в источнике) турецкому *султану* Сулейману пришлось заново покрывать дверь серебром в 1553 г./ 961 г. х.). Случалось также, что меняли не все покрытие, а лишь его фрагмент с именем правителя, изготовившего дверь. Происходило это после того, как этот владетель терял власть над священными городами, а вместе с ней — и право им покровительствовать. Его соперник утверждал свое господство над Меккой и Мединой и, помимо прочего, уничтожал вышеупомянутую надпись с именем своего предшественника. Так, в 1086 г./479 г. х. военачальник сельджукидского *султана* Меликшаха (1072–1092 гг./465–485 гг. х.), формально признававшего власть аббасидского *халифа*, стер с двери Каабы надпись, в которой упоминался фатимидский правитель Египта. Вместо нее он вырезал новую, на этот раз с именем *халифа* аль-Муктади (1075–1094 гг./467–487 гг. х.).

Дверь Каабы запирается навесным замком, ключи от которого находятся у шайбитов. Размер замка — 34×6 см. Его изготовили в 1972 г./1399 г. х. по образцу замка, присланного в конце XX в. турецким *султан*ом Абд аль-Хамидом (1876–1909 гг./1293–1327 гг. х.). Ключ от замка (длиной 25 см) хранится в специальном матерчатом чехле, богато расшитом золотом. Его ежегодно изготавливают из натуральной шелковой ткани на фабрике *кисвы* в Мекке.

Первый замок и ключ для Каабы изготовил упомянутый выше *тубба‘* Ас‘ад аль-Камиль Абу Кариб. Позднее, уже во времена ислама, их присылали, по праву владык священных

Серебряный замок от дверей Каабы турецкого султана Ахмеда (1603–1617 гг./1012–1026 г. х)

Ключи, изготовленные (сверху вниз) в 1224 г./621 г. х., XV в./IX в. х., 1225 г./622 г. х. Все — из коллекции музея Топ-капы в Стамбуле

городов, арабские *халиф*ы Дамаска и Багдада, правители Египта и Османской империи. Богатой коллекцией подобных раритетов (53 экземпляра) располагает бывшая резиденция турецких *султан*ов, а ныне — знаменитый музей Топ-капы в Стамбуле. Судя по этой коллекции, ключи и замки первоначально изготавливали из железа и бронзы, затем, начиная с турецких *султан*ов, — из серебра. Их поверхность украшали узорами и надписями; последние представляли собой выдержки из Корана, имена правителей и мастеров, даты изготовления.

Аль-Мультазам

Аль-Мультазам — часть стены Каабы длиной около 2 м, что находится между ее дверью и Черным камнем. Считается, что *ду'а*, произнесенная здесь, будет услышана Аллахом. Известно, что Пророк ﷺ молился в этом месте, касаясь стены грудью, руками и щекой (Ибн Маджа). Паломники, следуя его примеру, завершив *таваф* и помолившись позади *макама Ибрахим*, направляются к *аль-мультазаму*. Здесь они молят Аллаха о милости и прощении, веря, что их слова будут услышаны. Постоянное присутствие людей у *аль-мультазама* и дало ему это название: в переводе с арабского оно означает «место, где постоянно, неотлучно находятся». Его также называют аль-*мад'а* и аль-*мута'авваз*, т. е. «место, где взывают к Аллаху», «просят Его о помощи».

Паломники у аль-мультазама

Аль-Хиджр

Аль-Хиджр — невысокая полукруглая стенка у северо-восточной стены Каабы, а также пространство, лежащее между ними. Высота стенки — 1,3 м, ширина — 1,5 м. Согласно *хадису*, ее возвели курайшиты во время перестройки Каабы в 605 г. Как сообщила ‘Аиша, Пророк ﷺ однажды сказал ей: *«Твой народ (курайшиты) посчитал необходимым укоротить здание Каабы. И если бы не то малое время, что прошло после того как они оставили многобожие, я бы восстановил ту ее часть, которую они разрушили. Если твой народ решит потом, уже после моей смерти, строить Каабу, то пойдем, я покажу тебе, что они тогда забросили»*. И он показал ей пространство приблизительно в 7 локтей (Муслим). Для того чтобы как-то обозначить это место, курайшиты огородили его невысокой стеной, которую, как пространство внутри нее, стали называть *аль-хиджр*, т. е. «запретное место». Другое ее название — *аль-хатим* («ломаная», «разбитая»), поскольку она обозначает ту часть Каабы, которая была разрушена курайшитами. Впрочем, согласно другим толкованиям, она получила это название из-за постоянного скопления (*инхитам*) около нее людей.

Таким образом, первоначально *аль-хиджр* являлся частью Каабы и был выведен за ее пределы курайшитами. Как это следует из приводимого *хадиса* Муслима, Пророк ﷺ хотел перестроить Священный Дом и вновь включить в него *аль-хиджр*, однако, опасаясь вызвать волнение среди недавно обращенных в ислам курайшитов, ничего для этого не предпринимал. Его замысел удалось осуществить ‘Абдаллаху ибн аз-Зубайру, владевшему Меккой в 680–692 гг./ 60–72 гг. х. Он приложил немало усилий для того, чтобы убедить

Вид Каабы со стороны аль-хиджра

курайшитов в необходимости новой перестройки Каабы. Сообщают, что ему пришлось посетить ‘Аишу, приходившуюся ему теткой по матери, с десятью сподвижниками Пророка, которым она пересказала содержание *хадиса*. В 683 г./64 г. х. он заново отстроил лежавшую в руинах Каабу, включив в нее *аль-хиджр*, после чего она приобрела прямоугольную форму. Впрочем, при штурме Мекки в 692 г./72 г. х. военачальником Омейядов аль-Хаджжаджем ибн Йусуфом она была сильно повреждена камнеметной машиной. Как утверждает один из средневековых арабских историков (аль-Макдиси), он намеренно обстреливал ту ее часть, которая была пристроена ‘Абдаллахом (что в целом представляется маловероятным). После взятия города аль-Хаджжаджж вернул Каабе первоначальную форму куба; был восстановлен и *аль-хиджр* с невысокой полукруглой стенкой. После аль-Хаджжаджжа серьезных переделок Каабы более не предпринималось, а *аль-хиджр* так и остался лежать вне ее пределов.

Водосточный желоб

На крыше северо-западной стены Каабы установлен металлический водосток, называемый по-арабски *аль-мизаб* (желоб), или *мизаб ар-рахма* («желоб милости»). Длина водостока — 2, 53 м, одна его половина (0,58 м) лежит на крыше, другая (1,95 м) выступает над *аль-хиджром*. Считается, что молитва (*ду‘а*), произнесенная под желобом Каабы, будет обязательно услышана Аллахом.

Желоб, установленный на крыше Каабы в декабре 1996 г./1417 г. х. На его боковой стенке сделана следующая памятная запись: «Этот желоб был обновлен королем Саудовской Аравии, служителем обоих священных городов, Фахдом ибн ‘Абд аль-‘Азизом Аль Са‘удом». Металлические стержни, которыми утыкана верхняя часть желоба, не позволяют садиться на него птицам

Первый водосточный желоб был установлен на Каабе в 605 г. по завершении ее ремонта курайшитами. Напомним, в этот год они впервые покрыли ее деревянной крышей; из дерева был изготовлен и помещенный поверх нее сток для дождевой воды. В 683 г./64 г. х. при следующем ремонте Каабы, предпринятом ʻАбдаллахом ибн аз-Зубайром, его заменили на новый. Подобные замены производились и в дальнейшем. По подсчетам одного из современных исследователей, к началу XX в. его обновляли 13 раз. Мусульманские правители считали за честь изготовить от своего имени новый желоб для Каабы и не жалели средств на его украшение. Так, в 709 г./91 г. х. омейядский *халиф* аль-Валид (705–715 гг./88–96 гг. х.) отправил наместнику Мекки 36 тыс. динаров, часть из которых была израсходована на облицовку деревянного водостока золотыми пластинами. Желоб турецкого *султана* Сулеймана (1551 г./959 г. х.) был серебряным, а *султана* Ахмеда I (1612 г./ 1021 г. х.) — серебряным с позолотой.

Тот желоб, что сейчас находится на крыше Каабы, был установлен в 1996 г./1417 г. х. в правление саудовского короля Фахда ибн ʻАбд аль-ʻАзиза, о чем имеется соответствующая надпись на одной из его сторон. Он изготовлен из нержавеющей стали и украшен позолотой.

Покрывало Каабы

Покрывало Каабы — *кисва* (араб. «платье», «одеяние») — представляет собой черное шелковое покрывало размером 14×47 м. Оно практически целиком закрывает поверхность ее стен, за исключением двери и Черного камня. Над дверью вывешивают особый занавес — *бурку*ʻ (араб. «плотная вуаль, которая закрывает лицо женщины»). Его размеры — 6,5×3,5 м, он изготавливается из той же ткани, что и остальная *кисва*. Верхняя треть полотна *кисвы* опоясана полосой ткани (или, как ее называют по-арабски, *хизамом*) шириной 95 см. Она состоит из 16 фрагментов, на каждом из которых серебряными с золотом нитями вышиты *аяты* Корана. Кроме того, под *хизамом* в отдельных рамках частично или полностью воспроизведены выдержки из семи других коранических *сур*. В промежутках между ними, в медальонах, имеющих форму лампы, вписаны религиозные формулы: «О Живой, о Существующий вечно», «О Милосердный, о Милос-

*Бурку*ʻ

тивый», «Хвала Аллаху, Господу миров»). Текст надписей выполнен в каллиграфической манере *сульс*, отличающейся особым изяществом и декоративностью. Всего на изготовление *кисвы* ежегодно расходуется 20 млн саудовских риалов (ок. 5,4 млн. дол.). Покрывало имеет площадь 192 м^2 и весит 2 тонны.

Фрагмент кисвы

Замена *кисвы* производится каждый год в день *'Арафы* (*9 зу-ль-хиджжа*). В торжественном ритуале принимают участие хранители Каабы — шайбиты, высокопоставленные лица Королевства Саудовская Аравия и других мусульманских государств, главы международных исламских организаций. В этот день после утренней молитвы новое покрывало, изготовленное на специальной фабрике, вывешивают поверх старого, которое затем снимают. После этого части покрывала соединяют друг с другом и, наконец, крепят *хизам* и *бурку'*. Старую *кисву* разрезают на куски, которые затем преподносят в дар лидерам мусульманских государств, дипломатам и международным организациям. Один из таких фрагментов, к примеру, был подарен Организации Объединенных Наций; в настоящее время он находится в ее штаб-квартире в Нью-Йорке. Другой ее фрагмент вывешен в молельном зале Московской соборной мечети.

Обычай покрывать Каабу *кисвой* возник задолго до ислама. Предание возводит его к правителю *(тубба')* южноаравийского царства Химйар Ас'аду аль-Камилю Абу Карибу. Он упоминается в следующем *хадисе*, переданном Абу Хурайрой: «Однажды Пророкﷺ сказал: *"Не ругайте Ас'ада аль-Химйари, ведь он первым вывесил покрывало на Каабе"»* (аль-Азраки). Согласно мусульманским источникам, за 220 лет до *хиджры* Ас'ад совершил паломничество к Священному Дому в Мекке, во время которого покрыл его толстой *кисвой* из пальмовых волокон. Позднее он распорядился изготавливать ее из более ценных йеменских тканей.

После Ас'ада Каабу покрывали правящие в Мекке племена джурхум, хуза'а и курайш. Позднее этот обычай наряду с другими был перенят исламом. Известно, что Пророк Мухаммадﷺ в год завоевания Мекки (630 г./8 г. х.) вывесил на Каабе новую

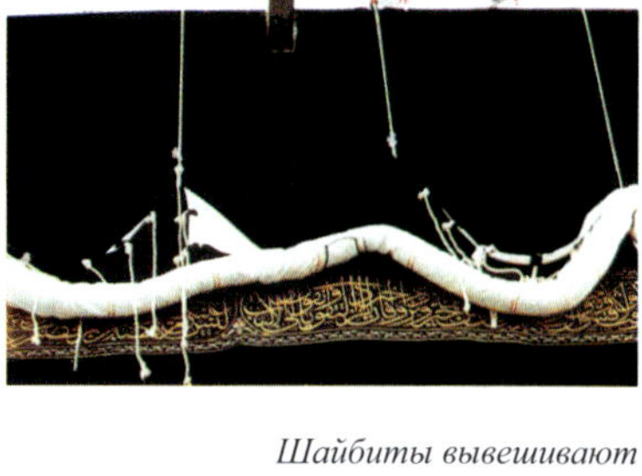

Шайбиты вывешивают на Каабе новое покрывало

кисву из йеменской ткани, поскольку прежняя незадолго до того случайно сгорела. Его преемники продолжили эту традицию: Каабу покрывали праведные *халифы* Абу Бакр, ‘Умар и ‘Усман, затем Омейяды и Аббасиды. Религиозный ритуал *кисвы* при них приобрел не свойственное ему изначально политическое значение. Вывешивая покрывало на Каабе, они не только совершали акт благочестия, одобренный самим Пророком ﷺ, но и заявляли о своих исключительных правах на верховную власть в *Халифате*. Право отправлять *кисву* в Мекку составляло привилегию правящего *халифа*, которую он тщательно оберегал от притязаний своих соперников — независимых владетелей Йемена и Египта.

Центр производства *кисвы* со времени правления ‘Умара (634–644 гг./13–23 гг. х.) находился в Египте, который еще в эпоху фараонов славился своими прекрасными тканями. На ее изготовление шли два вида местных тканей: *кабати* (тонкое льняное полотно белого цвета) и *дибадж* (толстая материя из натурального шелка). Привычный для нас вид покрывало Каабы приобрело не сразу: в течение нескольких веков менялись его цвет, содержание и рисунок украшавших его надписей и орнаментов. В разное время оно было белым, красным и зеленым, пока, наконец, начиная с аббасидского *халифа* ан-Насира (1180–1225 гг./575–622 гг. х.) не вошло в обычай изготавливать его из черного *дибаджа*. Помимо *аятов* Корана и религиозных формул на нем иногда воспроизводили имя правящего *халифа* и слова молитвы за него, название города, в котором оно было изготовлено (египетские Тиннис, Шата, Туна, Каир), имена сподвижников Пророка ﷺ и др.

Менялся и порядок замены старой *кисвы* на новую: при ‘Умаре ее производили раз в год, при его преемнике ‘Усмане — дважды, а при аббасидском *халифе* аль-Ма’муне (813–833 гг./198–218 гг. х.) — трижды за тот же период. Еще один представитель той же династии — Аббасид аль-Мутаваккиль (847–861 гг./232–247 гг. х.) — менял ее каждые три месяца. В доисламский период новую *кисву* обычно вывешивали 10-го *мухаррама* (день *‘ашура*); позднее эту процедуру проводили 8-го *зу-ль-хиджжа* (*йаум ат-тарвийа*), в конце месяца *рамадан*,

Фрагмент зеленого покрывала, вывешиваемого в помещении Каабы. Оно изготавливается из натуральной шелковой ткани зеленого цвета и расшивается золотыми нитями. На данном фрагменте воспроизведена фраза: «Нет бога, кроме Аллаха, и Мухаммад – Посланник Аллаха»

В оформление покрывала Каабы периодически вносятся изменения. На снимке: каллиграф, занятый разработкой надписи для новой кисвы

начале месяца *раджаб* и, наконец, 10-го *зу-ль-хиджжа* (день жертвоприношения). Старую *кисву* хранители Каабы разрезали на куски и продавали паломникам. Впрочем, одно время вошло в обычай вывешивать новое покрывало, не снимая старое; скопление их едва не вызвало обрушение стен Каабы, из-за чего аббасидский *халиф* аль-Махди (775–785 гг./158–169 гг. х.), совершая паломничество в 776 г./160 г. х., распорядился покрывать ее только одной *кисвой*.

Особое значение вопрос о том, кто будет присылать покрывало для Каабы, а значит, будет признан номинальным главой всего мусульманского мира, приобрел после взятия Багдада монголами в 1258 г./656 г. х. и убийства последнего аббасидского *халифа* аль-Муста‘сима (1242–1258 гг./640–656 гг. х.). Первым стал притязать на это звание владетель Йемена Йусуф ибн ‘Умар Музаффар (1250–1295 гг./647–694 гг. х.), который в 1261 г./659 г. х. впервые после падения Багдада вывесил покрывало на Каабе. Были и другие претенденты — мамлюкские *султаны* Египта; в остром соперничестве, разгоревшемся между ними, победа оказалась на стороне последних. В 1269 г./667 г. х. египетский *султан* аз-Захир Бейбарс (1260–1277 гг./658–676 г. х.) был признан верховным государем обоих священных городов; в том же году он совершил паломничество в Мекку, в ходе которого лично участвовал в ритуале вывешивания новой *кисвы. Мамлюки* единолично владели этой привилегией вплоть до 1517 г./923 г. х., когда османский *султан* Селим I, положив конец их господству в Египте, завладел титулом «служитель обоих священных городов». В этом же году он впервые отправил в Мекку покрывало для Каабы.

Лишившись прежнего политического статуса, Египет, тем не менее, сохранил за собою почетное право изготавливать покрывало для Каабы, которое ежегодно отсылали из Каира вместе с главным караваном паломников. После захвата Мекки в 1924 г./1343 г. х. *султаном* ‘Абд аль-‘Азизом поступление египетской *кисвы* прекратилось; двенадцать лет спустя Саудовская Аравия и Египет заключили между собой особое соглашение, после чего ее вновь стали присылать из Каира. Окончательно право изготавливать *кисву* перешло к саудитам в 1962 г./1381 г. х. В этом году в Мекке, в квартале Умм аль-Джуд, была открыта фабрика, которая, помимо черного покрывала для Каабы, изготавливает зеленый занавес для ее внутреннего помещения, темно-красный — для комнаты Пророка в Мединской мечети, флаги Королевства Саудовская Аравия и сувениры в виде кусков ткани, на которых вышиты *аяты* Корана. Несмотря на то что фабрика прекрасно оборудована, на ней сохраняется ручное производство. К примеру, исключительно вручную ткут и расшивают ткань покрывала.

Макам Ибрахим

Макам Ибрахим — камень, на котором стоял Ибрахим во время сооружения Каабы. Как передает аль-Бухари, Ибрахим использовал его в качестве опоры при возведении ее верхней части. Он представляет собой квадратный камень серо-желтого цвета размером 40×40×20 см, на поверхности которого чудесным образом сохранились отпечатки стоп Ибрахима. Когда-то на нем отчетливо были видны и следы его пальцев, однако из-за постоянных прикосновений к ним людей они совершенно стерлись.

Согласно *сунне*, *макам Ибрахим* является райским яхонтом, который, как и Черный камень, был ниспослан на землю. Аллах погасил яркий свет, который они прежде излучали, и если бы не это, то сияние их озарило бы пространство между востоком и западом (ат-Тирмизи).

Макам Ибрахим упоминается в Коране в числе ясных знамений, которые Аллах явил людям в Мекке: **«Воистину, первый храм, возведенный для того, чтобы люди совершали в нем богослужение, — это Дом молельный в Бакке. Благословен он и служит руководством к Истине для родов человеческих. В Доме том — ясные знамения для людей. Это — место стояния Ибрахима…»** (3:96–97). Там же содержится предписание отправлять около него молитву: **«Вспомни, как Мы превратили Дом (Мекканский) в место сбора и прибежище для людей. Сделайте же место стояния Ибрахима местом совершения молитвы…»** (2:125). Совершение молитвы у *макама Ибрахим* является и *сунной* Пророка ﷺ. Аль-Бухари приводит следующий *хадис*, переданный Ибн ‘Умаром: «Пророк ﷺ прибыл в Мекку. Он семь раз обошел вокруг Каабы, совершил молитву в два *рак‘ата* позади *макама Ибрахим*, после чего отправился к ас-Сафе».

Макам Ибрахим

Макам Ибрахим находится во дворе мекканской мечети, в 13,5 м восточнее двери Каабы. Впрочем, как полагают, первоначально он располагался совсем в другом месте. По преданию, во времена Ибрахима камень лежал слева от двери Каабы. Позднее курайшиты, желая избавиться от постоянного скопления около него людей, мешавшего совершению *тавафа*, перенесли *макам Ибрахим* на его нынешнее место.

После этого он еще дважды менял свое местоположение: Пророк в год завоевания Мекки (630 г./8 г. х.) передвинул его к Каабе, однако спустя какое-то время *халиф* ‘Умар, видя возникающую вокруг него давку, вернул его обратно. Со слов испанского путешественника Ибн Джубайра (XII в.) также известно, что *макам Ибрахим* одно время находился на сохранении внутри Каабы. Прежнее его местонахождение указывал особый знак в виде невысокого деревянного купола на подставке; в период *хаджа* его заменяли на более прочный металлический.

После того как *макам Ибрахим* занял свое обычное место, над ним воздвигли молельню с деревянным куполом. Она представляла собой небольшой павильон (6×3 м), огороженный искусно выполненной решеткой из железа. Камень помещался внутри него в стоячем железном ящике с пирамидальным верхом. Ящик запирался на замок, и потому паломники не могли видеть содержавшийся в нем священный камень. Впрочем, и сам ящик был скрыт от их взглядов под шелковым, богато расшитым покрывалом красного цвета.

В середине прошлого столетия в связи с резко возросшим числом паломников возникла необходимость расширения территории внутреннего двора мекканской мечети и в особенности ее *матафа*. Всемирная Исламская Лига в своем решении от 25 *зу-ль-хиджжа* 1965 г./1384 г. х. советовала для достижения этой цели снести здания, находящиеся вблизи Каабы. На месте купольного сооружения *макама Ибрахим* она рекомендовала установить символический хрустальный знак, позади которого паломники могли бы совершать предписанную им молитву. Правящий тогда король Файсал ибн ʻАбд аль-ʻАзиз одобрил это решение и распорядился приступить к его реализации. Уже в следующем году молельня над *макамом Ибрахим* была снесена; взамен нее вскоре установили особый знак из прозрачного хрусталя, огороженный металлической решеткой. Официальная церемония его открытия состоялась в 1967 г./1387 г. х. Сооружение нового *макама Ибрахим* с прозрачной крышкой позволило паломникам не только совершать *таваф* в более комфортных условиях, но и впервые за многие столетия видеть сам священный камень.

Павильон, в котором до 1966 г. находился макам Ибрахим

Макам Ибрахим после реконструкции 1998 г. Камень покоится на белом мраморном основании высотой 75 см. Его покрывает прозрачная полусфера, изготовленная из сверхпрочного, жаро- и удароустойчивого хрусталя толщиной 20 см. По бокам его располагается медная позолоченная решетка

Источник *Замзам*

Замзам — священный источник, расположенный во дворе мекканской мечети, недалеко от Каабы. Вода из него, согласно одному из *хадисов*, является лучшей на земле. Она обладает чудесными способностями утолять жажду и голод, лечить болезни (ат-Табарани). Более того, вода *Замзама* помогает исполнению того желания, ради которого ее пьют (Ибн Маджа). Пророк Мухаммад пил ее стоя, выказывая таким образом свое уважение к ней.

Этимология названия *Замзам* объясняется арабскими лингвистами по-разному. По мнению одних, оно произошло от прилагательного *замзам*, что значит, применительно к воде, «обильная», «достаточная». Другие относят его к глаголу с тем же корнем — *замзама* («журчать»). Третьи возводят это название к глаголу *зумма* («быть связанным», «собранным»), поскольку, как они объясняют, забившую из земли воду Хаджар собрала в сооруженном ею водоеме, края которого она огородила землею.

Помимо общеизвестного имени *Замзам*, у колодца есть и другие, менее употребительные названия. Таковых насчитывается более 30 и среди них: *Барака* («Добро, благо»), *Шабба‘а* («Утоляющий голод и жажду»), *Нафи‘а* («Полезный»). *Барра* («Благой»), *Шафа ас-сукм* («Исцеление болезней»), *Шараб аль-абрар* («Напиток благочестивых»), *Ма‘зуба* («Пресный, приятный на вкус») и т. д.

Возникновение *Замзама* мусульманское предание связывает с появлением в Мекке ее первых обитателей — Хаджар и ее сына Исма‘ила. Согласно *хадису*, передаваемому Ибн ‘Аббасом, по велению Аллаха

Выходное отверстие источника, лежащее на глубине 13 м

Ибрахим оставил свою жену и сына в безводной долине, где они едва не погибли от жажды. В поисках воды Хаджар семь раз пробежала между расположенными здесь холмами ас-Сафа и аль-Марва (в память об этом паломники совершают ритуал семикратного бега между этими холмами). Пересекая долину в последний раз, у аль-Марвы она увидела ангела Джибриля, посланного Аллахом, чтобы спасти ее и ее сына. Он ударил пяткой (в другом варианте этого *хадиса* — крылом) землю и из нее забила вода. Это был *Замзам*, около которого и поселилась Хаджар с Исма‘илом (аль-Бухари). Появление источника воды привлекло в долину новых обитателей: с разрешения Хаджар в ней осело йеменское племя джурхум. После смерти Исма‘ила джурхумиты овладели властью в Мекке и стали попечителями Каабы. Однако в наказание за их грехи *Замзам* пересох, а сами джурхумиты были изгнаны из города. Впрочем, согласно другому преданию, колодец был зарыт вождем джурхум перед тем, как его племя покинуло Мекку. Так или иначе, от *Замзама* не осталось и следа; а местонахождение его было забыто. Спустя много лет он был расчищен дедом Пророка Мухаммада ﷺ, курайшитом ‘Абд аль-Мутталибом, в чью обязанность входило снабжение водою паломников. Как сообщает биограф Пророка ﷺ Ибн Хишам, местонахождение колодца было открыто ‘Абд аль-Мутталибу во сне, благодаря чему он смог найти его в засыпанной яме недалеко от Каабы, куда сваливали отбросы туш жертвенных животных. ‘Абд аль-Мутталиб до самой смерти сохранял исключительное право поить паломников водою *Замзама*. После него это право отошло его сыновьям — сначала Абу Талибу, а затем — аль-‘Аббасу. Последний, с разрешения Пророка ﷺ, владел этой привилегией и после установления ислама в Мекке.

Особым вниманием *Замзам* и сооружение над ним пользовались у *халифов* аббасидской династии (750–1258 гг./132–656 гг. х.), происходивших от вышеупомянутого аль-‘Аббаса. В их правление над *Замзамом* было возведено сооружение из двух комнат. В первой, большей по размеру, находился сам колодец и водоемы для совершения омовения-*вуду*. Во второй располагался бассейн с водой, предназначенной для питья. Здание венчал небольшой купол, украшенный снаружи мозаикой.

При египетских *мамлюках* и турках здание *Замзама* неоднократно перестраивалось. Вот как его описывал швейцарский путешественник Иоганн Буркхардт, побывавший в Мекке в 1814 г.: «Нынешнее здание, в котором находится *Замзам*, ...было возведено в 1072 г. х./1661 г. Оно четырехугольной формы и довольно массивно. Вход в него, ведущий внутрь комнаты с колодцем, лежит со стороны севера. Эта комната красиво украшена разноцветным мрамором; к ней примыкает небольшое помещение с отдельным входом. В нем расположен каменный резервуар, всегда наполненный водой из колодца *Замзам*. *Хаджии*, не входя внутрь этого помещения, черпают воду из резервуара через покрытое железной решеткой окно. Отверстие колодца окружено оградой высотой 5 футов (ок. 1,5 м) и диаметром 10 футов (ок. 3 м). На ней стоя располагаются люди, которые поднимают воду из колодца в кожаных ведрах. Над колодцем прикреплена металлическая решетка, установленная так, чтобы не дать им упасть вниз».

Описанное Буркхардтом здание просуществовало до середины 60-х годов XX столетия. За это время оно не подвергалось каким-либо серьезным переделкам, за исключением устройства рядом с ним двух общественных источников (араб. *сабиль*) при короле ‘Абд аль-‘Азизе ибн Са‘уде и расширения находящейся на его крыше комнаты

Работник, черпающий воду из колодца Замзам (рисунок испанского путешественника Доминго Бадия, побывавшего в Мекке в 1807 г./1221 г. х.)

Сооружение над источником Замзам (1927–1928 гг./1346 г. х.). Слева от входа – сабиль короля ‘Абд аль-‘Азиза

му’аззина. Последний был главой *му’аззинов* Заповедной мечети и потому первым начинал созывать верующих на молитву.

Обслуживанием колодца занимались наемные работники, которых называли *замазим* (ед. ч. — *замзами*). Одни из них черпали воду, другие раздавали ее паломникам. Первые получали за свой труд плату от мечети, вторые — от самих паломников. Одно время *хаджиям* приходилось платить и за саму воду, поскольку колодец был объявлен собственностью *шарифа* Мекки, однако после взятия города Са‘удом эта практика была упразднена и вода *Замзама* вновь стала бесплатной.

Сосуд с водой из источника Замзам — популярный сувенир из Мекки

Паломники, покидая Мекку, обязательно брали с собой на родину хотя бы малое количество воды из *Замзама* для того, чтобы преподнести ее в подарок или использовать для собственных нужд (например, в качестве лекарства). Тарой для нее служили бутылки из олова или меди, а также глиняные кувшины в оплетке.

В 1961–1968 гг. /1381–1388 гг. х. старое здание над колодцем было снесено в соответствии с реализуемым саудовским правительством проектом расширения Заповедной мечети. Новое, специально оборудованное помещение для *Замзама* было сооружено под землею. Вход в него располагался в восточной части двора Заповедной мечети, позади *макама Ибрахим*. Местонахождение самого колодца на поверхности *матафа* было символически обозначено кругом из черного мрамора с надписью *«Замзам»*.

С ростом числа паломников для обеспечения их безопасности вход, ведущий к *Замзаму*, был закрыт. В настоящее время вода из источника по водопроводу поступает в разные части мечети и к некоторым ее входам. Здесь она аккумулируется в специальных охлаждающих агрегатах-кулерах, откуда паломник может взять ее в любом количестве.

Ас-Сафа и аль-Марва

Ас-Сафа и аль-Марва — два небольших холма, названные в Коране «знаками Аллаха» (2:158). Они расположены в центре Мекки, в непосредственной близости от Каабы. В доисламский период на их вершинах находились два идола: Исаф — на первом, На'иля — на втором. По преданию, это были мужчина и женщина, обращенные в камень за прелюбодеяние, совершенное ими в Каабе. В назидание людям их установили на холмах недалеко от Каабы. Со временем история Исафа и На'или была забыта, и им стали поклоняться как божествам. После взятия Мекки Пророком ﷺ (630 г./8 г. х.) оба эти идола были уничтожены.

В настоящее время ас-Сафа и аль-Марва скрыты за стенами Заповедной мечети. Между холмами устроена крытая двухэтажная галерея длиной 395 м и шириной 20 м, по которой перемещаются паломники, совершающие ритуальный бег (*са'й*). Он выполняется в память о матери Исма'ила Хаджар, которая в поисках воды семь раз пробежала между этими холмами.

Галерея мас'а. Вид снаружи

Расширение мечети в разные периоды истории

Возникновение мечети вокруг Каабы относится к периоду правления второго праведного *халифа* ‘Умара. В 639 г./17 г. х. он скупил окружающие ее дома, разрушил их и обнес площадь деревянным забором. Позднее эта мечеть неоднократно (конкретнее, десять раз) расширялась и перестраивалась, благодаря чему приобрела современный вид. Наиболее существенные переделки в разное время предпринимались аббасидским *халифом* аль-Махди (775–785 гг./158–169 гг. х.), османскими *султанами* Селимом II (1566–1574 гг./974–982 гг. х.) и его сыном Мурадом III (1574–1595 гг./982–1003 гг. х.) и, наконец, Саудидами.

В 776 г./160 г. х. *халиф* аль-Махди, совершая паломничество, заметил, что мечеть не вмещает всех верующих, и приказал расширить ее с северной, восточной и западной сторон. По завершении работ Священная Кааба оказалась смещенной к южной стороне мечети. Этот недостаток был исправлен четырьмя годами позднее, когда с юга к мечети было пристроено новое крыло, после чего Кааба вновь оказалась в ее центре. Пристройка аль-Махди просуществовала до середины XVI столетия. Все, что от нее осталось, — это несколько колонн, которые можно видеть в южной части мечети.

В 1571 г./979 г. х. в кладке восточного крыла мечети появились трещины; узнав об этом, *султан* Селим II приказал полностью реконструировать мечеть. Работы начались в следующем году; после смерти Селима строительство продолжил его сын Мурад III. Вместо прежней деревянной крыши мечеть была покрыта куполами, которые поддерживались прочными камен-

Мекка и ее главная мечеть в разные исторические периоды

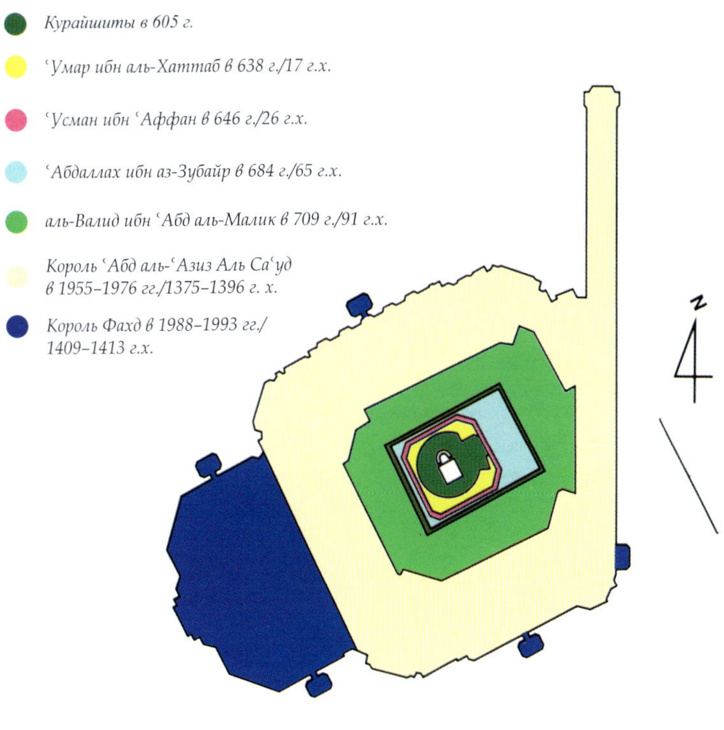

План расширения Заповедной мечети

ными опорами и мраморными колоннами. Новая мечеть была открыта в 1576 г./984 г. х. и действовала следующие 400 лет до перестройки мечети Саудидами.

В середине XX в. число прибывающих в Мекку паломников многократно увеличилось, в то время как мекканская мечеть по-прежнему могла вместить лишь 50 тыс. человек. В этой связи в 1955 г./1375 г. х. саудовское правительство приступило к ее масштабной реконструкции, проходившей в два этапа. В ходе первого из них, начавшегося в правление короля Са'уда, были разрушены дома, прилегавшие к холмам ас-Сафа и аль-Марва, а на освободившейся территории была воздвигнута двухэтажная галерея *мас'а*, вошедшая в пределы мечети. Было разобрано купольное здание над колодцем *Замзам* и другие сооружения, прежде находившиеся в ее внутреннем дворе. В результате этих переделок площадь мечети составила 193 м^2; в ней могли одновременно находиться до 400 тыс. молящихся, что в 8 раз превышало прежний показатель.

В 1988–1993 гг./1409–1413 гг. х., во время второго этапа реконструкции Заповедной мечети, со стороны запада к ней было пристроено новое крыло из трех этажей, один из которых был подземным. Общая площадь пристройки достигла 76 тыс. м^2, благодаря чему мечеть стала вмещать до миллиона человек.

Ворота и *минареты* мечети

Общее количество ворот в мечети — 95, главными из которых считаются четыре: ворота короля ʻАбд аль-ʻАзиза, ворота короля Фахда, ворота *аль-ʻУмра* и ворота *аль-Фатх* (араб. «победа»). Над каждыми из ворот возвышается по два 98-метровых *минарета*; еще один находится недалеко от холма ас-Сафа. *Минареты* покоятся на основании, имеющем высоту 32 м. Внутри их устроена винтовая лестница, ведущая к двум балконам. *Минареты* венчают массивные (5 м) полумесяцы, выполненные из позолоченного металла.

Ворота короля Фахда

СВЯЩЕННЫЕ ОКРЕСТНОСТИ МЕККИ

Долина Мина

Долина Мина — небольшое предместье Мекки, которое простирается от *джамрат аль-ʻАкаба* на западе, до *вади* Мухассир на востоке, где, по преданию, погибло войско эфиопского царя Абрахи.

Этимология названия «Мина» неясна: по одной из версий, это арабское слово означает любое место сбора людей. Согласно другой, когда-то в этой долине изгнанник Адам высказал ангелу Джибрилю свое желание (*таманна*) вновь оказаться в раю, в память о чем она и стала называться «Мина». Наибольшее распространение получила версия, которая возводит это название к арабскому глаголу *манна* («лить», «проливать»), поскольку в этом месте режут (льют кровь) жертвенных животных.

Долина Мина — место проведения двух важных ритуалов *хаджа* — бросания камней в находящиеся здесь столбы (араб. *джамарат*) и жертвоприношения. По преданию, они были установлены пророком Ибрахимом. Первый из них напоминает о том, как он побил камнями Шайтана, представшего перед ним в долине Мина. Второй также воспроизводит эпизод из его жизни: однажды Аллах, желая испытать Ибрахима, велел ему принести в жертву своего старшего сына Исмаʻила. Ибрахим покорно согласился исполнить Его волю: он привел сына в долину Мина, где приготовился совершить жертвоприношение. Однако Аллах в последний момент остановил Ибрахима: Он запретил ему проливать кровь собственного сына, велев заколоть взамен барана.

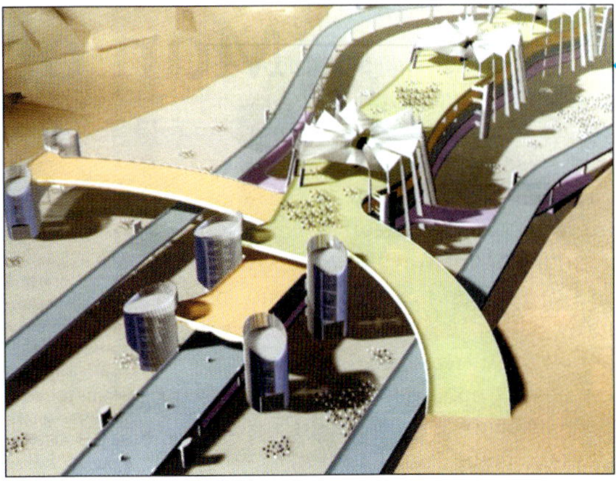

Макет сооружения у столбов-джамарат

В праздничные дни у столбов-*джамарат* скапливается огромная толпа паломников, плотность которой в часы пик достигает 5–7 чел. на 1 $м^2$. В это время здесь фиксируется наибольшее за весь период *хаджа* число травматических случаев; в возникающей давке порою гибнут люди. Саудовские власти, пытаясь решить эту проблему, еще в 1975 г. соорудили в этом месте эстакаду, благодаря чему число паломников, совершающих обряд побивания камнями Шайтана, увеличилось вдвое. В настоящее время они реализуют масштабный строительный проект, предусматривающий возведение еще нескольких ярусов над уже существующим строением.

Лагерь паломников в Мине

Мечеть аль-Хайф

Мечеть *аль-Хайф* расположена в долине Мина недалеко от малого столба (*аль-джамрат ас-сугра*). Это известная мусульманская святыня, в которой, по преданию, в год «прощального паломничества» совершил утреннюю молитву Пророк Мухаммад ﷺ (ат-Тирмизи). Согласно одному из его высказываний, прежде него в этом месте молились семьдесят других пророков, в разное время совершавших паломничество к священной Каабе (ат-Табарани).

Мечеть аль-Хайф в долине Мина

Долина ʻАрафат

В 22 км к юго-востоку от Мекки, за пределами ее священной территории, лежит небольшая (10,4 км^2) долина ʻАрафат. Она необитаема, а потому в ней нет ни постоянных поселений, ни сельскохозяйственных угодий. Раз в год эта пустынная долина оживает: в нее толпами стекаются паломники для участия в главном ритуале *хаджа* — стоянии (*вукуф*) перед «ликом Аллаха», которое совершается в 9-й день месяца *зу-ль-хиджжа*.

Арабские лингвисты выдвигают несколько версий происхождения названия этой долины. Полагают, что оно восходит к арабскому глаголу *ʻарафа* («знать», «узнавать»). По преданию, ангел Джибриль обучая Ибрахима обрядам *хаджа*, привел его в долину ʻАрафат и спросил: «Знаешь [теперь]? (*Халь ʻарафт?*)», — на что тот ответил:

Долина ʻАрафат 9-го зу-ль-хиджжа

«Да, я знаю (*На‘ам, арафт*)». Согласно другой версии, это слово происходит от производного глагола того же корня *та‘арафа* («знакомиться», «узнавать друг друга»), поскольку именно здесь когда-то встретились и узнали друг друга после долгой разлуки изгнанные из рая Адам и Ева. Возможно также, что слово *‘Арафат* образовано от однокоренного с предыдущими глагола *и‘тарафа* («признаваться», «сознаваться»), так как, по разъяснениям лингвистов, в этом месте паломники каются в совершенных ими грехах.

В доисламские времена долина ‘Арафат служила местом отправления обрядов языческого паломничества. Впрочем, посещение ее не считалось обязательным для постоянных обитателей *харама* — курайшитов. Последние не покидали пределы священной территории и совершали все необходимые обряды в соседней с ‘Арафатом долине Муздалифа. С утверждением ислама в Мекке этот обычай был уничтожен. Руководствуясь предписанием Аллаха: **«Ступайте затем, о курайшиты, туда, куда направились остальные люди…»** (2:199), Пророкﷺ включил стояние в долине ‘Арафат в число обязательных обрядов *хаджа*, устранив расхождения в порядке совершения его разными арабскими племенами. В своем «прощальном паломничестве» (632 г./10 г. х.) он, вопреки прежнему обычаю, делал остановку именно на ‘Арафате.

Согласно *хадису*, местом ритуального предстояния служит вся долина ‘Арафат (Муслим), а потому паломник имеет право остановиться в любой ее части. Следуя примеру Пророкаﷺ, он может расположиться у подножия горы ар-Рахма (араб. «милость»), находящейся в восточной части ‘Арафата. В древности эта гора носила название *Иляль* и служила местом языческого паломничества. По преданию, в год «прощального паломничества» Пророкﷺ останавливался у скал, возвышающихся у южного склона горы ар-Рахма, где ему было ниспослано следующее откровение: **«Сегодня Я завершил для вас ниспослание Своей религии, довел до конца Свою милость и одобрил для вас в качестве религии ислам»** (5:3). В настоящее время место предстояния Пророкаﷺ, носящее

Паломники у горы ар-Рахма

название *масджид ас-сахарат* (араб. «место поклонения у скал»), представляет собой мощеную площадку, приподнятую над землей и огороженную невысокой, около полуметра, стеной. Слева от нее расположена лестница, ведущая к вершине горы ар-Рахма, где посреди площадки установлен массивный (8×1,8 м) указательный знак из камня.

Мечеть Намира

Мечеть Намира (*Масджид Намира*), известная также как мечеть Ибрахима, расположена в полутора километрах к западу от горы ар-Рахма, на границе ‘Арафата и *вади* ‘Урана. По преданию, она была воздвигнута в том месте, где в 632 г./10 г. х. провел проповедь и помолился Пророк ﷺ. Свое название она получила от лежащей к западу от нее горы Намира. Первое здание мечети было сооружено приблизительно в 766 г./150 г. х. *везирем* Мухаммадом ибн ‘Али аль-Мансуром, известным под именем Джавад аль-Асфахани. В дальнейшем ее не раз перестраивали и расширяли; наиболее существенная переделка этой древней мечети была предпринята Саудидами, после чего ее общая площадь достигла 110 тыс. м^2. В настоящее время ее фасадная часть размещается в *вади* ‘Урана, а тыльная, с надстроенным вторым этажом — в ‘Арафате. Мечеть имеет 6 *минаретов* высотой 60 м, 3 больших купола и 10 главных входов. Она вмещает 350 тыс. молящихся; впрочем, такое количество посетителей бывает в ней лишь раз в году, в день ‘Арафы, когда здесь собираются паломники для того, чтобы послушать проповедь и совершить молитвы *зухр* и ‘*аср*.

Мечеть Намира

Долина Муздалифа

Между Миной и ‘Арафатом, в 8 км от Мекки, лежит небольшая, вытянутая с запада на восток долина Муздалифа. На западе ее ограничивает *вади* Мухассир, отделяющая ее от Мины, на востоке — две горы аль-Ма’замайн, между которыми пролегает дорога, ведущая к ‘Арафату. Паломники прибывают в Муздалифу вечером 9-го *зу-ль-хиджжа* по окончании обряда стояния в долине ‘Арафат. Здесь они совершают совмещенные молитвы *магриб* и ‘*иша*, после чего располагаются на ночлег. В это время в Муздалифе, чья площадь не превышает 12,25 км^2, скапливается до 2 млн паломников, что создает определенные трудности с их размещением. Скопление людей, наблюдаемое здесь в этот день *хаджжа*, по-видимому, и дало название этой долине: в мусульманской традиции слово *муздалифа* обычно истолковывают как «место сбора людей». Это же значение имеет другое ее название — *джам'* (араб. «встреча», «сбор»). И, наконец, третье название этой долины — *аль-Маш'ар аль-Харам* («Заповедное место»), под которым она упоминается в Коране: **«А когда вы покинете 'Арафат, поминайте Аллаха в Заповедном месте»** (2:198).

На рассвете 10-го *зу-ль-хиджжа* паломники, исполнив утреннюю молитву, перебираются к мечети у горы аль-Маш'ар аль-Харам. В прошлом эта гора была связана с культом языческого бога-громовержца Кузаха и называлась *Джабаль Кузах*, т. е. «гора Кузаха». Расположившись у основания горы или на склонах, паломники, следуя примеру Пророка ﷺ, часто славят Аллаха и обращаются к Нему с мольбами. С наступлением рассвета они продолжают путь далее на запад, в долину Мина.

Мечеть аль-Маш'ар аль-Харам в Муздалифе

ПАМЯТНЫЕ МЕСТА МЕККИ

Дом, в котором родился Пророк ﷺ

По преданию, Пророк ﷺ родился в доме своего отца 'Абдаллаха, находившемся недалеко от Каабы, в квартале хашимитов. В 787 г./171 г. х. этот дом был куплен матерью аббасидского *халифа* Харуна ар-Рашида аль-Хайзуран (ум. в 789 г./173 г. х.), которая возвела на его месте небольшую мечеть. Испанский путешественник Ибн Джубайр, посетивший эту мечеть в конце XII в., описывал ее как великолепное сооружение, большая часть которого была отделана золотом. Мечеть действовала до 1803 г./1218 г. х., когда она была разрушена войсками неджийского *эмира* Са'уда, занявшего Мекку. *Эмир* был последователем учения Мухаммада ибн 'Абд аль-Ваххаба о строгом единобожии в исламе и потому считал недопустимым возведение мечетей над местами, связанными с жизнью Пророка ﷺ. После возвращения города под власть турок мечеть была восстановлена, однако после нового захвата Мекки Саудидами в 1924 г./1343 г. х. ее вновь сровняли с землей. Сейчас в этом месте стоит городская публичная библиотека.

Городская публичная библиотека, расположенная на месте дома, в котором родился Пророк

Дом собраний (*Дар ан-надва*)

Дар ан-надва — дом легендарного вождя курайшитов, предка Пророка Мухаммада ﷺ Кусаййа ибн Киляба, в прошлом располагавшийся недалеко от Каабы. Согласно мусульманским источникам, он был построен Кусаййем за 200 лет до *хиджры* (ок. 422 г.). В доисламский период в нем собирались на совет старейшины племени курайш, почему его и стали называть *Дар ан-надва* (Дом собраний). Председательствовал на этих собраниях сам Кусайй; после него это почетное право отошло его старшему сыну ‘Абд ад-Дару. В *Дар ан-надва* также хранили знамя курайшитов, подписывали договоры, заключали сделки и скрепляли брачные союзы. В исламский период этот дом был выкуплен у потомков Кусаййа *халифом* Му‘авией, превратившим его в свою мекканскую резиденцию. В 897 г./284 г. х. при расширении Заповедной мечети *Дар ан-надва* был разрушен. Сейчас на его месте располагаются *матаф* и крытые галереи мечети; недалеко от него находятся ворота, носящие название *Баб ан-надва* (ворота Дома собраний).

Дом Хадиджи

В доме «матери правоверных» Хадиджи на протяжении двадцати с лишним лет проживал вместе с семьей Пророк ﷺ. С этим домом связаны многие значимые события этого периода его жизни: здесь Пророк ﷺ женился на Хадидже, и здесь родились их дети; здесь он собирал своих последователей, молился и проповедовал; здесь ему не раз ниспосылались откровения.

В 619 г. в этом доме скончалась Хадиджа, а через три года его навсегда покинул и сам Пророк ﷺ. После его отъезда в Медину дом вместе с остальным принадлежавшим ему имуществом отошел его двоюродному брату ‘Акилю ибн Абу Талибу. Спустя много лет он продал его *халифу* Му‘авии, который построил в этом месте мечеть, ставшую одной из почитаемых святынь Мекки. Судя по имеющимся описаниям, она представляла собой небольшое, прекрасно украшенное сооружение из камня. В 1803 г./1218 г. х. эта мечеть была разрушена войсками *эмира* Са‘уда; после их изгнания из города ее восстановили, и она просуществовала еще около столетия. В 1924 г./1343 г. х., после захвата Мекки саудитским *эмиром* ‘Абд аль-‘Азизом, мечеть над домом Хадиджи вновь была уничтожена. В 1950 г./1369 г. х. на ее месте возвели школу для девочек, которую некоторое время спустя снесли при расширении Заповедной мечети.

Дом аль-Аркама

Дом аль-Аркама (*Дар аль-Аркам*), бывший местом тайных собраний мусульман в первые годы пророческой миссии Мухаммада ﷺ, прежде располагался на склоне холма ас-Сафа. Он принадлежал сподвижнику Пророка ﷺ аль-Аркаму ибн Абу-ль-Аркаму из курайшитского рода махзум. Собрания в нем продолжались в течение нескольких лет, до начала открытой проповеди ислама в Мекке. Произошло это вскоре после обращения в ислам ‘Умара ибн аль-Хаттаба в 616 г. Он стал сороковым (по другим сведениям — сорок пятым) мусульманином и последним, кто принял ислам в доме аль-Аркама.

В 787 г./171 г. х. аль-Хайзуран построила в этом месте мечеть, которую порой так и называли: *Дар аль-Хайзуран*, т. е. «дом Хайзуран». Эта мечеть составляла предмет особой заботы правящих Меккой *эмиров* и *халифов*, благодаря чему ее не раз перестраивали и ремонтировали. В 1955 г./1375 г. х. она была снесена при очередном расширении Заповедной мечети. В настоящее время недалеко от того места, где в прошлом находилась эта мечеть, стоят ворота, названные «Воротами дома аль-Аркама».

Пещера горы Хира

Согласно мусульманской традиции, первое откровение было ниспослано Пророку Мухаммаду ﷺ за 13 лет до *хиджры* (610 г. по григорианскому летосчислению). Произошло это в пещере горы Хира, расположенной в 4 км к северо-востоку от Заповедной мечети, где Пророк ﷺ, чей возраст составлял тогда 40 лет, любил уединяться в месяц *рамадан*. Дни и ночи он проводил в молитвах и благочестивых размышлениях, покидая пещеру только для того, чтобы запастись провизией. В один из таких дней Пророку ﷺ явился ангел Джибриль, через которого ему были ниспосланы первые *аяты* Корана: **«Читай, во имя Господа твоего, который сотворил все создания, сотворил человека из сгустка крови. Возвещай, ведь твой Господь — самый великодушный, который научил человека письму посредством каляма, научил человека тому, чего он ранее не ведал»** (96:1–5).

Вход в пещеру горы Хира (ан-Нур)

Склон горы Хира (ан-Нур)

Высота горы Хира — 281 м; пещера расположена у самой ее вершины. В настоящее время она более известна под названием *Джабаль ан-Нур* («Гора света»), поскольку, как пишут мусульманские авторы, именно здесь впервые был ниспослан Коран, который, подобно свету, рассеял мрак неверия. Своими очертаниями гора напоминает верблюжий горб, и, как неизменно подчеркивают те же авторы, нигде больше в мире нет другой горы такой необычной формы.

Пещера горы Саур

В сентябре 622 г. Пророк ﷺ вместе с верным товарищем Абу Бакром тайно бежал из Мекки. Опасаясь погони, они укрылись в пещере горы Саур (759 м), в 4 км к югу от города. Здесь они провели три дня, в один из которых их едва не обнаружили мекканцы, обыскивавшие окрестности Мекки. Беглецы чудом избежали верной гибели: по преданию, паук сплел над входом в пещеру паутину, а рядом свила гнездо пара голубей. Увидев нетронутую паутину и голубей, мирно сидевших в своем гнезде, преследователи решили, что в пещере никого нет, и повернули назад. Когда опасность миновала, Пророк продолжил свой путь в Медину.

Пещера, бывшая когда-то его прибежищем, представляет собой небольшое (3,5×3,5×1,25 м) углубление в горе, расположенное на высоте 458 м. В нее ведут два узких хода: один со стороны запада, другой — с востока. Посещение этой пещеры не входит в число обрядов *хаджа*. Если во время пребывания в Мекке вы все-таки решите посетить ее, имейте в виду: подъем к ней займет у вас немало времени (около полутора часов) и сил. Одолеть его сможет лишь человек, находящийся в хорошей физической форме. Недаром в Мекке когда-то была сложена пословица: «Подняться на гору Саур может лишь *саур* (араб. «бык», «здоровенный детина»)».

Вход в пещеру горы Саур

Мечеть присяги

Мечеть присяги — *Масджид аль-Бай'а* — старинная мечеть в 'Акабе. Она располагается в 300 м от *джамрат аль-'Акаба*, справа от моста, ведущего в сторону Мекки. Ее воздвигли в том самом месте, где в 621 и 622 гг. состоялись исторические встречи Пророка Мухаммада ﷺ с его сторонниками из соседнего с Меккой оазиса Йасриб. На первую из них прибыла делегация из 12 йасрибцев, принадлежавших к арабским племенам хазрадж и аус. Они присягнули Пророку ﷺ, пообещав не веровать ни в кого, кроме Аллаха, не воровать, не прелюбодействовать, не убивать своих детей. В мусульманских источниках эта встреча получила название «первой 'Акабы».

Мечеть присяги в долине Мина

Спустя год Посланника Аллаха ﷺ посетило 75 последователей из Йасриба, среди которых были и две женщины. На встрече в 'Акабе (известной как «вторая» или «большая 'Акаба») они предложили ему переселиться в Йасриб. Предложение было принято; спустя три месяца Пророк ﷺ тайно бежал из Мекки.

В 761 г./144 г. х. аббасидский *халиф* аль-Мансур (754–775 гг./136–158 гг. х.) построил в этом месте мечеть. Позднее ее не раз перестраивали; нынешняя ее постройка относится к османскому периоду, о чем имеется соответствующая надпись на памятной доске, установленной снаружи.

Мечеть победы

В начале января 630 г./середина *рамадана* 8 г. х. Пророк ﷺ во главе 10-тысячного мусульманского войска выступил в поход на Мекку. Двигаясь по мекканской дороге, он подошел к званную Мечетью победы (*Масджид аль-Фатх*). Считается, что она стоит в том самом месте, где в прошлом располагался шатер Пророка ﷺ. Первоначальная ее постройка из-за частых переделок не сохранилась. В 1976 г./

Мечеть победы в окрестностях Мекки

городу со стороны севера и стал лагерем в 25 км от него, в местечке аль-Джамум. В память об этом событии в XIII в. мекканский *шариф* Мухаммад Абу Нумаййа (1254–1301 гг./652–701 гг. х.) построил здесь мечеть, на-

1397 г. х. мечеть полностью перестроили. Сейчас она занимает площадь около 300 м^2 и включает в себя открытый двор, молитвенный зал и высокий, выкрашенный в белый цвет *минарет*.

Мечеть знамени

12 января 630 г./21 *рамадана* 8 г. х. мусульманское войско четырьмя колоннами вступило в Мекку. Часть его, ведомая сподвижником Пророка ﷺ аз-Зубайром ибн аль-Аввамом, вошла в город со стороны севера и установила знамя Пророка ﷺ у горы Хаджун в верхней части Мекки. Позднее в этом месте на средства одного из Аббасидов построили мечеть, получившую название «Мечеть знамени» (*Масджид ар-Райа*). Сейчас это большое, богато украшенное сооружение, в облике которого гармонично сочетаются старина и современность.

Мечеть знамени

Кладбище *аль-Ма‘ля*

Старое городское кладбище *аль-Ма‘ля* (*макбарат аль-Ма‘ля*) расположено в верхней части Мекки, к северу от Заповедной мечети. Согласно аль-Азраки, оно возникло в доисламский период: по преданию, здесь покоятся дед Пророка ﷺ ‘Абд аль-Мутталиб и его дядя Абу Талиб. Позднее оно стало крупнейшим мусульманским некрополем Мекки, местом захоронения членов семьи Пророка ﷺ, его сподвижников, мусульманских ученых и правителей. Среди них: жена Пророка ﷺ Хадиджа, ‘Абдаллах ибн аз-Зубайр и его мать Асма, приходившаяся дочерью *халифу* Абу Бакру, ее брат, известный передатчик *хадисов* ‘Абд ар-Рахман, аббасидский *халиф* аль-Мансур и др.

Кладбище аль-Ма‘ля
в окружении городских строений

Мечеть джиннов

Недалеко от кладбища *аль-Ма‘ля* находится еще одна городская достопримечательность — Мечеть *джиннов* (*Масджид аль-Джинн).* Ее возвели в том месте, где, по преданию, однажды ночью Пророк ﷺ читал Коран *джиннам*. Другое ее название — «Мечеть присяги», поскольку, как пишет автор хроники Мекки аль-Азраки, во время этой необычной встречи *джинны* присягнули Пророку ﷺ и пообещали ему поклоняться только одному Аллаху.

Мечеть джиннов

Университет *Умм аль-Кура*

Университет *Умм аль-Кура* — крупный академический и научный центр, один из восьми ведущих университетов Саудовской Аравии. Он был основан четверть века назад и за недолгий период своего существования успел приобрести известность в исламском мире. В университете обучаются студенты-мусульмане из разных стран, осваивающие светские и религиозные предметы на девяти факультетах.

Мечеть Халида ибн аль-Валида

Масджид Халид ибн аль-Валид — старинная мечеть, расположенная в мекканском квартале аль-Баб, на улице, носящей, как и она, имя Халида ибн аль-Валида. Как это явствует из ее названия, мечеть была построена сподвижником Пророка ﷺ Халидом ибн аль-Валидом (ум. в 642 г./21 г. х.) — знаменитым полководцем и завоевателем Сирии. В 630 г./8 г. х. он командовал одним из отрядов, посланных Пророком ﷺ на завоевание Мекки. Считается, что мечеть была сооружена им в том самом месте, где он водрузил свое знамя после занятия города. В 1957 г./1377 г. х. мечеть была заново отстроена. В настоящее время она представляет собой большое, современного дизайна здание с высоким, в несколько ярусов, *минаретом*.

Мечеть Халида ибн аль-Валида

МЕДИНА

ОБЩИЕ СВЕДЕНИЯ

КРАТКИЙ ОЧЕРК ИСТОРИИ ГОРОДА

МЕЧЕТЬ ПРОРОКА

ПАМЯТНЫЕ МЕСТА МЕДИНЫ

ОБЩИЕ СВЕДЕНИЯ

Географическое положение и климат

Медина — аль-Мадина аль-Мунаввара — расположена в 400 км к северу от Мекки, в западной части Саудовской Аравии (долгота — 39°, широта — 24°), в солончаковой, каменистой местности.

Окружающий ее ландшафт представляет собой плодородную вулканическую возвышенность, лежащую на высоте 597–639 м выше уровня моря. Медина всегда была местом зеленых оазисов, пальмовых рощ, окруженных горами и каменистыми возвышеностями. К северу от города расположена гора Ухуд, с юго-запада — каменистая область базальтового происхождения, около которой в 625 г./3 г. х. состоялась знаменитая битва с язычниками-мекканцами.

Климат пустынный. Лето сухое и жаркое. Средняя температура летом: 30 °С, а с мая по сентябрь может достигать 46 °С. Самая низкая средняя температура в январе: 15 °С. Мягкий климат Медины образно отражает характер Пророка ﷺ, который был мягок и доброжелателен с людьми.

География этой местности благоприятна для проживания и занятия сельским хозяйством. Здесь имеются хоть и ограниченные, но естественные водные ресурсы, земля плодородна, есть дороги, которые связывают город с другими городами Хиджаза и других районов Саудовской Аравии. Также сохранился старый торговый путь между югом, севером и востоком, который сделал город центром важных торговых сделок.

Медину с Меккой в настоящее время связывает трасса под названием аль-Хиджра. Эта дорога получила название в память о *хиджре* Пророка ﷺ, поскольку она пролегает приблизительно по тому маршруту, которым ехал Посланник Аллаха ﷺ, когда переезжал из Мекки в Медину. Это скоростная магистраль, не имеющая перекрестков на всем ее протяжении. Вместе с тем, 27 развязок связывают ее с населенными пунктами по обеим сторонам трассы. Протяженность ее от Мекки до Медины составляет

Мечеть Пророка в Медине

420 км. От Джидды до Медины — 396 км.

Население города, согласно переписи 2003 г., составляет 870 тыс. человек.

Значение и религиозный статус

Аль-Мадина аль-Мунаварра по своей святости и важности занимает второе место после Мекки в сердце каждого мусульманина. Медина — город Посланника Аллаха ﷺ. В этом городе Пророку ﷺ были ниспосланы некоторые *суры* Корана, которые впоследствии были названы мединскими. Позже в Медине при *халифе* ‘Усмане все рукописи Священного Писания были собраны воедино в Коран, который остается неизменным и по сей день. Отсюда экземпляры Корана распространились во все мусульманские страны. В этом городе Посланник Аллаха ﷺ был похоронен после того, как он выполнил вверенную ему миссию.

Значение этого города было отмечено Аллахом и Его Пророком ﷺ. В *хадисе*, переданном ‘Аишей, Пророк ﷺ выразил свою огромную любовь к Медине, обратившись с мольбой к Всемогущему и Великому Господу: *«О Аллах, сделай так, чтобы мы полюбили Медину так же, как любим Мекку, или даже сильнее! О Аллах, благослови наши са‘и, наши мудды, и оздорови для нас ее климат, и удали ее лихорадку в аль-Джухфу!»* (аль-Бухари, Муслим). Он также говорил: *«О Аллах, ниспошли Медине в два раза больше благодати, чем Ты ниспослал ее Мекке!»* (аль-Бухари, Муслим).

Пророк ﷺ обозначил высокий статус Медины следующими словами: «*Истинно Ибрахим объявил Мекку священной и заповедной и помолился за ее жителей. Я же по примеру Ибрахима объявляю священной и заповедной Медину. Я молюсь за каждый са‘и, каждый мудд этого города в два раза больше, чем Ибрахим делал это для жителей Мекки»* (аль-Бухари, Муслим). Он также говорил, что ни один человек не покинет Медину, будучи недовольным этим городом.

Одно из преимуществ Медины заключается в том, что город защищен от чумы и *ад-Даджжаля* (аль-Бухари и Муслим). Пророк Мухаммад ﷺ сказал: *«Не останется ни одного города, куда не вступит ад-Даджжаль, кроме Мекки и Медины, ибо не будет ни одного входа в эти города, где не окажутся перед ним стоящие в ряд ангелы, охраняющие его»* (аль-Бухари).

Посещение Медины не является обязательным условием совершения *хаджа* или ‘*умры* паломниками. Однако посещая Медину, мусульманин проявляет глубочайшее уважение к городу Пророка и его мечети. Несомненно, любящий Господа любит и Его Пророка, а любящий Мекку любит и Медину.

Границы священной территории

Пророк ﷺ сказал: *«Медина является священной территорией от такого-то места до такого-то, где нельзя вырубать деревья и совершать грехи, а тот, кто совершит в ней какой-нибудь грех, будет проклят Аллахом, ангелами и всеми людьми»* (аль-Бухари). От также говорил: *«Медина — харам (священная) и ее священные окрестности простираются от ‘Аира до Саура»* (аль-Бухари, Муслим). ‘Аир (‘Ир) — гора, находящаяся к югу от Медины, западнее местечка Куба, и являющаяся

План центральной части Медины

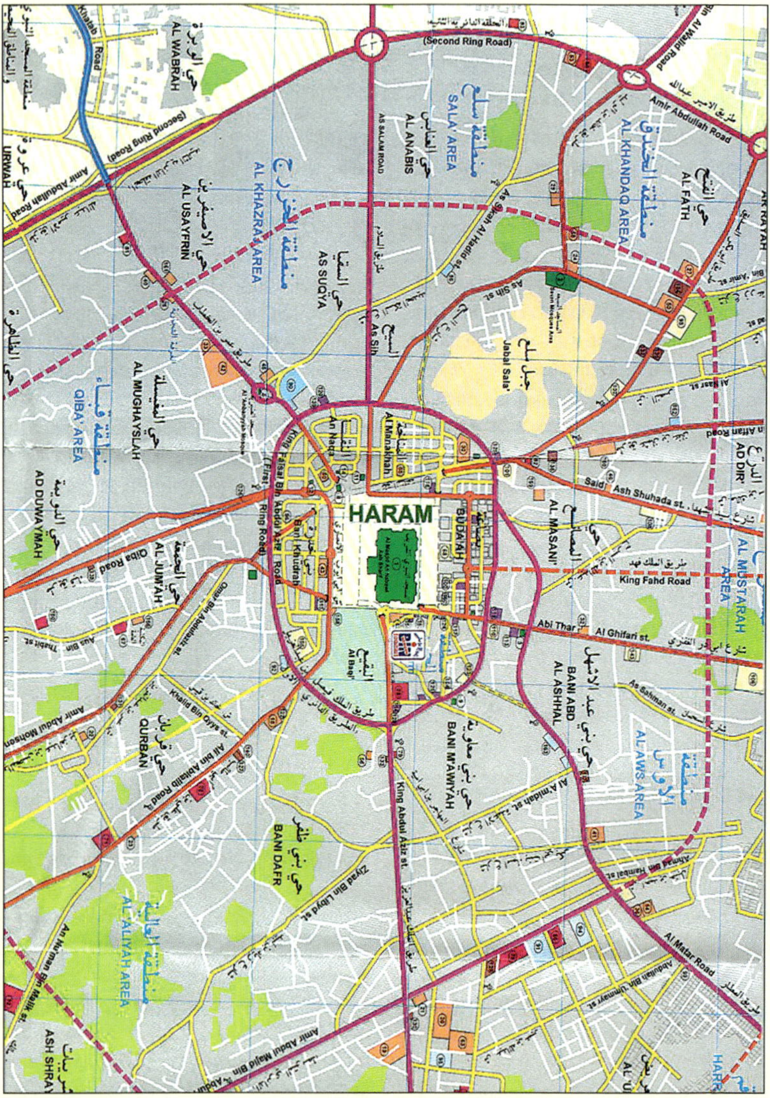

естественной границей священной территории. Саур — небольшая гора красно-коричневого цвета на севере Медины, за горой Ухуд. Сегодня рядом с горой Саур пролегает шоссе, ведущее из аэропорта в город Джидда.

В священных окрестностях Медины, так же как и на территории Мекки, запрещены убийство диких животных и вырубка деревьев. Посланник Аллаха ﷺ сказал: *«Ибрахим сделал Мекку запретной, а я провозглашаю Медину и то, что лежит между двумя горами, запретным. Ни одно животное не может быть убито, даже колючка, покрытая иглами, не может быть здесь сорвана»* (Муслим).

Пророк ﷺ, говоря о Медине, сказал: *«Растения ее не должны быть сорваны, животные ее не должны устрашаться, предметы, утерянные в ней, нельзя поднимать за исключением лишь тех случаев, когда объявляется поиск владельца, так же как никто не имеет права вносить на ее территорию оружие. Деревья ее нельзя рубить, за исключением необходимости кормления животных»* (Ахмад и Абу Дауд). Запреты на заповедной мединской земле менее жесткие, чем соответствующие запреты на заповедной земле Мекки, и нарушение их не влечет за собой наказания и не требует какого-либо возмещения.

Названия Медины

Официальное название Медины — *аль-Мадина аль-Мунаввара* (араб. «Лучезарная Медина»). Она имеет более 90 других названий, что подчеркивает высокий статус города. Среди них: *аль-Мадина* («Город»), *аль-Мунаввара* («Лучезарная»), *Дар аль-иман* («Обитель веры»), *аль-Мубарака* («Благословенная»), *Дар аль-фатх* («Обитель победы»), *Дар аль-Абрар* («Обитель благочестивых»), *Харам расули-ль-лях* («Заповедная земля Посланника Аллаха»), *Куббат* аль-ислям («Купол ислама»), *Дар ас-салям* («Дом мира»), *аль-Мухтара* («Избранная»), *Мадинат ар-расуль* («Город Посланника»).

Старое название города — Йасриб — упоминается в *суре* «Союзники». Пророк ﷺ поменял его на Медина, запретив использовать ее прежнее название. Он сказал: *«Кто назовет Медину Йасрибом, пусть попросит прощения у Аллаха»* (Ахмад). Дело в том, что слово *йасриб* происходит от арабского слова *тасриб*, что означает «поношение», «вред», «порча», «беспорядок».

Под названием Медина город трижды упоминается в Коране: в *суре* «Покаяние», *аятах* 101,120; «Лицемеры», *аят* 8.

В *хадисах* она обычно называется — Таййиба и Таба, что в переводе с арабского языка означает «безопасная», «благая».

КРАТКИЙ ОЧЕРК ИСТОРИИ ГОРОДА

Медина до *хиджры*

Медина до переселения Пророка Мухаммадаﷺ носила название Йасриб. Время основания города неизвестно. Первыми племенами, населявшими этот город, были амаликиты, родословная которых восходит к сыну Нуха (Ноя) — Шиму. По некоторым сведениям, основателем города был Йасриб ибн Йасриб ибн Катина ибн Махлайиль — один из потомков Нуха, от имени которого и происходит название города. Жители Медины до *хиджры* Пророкаﷺ представляли собой разрозненные племена, основными среди которых были: арабские племена аус и хазрадж, а также еврейские племена бану курайза и надир. Племена аус и хазрадж после переселения Пророкаﷺ стали называться *ансарами*, то есть последователями и сподвижниками Пророкаﷺ.

Амаликиты — легендарный народ великанов, проживавший, по преданию, от Омана на востоке до Хиджаза на западе, Сирии — на севере и Йемена — на юге.

Медина после *хиджры*

Новая история города начинается после *хиджры* Пророкаﷺ 622 г. Пророкﷺ и его сподвижники в тот год преодолели долгий и трудный путь через пустыню из Мекки. А город после этого события стал именоваться *Мадинат ан-наби* («Город Пророка»).

Дом ансара Айуба, в котором остановился Пророк Мухаммад по прибытии в Медину

Могилы павших при Бадре

В Медине мусульмане из Мекки (*мухаджиры* — «переселенцы») были по-братски горячо встречены местными мусульманами (представляющими племена аус и хазрадж), которых Пророкﷺ назвал *ансарами* — «помощниками» (третьей, небольшой частью населения Медины, были евреи, с которыми Пророк Мухаммадﷺ заключил договор о ненападении). Для обретения подлинного единства мусульман Пророкﷺ произвел братание своих сподвижников, сделав побратимами друг другу *мухаджиров* и *ансаров*. В Медине у мусульман началась новая жизнь; здесь были ниспосланы и сформулированы законы *шари'ата*; здесь стали закладываться основы исламского государства. Здесь Пророкﷺ построил свой дом и заложил рядом с ним мечеть.

Во 624 г./2 г. х. армия мусульман под предводительством Пророкаﷺ впервые столкнулась с мекканцами в битве при Бадре. Сражение закончилось поражением язычников, которые потеряли 70 человек. Среди убитых в этом сражении оказался и один из заклятых врагов мусульман — курайшит 'Амр ибн Хишам аль-Махзуми, более известный под прозвищем Абу Джахль (Отец невежества), данным ему Пророкомﷺ.

Недалеко от Медины состоялись и две другие битвы с мекканцами. Первая произошла в 4 км от города, около горы Ухуд, в 625 г./ 3 г. х., в которой мусульмане потерпели поражение. 70 последователей Пророкаﷺ пали мучениками (64 *ансара* и 6 *мухаджиров,* среди которых был дядя Пророкаﷺ Хамза). Вторая, известная как «битва у Рва», состоялась в 627 г. /5 г. х. у горы Сал', в 2,5 км от Медины. Свое название она получила от оборонительного рва, вырытого вокруг Медины мусульманами. Применение этого нового, прежде не известного мекканцам фортификационного сооружения, стало главным фактором успеха мусульманской армии: после нескольких безуспешных попыток штурма города, в условиях плохой погоды и отсутствия продовольствия, курайшиты и их союзники вынуждены были отступить.

В Медине Пророк Мухаммадﷺ прожил остаток своей жизни, неустанно призывая людей к единобожию, здесь он умер и здесь же был похоронен.

Медина в эпоху правления праведных *халифов* (632–661 гг./11–40 гг. х.)

По возвращении из последнего в своей жизни *хаджа* Пророк ﷺ заболел и после непродолжительной болезни 8 июня 632 г./11 г. х. скончался.

Халиф — заместитель Посланника Аллаха — *халифат расули-ль-лях* или просто *халиф*.

После смерти Пророка ﷺ власть и руководство мусульманской общиной перешли к его ближайшему сподвижнику Абу Бакру, прозванному ас-Сиддик (Правдивейший), который стал первым *халифом*. Абу Бакр возложил на себя заботу о молодом государстве и объявил войну всем вероотступникам и отказавшимся выплачивать *закят*. Во время его правления ислам окончательно утвердился на территории Аравийского полуострова, а мусульманская армия направилась в Ирак и Сирию для распространения ислама.

После смерти Абу Бакра в 634 г./14 г. х. место правителя, согласно распоряжению первого *халифа*, занял ʻУмар ибн аль-Хаттаб. В период правления ʻУмара *Халифат* стал тем самым, о котором позже отзывались как о «классическом исламском государстве», это время стало «золотым веком» раннего ислама. Медина в эту эпоху являлась столицей процветающего *Халифата*, в котором ʻУмар заложил политические, административные, финансовые устои государства, основанные на исламском вероучении.

Третий *халиф*, ʻУсман ибн ʻАффан, был избран советом, члены которого были названы ʻУмаром ибн аль-Хаттабом незадолго до его смерти в 644 г./24 г. х. ʻУсман продолжил политику второго *халифа*, а ислам в период его правления распространился до берегов Средиземного моря и достиг Кипра.

ʻАли ибн Абу Талиб был избран *халифом* после убийства ʻУсмана в 656 г./35 г. х. Он не сразу согласился возглавить *Халифат*, несмотря на настойчивые просьбы жителей Медины, египтян и иракцев. Понимая всю ответственность такого шага и предвидя его возможные последствия, он, тем не менее, согласился стать четвертым и последним из числа праведных *халифов* (*аль-хулафа ар-рашидун*).

Краткий исторический обзор

683 г./64 г. х. — восстание мединцев против власти омейядского *халифа* Йазида (680–683 гг./60–64 гг. х.). Для подавления его из Сирии присылается 5-тысячное войско, которое 27 *зу-ль-хиджжа* (27 августа) захватывает город. Солдаты врываются в дома горожан, убивают, грабят, насилуют женщин. Погром длится три дня; в это время в городе гибнет 2300 человек, среди которых немало женщин и детей. По другим сведениям, количество убитых достигло 3500 и даже 10000 человек. Оставшиеся в живых горожане присягают *халифу*, обещая передать в его распоряжение свои жизни и имущество. Несогласных принять такие унизительные условия предают смерти. Покинув Медину, сирийское войско направляется в Мекку для того, чтобы сразиться с другим противником Йазида — ‘Абдаллахом ибн аз-Зубайром.

684 г./64 г. х. — после смерти сына и наследника Йазида — *халифа* Му‘авии II Медина переходит под власть ‘Абдаллаха ибн аз-Зубайра.

691 г./72 г. х. — после двух неудачных попыток взять Медину *халиф* ‘Абд аль-Малик ибн Марван посылает огромную армию для подавления мятежа ‘Абдаллаха ибн аз-Зубайра и одерживает победу.

1517 г./923 г. х. — турецкий *султан* Селим I одерживает верх над давними соперниками османов — египетскими *мамлюками*. Во время его пребывания в Каире он был провозглашен «правителем обоих священных городов» (Мекки и Медины). *Шарифы* Медины были довольны исходом войны между турками и египтянами. Они охотно согласились признать нового государя и упоминать его имя в *хутбе*.

1524 г./930 г. х. — по приказу *султана* Сулеймана (1520–1566 гг./926–974 гг. х.) в Медине начато строительство новой оборонительной стены и укрепленной цитадели. В городе размещен турецкий гарнизон.

С ослаблением власти османов в XVIII в. Медина становится ареной ожесточенных столкновений политических группировок, в которые были вовлечены турецкие чиновники и военные, аристократия, простые горожане и даже служители мечети Пророка. В конце XVIII в. мекканский *шариф* Сурур положил конец этим распрям, после чего в городе воцарилось относительное спокойствие.

1804 г./1220 г. х. — войска недждийского *эмира* Са‘уда занимают город на шесть лет. После их вступления в Медину здесь уничтожаются все проявления многобожия и идолопоклонничества, к каковым, с точки зрения проповедуемого *эмиром* Са‘удом учения об истинном единобожии, были отнесены купольные сооружения мечетей, высокие могильные стеллы и мавзолеи, распространенные прежде в Медине празднования *мавлидов* и т. д. Между тем, успехи Саудидов серьезно обеспокоили правивших тогда османских *султанов* Селима III и Махмуда II. Они расценивают их как крупнейшую угрозу своему господству в арабских странах. Однако все их попытки одолеть Саудидов не имеют успеха. Занятые внутренними распрями и военными действиями против России, они не могут выделить большую армию для борьбы с недждийским *султанатом*. Вот почему в 1811 г./1226 г. х. *султан* Махмуд II вынужден обратиться за помощью к своему египетскому вассалу, могущественному Мухаммаду ‘Али. Последний охотно соглашается предпринять карательную экспедицию против государства Саудидов, армия которого в ноябре 1812 г./1227 г. х. овладевает Мединой.

1915 г./1333 г. х. — ‘Али ибн Хусайн, сын мекканского *шарифа*, объявившего войну туркам, осаждает Медину, разместившись со своим войском в окрестных деревнях. В это время губернатор Медины Фахри-паша укрепляет все подступы к городу и готовится к длительной осаде, конфискуя у мединцев продовольствие. Для облегчения тягот осады он принудительно переселяет горожан в Стамбул и Дамаск. Туда отправляются и реликвии мечети Пророка.

Войска хашимитов, осадившие город, разрушают железнодорожные пути и замыкают кольцо осады. В Медине ощущается острый дефицит продовольствия. В городе распространяются болезни, уносящие

Общий вид Медины в 1881 г./1298 г. х.

жизни многих горожан. Бедственное положение жителей не волнует Фахри-пашу и его офицеров, которые упорно продолжают сопротивление. Осада продолжается три года, в течение которых горожане страдали от голода, болезней и притеснений турецких военных.

1919 г./1337 г. х. — после неоднократных попыток *эмиру* ‘Али наконец удается очистить город от турок. Он назначается губернатором Медины. В город возвращаются жители, покинувшие его во время войны. Удается вернуть и реликвии мечети Пророка вместе с библиотекой известного ученого ‘Арифа Хикмета.

1925 г./1344 г. х. — Медина осаждается войсками неджийского *эмира* ‘Абд аль-‘Азиза Аль Са‘уда. Осада длится семь месяцев, после чего войска хашимитов, получив в ходе переговоров с ‘Абд аль-‘Азизом гарантии своей безопасности, сдают город.

Интересные исторические факты

Попытки выкрасть тело Пророка ﷺ из могилы

В 1162 г./557 г. х. была совершена дерзкая попытка выкрасть тело Пророка ﷺ из могилы в Медине. Этот факт описывается историками Джамалетдином аль-Матари и Джамалетдином аль-Иснави:

«…Два христианских монаха, выдававших себя за марокканцев из Андалусии, поселились недалеко от мечети Пророка. Постоянно совершая молитвы в мечети и посещая кладбище *аль-Баки‘*, они втайне начали рыть подземный ход к Священной комнате Пророка, где находилась его могила. Землю они выносили в сумках и оставляли на кладбище *аль-Баки‘*. В это время *султан* Нур ад-Дин Махмуд ибн Занги трижды увидел сон, в котором Пророк указал на двух светловолосых мужчин и сказал: "О Махмуд, спаси меня от них!". Мудрый *визирь султана* посоветовал ему срочно отправиться в Медину. Прибыв в Медину, *султан* созвал всех жителей города для раздачи милостыни. Однако среди собравшихся он не нашел тех, на кого указал Пророк ﷺ. Ему сообщили, что два марокканца не явились на площадь. Когда их привели, *султан* сразу узнал их. Они сообщили, что прибыли для совершения *хаджа* и посещения мечети Пророка. Не веря их рассказу, *султан* сам отправился в дом сомнительных иностранцев, где обнаружил большую сумму денег и кусок дерева, которым был прикрыт лаз туннеля, доходивший до стен мечети. Иностранцы признались, что являются монахами и были отправлены королем их страны, чтобы любыми способами выкрасть тело Пророка ﷺ. Преступники были преданы суду и казни. А *султан* Нуруддин приказал вырыть вокруг комнаты Пророка ﷺ глубокую траншею и залить ее свинцом».

Другой случай описывает ту неразбериху и хаос, которые царили среди мусульман в то время, когда были предприняты попытки перенести могилы Пророка ﷺ и двух его сподвижников — Абу Бакра и ‘Умара из Медины в Египет. Историк ас-Самхуди сообщает, что некий еретик посоветовал египетскому правителю аль-Хакиму перенести тело Пророка, Абу Бакра и ‘Умара в Египет для того, чтобы люди совершали туда паломничество. С этой целью аль-Хаким тайно послал на разведку своего человека. Но бдительные жители Медины узнали о его планах и не дали их осуществить.

Извержение вулкана

Знаменательным событием в истории Медины явилось извержение вулкана в 1256 г./655 г. х. в местечке аль-Харра аш-Шаркийа в окрестностях города. Пророк ﷺ предсказал это событие, говоря, что Судный день не наступит, пока Большой огонь не появится со стороны Хиджаза, свет которого озарит верблюжьи шеи в Бусре (аль-Бухари).

Извержению вулкана предшествовало землетрясение, сила которого была столь велика, что крыша мечети Пророка сотрясалась, производя огромный шум. Историк аль-Куртуби сообщает, что огонь вулкана был виден на расстоянии пяти дней пути от Медины и продолжался в течение двух дней, так что бедуины могли рассмотреть шеи своих верблюдов ночью.

Извержение вулкана с затуханиями продолжалось три месяца и сопровождалось выбросами лавы, протекавшей недалеко от мечети Пророка.

Пожар в мечети Пророка

В 1256 г./655 г. х. из-за невнимательности служителя, уронившего свечу, загорелось складское помещение в мечети Пророка. Огонь быстро перекинулся на ковры и стал молниеносно

Внутренний двор мечети Пророка

распространяться по мечети, сжигая на своем пути книги, подставки для Коранов и другие ценные предметы. Пожар нанес большой урон всей мечети за исключением ее купола. Он был построен *халифом* ан-Насиром (1180–1225 гг./575–622 гг. х.) в 1182 г./578 г. х. для хранения ценных вещей и реликвий, среди которых были знаменитый Коран ‘Усмана и другие древние книги.

Второй пожар случился в 1481 г./886 г. х., когда молния поразила *минарет*, убив при этом призывавшего к молитве *му’аззина*. Огонь перешел на крышу мечети, и люди в панике начали разбегаться. Этот пожар разрушил *михраб*, *минарет*, *минбар*, двери и унес жизни многих людей. После разрушения мечеть была восстановлена мамлюкским *султаном* Каит-беем (1468–1496 гг./872–901 гг. х.).

Строительство Хиджазской железной дороги

Хиджазская железная дорога, протяженностью от Дамаска до Медины, была построена во время

Мединская железнодорожная станция

правления династии Османов. Эта дорога соединяла Медину с внешним миром. Строительство ее было начато в 1904 г./1322 г. х. и закончено в 1908 г./1326 г. х. Планировалось протянуть дорогу до Мекки, а оттуда на юг в Йемен. В течение девяти лет паломники из Сирии, Иордании, Палестины и Ирака пользовались этой дорогой. Ее открытие способствовало и оживлению торговли в Медине. Арабское восстание против режима турков в 1915 г./1333 г. х. положило конец использованию железной дороги и привело к ее разрушению. Однако железнодорожная станция сохранилась до наших дней и находится на площади аль-‘Анбарийа.

Паровоз Хиджазской железной дороги

Медина сегодня

Вид на центр города сверху

В 1925 г./1344 г. х. Медина перешла под контроль ‘Абд аль-‘Азиза Аль Са‘уда, который позже, в 1932 г./1351 г. х., был провозглашен королем нового государства — Королевство Саудовская Аравия. С этого времени городу уделяется особое внимание. Последняя широкомасштабная модернизация города, проведенная саудовским правительством, преобразила его до неузнаваемости. Появился крупный аэропорт, способный принимать все виды воздушных судов. Был открыт технически оснащенный современный медицинский центр, а также огромный спортивный комплекс. Высотные здания с живописными парками стали дополнять архитектурный ландшафт города. Была усовершенствована сеть автомобильных дорог, соответствующая мировым стандартам. Площадь, прилегающая к мечети Пророка, была расчищена, и вокруг нее были возведены три кольцевые автодороги, а также мосты, туннели и развязки, с помощью которых теперь легко добраться до нее с любого въезда в город.

Мечеть Пророка

Мечеть Пророка — *аль-Масджид ан-Набави* — вторая по значению после Запретной мечети в Мекке. Она находится в сердце Медины и имеет особое значение в исламе: молитва в ней предпочтительнее тысячи молитв в другом месте, за исключением Запретной мечети в Мекке. Посланник Аллаха ﷺ сказал: *«Молитва в моей мечети предпочтительнее тысячи молитв в любой другой, кроме аль-Масджид аль-Харам. Молитва же в аль-Масджид аль-Харам предпочтительнее ста тысяч молитв в любой другой (мечети)»* (Ахмад и Ибн Маджа).

Именно в этой благородной мечети находится сад из садов рая. Это место называется *рауда* («сад»). Оно расположено между *минбаром* Пророка Мухаммада и его комнатой, где он жил с ‘Аишей. Посланник Аллаха ﷺ сказал: *«Между моим домом и моим минбаром — сад из садов рая»* (аль-Бухари, Муслим). В доме, где Пророк ﷺ жил с ‘Аишей, под крышей благородной мечети, он скончался и был захоронен. Мусульмане убеждены, что нет другого места на земле, кроме *рауда*, которое являлось бы частью рая. Также нет на свете могилы или жилища любого из пророков, о местонахождении которых людям было бы достоверно известно, кроме места захоронения и дома Пророка

Мухаммада ﷺ. Пророк ﷺ при жизни молился о том, чтобы его могила не стала местом поклонения. Он говорил: *«О Аллах, не делай мою могилу идолом, которому станут поклоняться, ибо силен гнев Аллаха на людей, которые избрали могилы своих пророков местами для совершения молитв»* (Малик). Эта мольба говорит о том, чтобы люди, посещая могилу Пророка ﷺ, помнили о смирении, поклоняясь и возвеличивая только Всевышнего Аллаха.

Мечеть Пророка ﷺ служила не только местом проведения молитв, но также была первым исламским центром просвещения, где Посланник Аллаха ﷺ собирался со своими сподвижниками и сообщал им о ниспосланных *аятах* Священного Корана, учил их основам религии, обрядам, правилам поведения, разрешал возникавшие между ними споры в соответствии с нормами *шари'ата*, отвечал на вопросы. Кроме того, она являлась центром управления всеми делами и парламентом, где собирались совещательные и исполнительные органы мусульманского государства. И наконец, мечеть стала пристанищем для большого количества бедных переселенцев, у которых в Медине не было ни дома, ни имущества.

Та же роль осталась за мечетью и во времена праведных *халифов* Абу Бакра, 'Умара и 'Усмана. Именно отсюда они управляли государственными делами. Таким образом, мечеть во времена Посланника Аллаха ﷺ была центром пророческой деятельности, а во времена праведных *халифов* — административным центром.

Строительство мечети Пророка

После того как Пророк ﷺ и его сподвижники переселись из Мекки в Медину, сразу встал вопрос о строительстве мечети. Место будущей мечети было выбрано верблюдицей Пророка ﷺ в тот момент, когда он въехал в Йасриб.

Мечеть была построена на участке, где раньше сушили финики.

«И мимо какого бы дома ансаров ни проезжал Посланник Аллаха, люди хватали его верблюдицу за повод и говорили: "Иди к нам, и ты будешь у нас под надежной защитой!", — а он, да благословит его Аллах и приветствует, говорил им в ответ: "Отпустите ее, ибо она получила свое веление!" И когда верблюдица дошла до того места, где ныне находится мечеть Пророка, да благословит его Аллах и приветствует, она опустилась на колени, но он не спешился, а подождал, и она снова поднялась, прошла еще несколько шагов, но потом повернула назад и снова опустилась на колени на том же месте, и тогда Посланник Аллаха, да благословит его Аллах и приветствует, спустился на землю» (Ибн Хишам. Жизнеописание Пророка)

Эта земля принадлежала двум мальчикам-сиротам Сухайлю и Сахлю. Пророк ﷺ выкупил ее под строительство мечети. На этой территории росли финиковые пальмы, а также находились старые могилы, развалины и заросли терновника. Пророк ﷺ приказал вырубить пальмы, перенести могилы и снести руины, чтобы подготовить землю к строительству мечети. После этого был заложен ее фундамент, возведены стены из кирпича и глины и поставлены дверные косяки, которые сложили из камня. Крышу перекрыли пальмовыми ветвями, столбами послужили стволы пальм, а на пол насыпали песок и мелкие камешки. В мечети было три двери, а *кибла* была ориентирована на север, в сторону Иерусалима. К мечети были пристроены две комнаты, предназначенные для жен Пророка ﷺ. Одна из комнат принадлежала Сауде бинт Зам‘а, а другая — ‘Аише.

Первое время мечеть не имела крыши, затем, когда сподвижники стали страдать от жары, ее покрыли крышей из пальмовых стволов. Ее первоначальная длина — 35 м, ширина — 30 м. Позже в 629 г. /7 г. х. Пророк ﷺ возвел к ней пристройки с востока, запада и севера, так что план мечети приобрел форму квадрата, каждая сторона которого равнялась 50 м.

Строительство мечети было завершено в 622 г./1 г. х. Ее площадь составила 850 м^2, а высота стен — 2,9 м. Через семь лет, с ростом числа мусульман, мечеть расширили. Пол мечети был выложен из камня, стены из кирпича, а балки и колонны — из стволов финиковых пальм. Крыша была выстлана финиковыми ветвями, скрепленными глиняным раствором. Пророк ﷺ принимал личное участие в строительстве мечети, поднося камни и строительные материалы.

Рисунок мечети Пророка

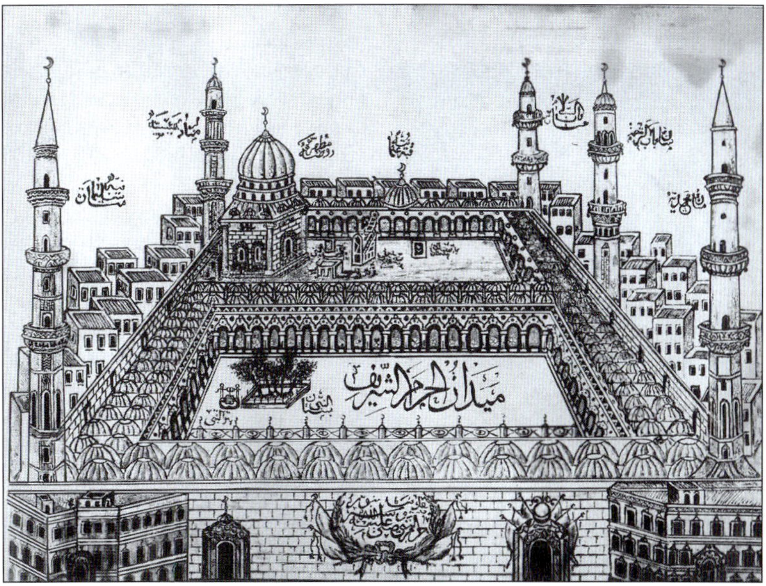

Расширение мечети

За свою историю мечеть Пророка неоднократно перестраивалась и расширялась. Среди правителей, которые участвовали в этом, можно назвать следующих: ʻУмар ибн аль-Хаттаб, ʻУсман ибн ʻАффан, Омейяд аль-Валид ибн ʻАбд аль-Малик, Аббасид аль-Махди, *мамлюк* Каит-бей, османский *султан* ʻАбд аль-Маджид, король ʻАбд аль-ʻАзиз ибн ʻАбд ар-Рахман Аль Саʻуд и Фахд ибн ʻАбд аль-ʻАзиз Аль Саʻуд.

Первое расширение было осуществлено во время правления ʻУмара ибн аль-Хаттаба. Он присоединил к мечети новые территории. Длина ее стала 70 м, а ширина — 60 м. Более грандиозным изменениям мечеть была подвергнута в 707 г./88 г. х. во время правления *халифа* аль-Валида (705–715 гг./86–96 гг. х.). При строительстве был использован тесаный камень, а колонны укреплены свинцовыми и железными стержнями. Внутренние стены отделаны мрамором, золотом и мозаикой. Особенностью этого расширения стало то, что были добавлены такие архитектурные элементы, как балконы, *минареты*, углубления в стене мечети со стороны *киблы*, а также впервые построены комнаты для верующих женщин. *Минареты*, возвышающиеся по углам здания, с тех пор стали неотъемлемой частью каждой мечети.

«Когда аль-Валид ибн Абдул Малик написал царю ар-Рума и попросил у него мастеров для постройки мечети Посланника Аллаха — да благословит его Аллах и да приветствует! — тот прислал ему сорок человек из мастеров ар-Рума, сорок человек с мастерами и вместе с ними сорок тысяч мискалей золота и вьюков с мозаикой. И прибыли [люди], и заложили фундамент мечети из камня, а колонны — из круглого камня с железными опорами внутри и с залитым в них свинцом; потолок украсили золотом. Позолотили и камни *михраба*, а южную стену с внутренней стороны с самого основания до высоты роста [человека] сделали из мрамора. А *минбар*, принадлежавший Пророку — да благословит его Аллах и да приветствует! — был перекрыт другим *минбаром*. А могила его — да благословит его Аллах и да приветствует! — в восточной части мечети, рядом с ней могила Абу Бакра и возле нее могила Умара [ибн аль-Хаттаба]» (аль-Бакуви).

Во времена Османской империи *султан* Махмуд II (1808–1839 гг./1223–1255 гг. х.) построил в 1813 г./1228 г. х. новый купол над могилой Пророка ﷺ, который имел свинцовое покрытие. Позже купол был выкрашен в зеленый цвет. Зеленый купол и по сей день украшает мечеть и служит ее символом.

В 1847 г./1263 г. х. следующий *султан* Абд аль-Меджид (1839–

У ворот мечети Пророка

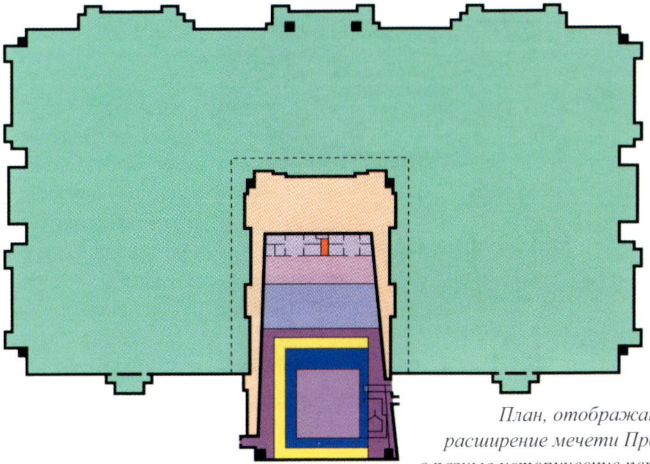

План, отображающий расширение мечети Пророка в разные исторические периоды

- *Первоначальная постройка, возведенная Пророком*
- *Расширение, сделанное Пророком после битвы при Хайбаре в 628 г./7 г. х.*
- *Расширение ʻУмара ибн аль-Хаттаба в 638 г./17 г. х.*
- *Расширение ʻУсмана ибн ʻАффана в 649–650 гг./29–30 гг. х.*
- *Расширение халифа аль-Валида в 707–709 гг./88–91 гг. х.*
- *Расширение халифа аль-Махди в 777–781 гг./161–165 гг. х.*
- *Расширение короля ʻАбд аль-ʻАзиза в 1951 г./1371 г. х.*
- *Расширение короля Фахда в 1984–1995 гг./1404–1416 гг. х.*

1861 гг./1255–1277 гг. х.) перестроил мечеть, разрушив ее до основания, кроме комнаты Пророка ﷺ. Реконструкция мечети, которая длилась 13 лет, была выполнена известными архитекторами и инженерами. Мечеть была отстроена из красного камня, привезенного с горы Зуль-Хуляйфа. Был возведен еще один, пятый, *минарет*. Работы в ходе этой реконструкции были выполнены с особой тщательностью и мастерством. Мечеть Пророка вновь засияла красотой и великолепием. Южный фасад мечети остался неизмененным в ходе последней реконструкции, проведенной саудовским правительством. Красота и величие этой части мечети не поддались влиянию времени и сохранились до наших дней. Крыша выполнена в виде маленьких куполов, украшенных изнутри живописными узорами и *аятами* из Корана. *Султан* Абд аль-Меджид также пристроил школу изучения Корана в северной части мечети, и общая площадь составила 1293 м^2. Это было последнее расширение перед приходом к власти династии Саудидов.

Следующее обновление мечети, ставшей слишком тесной для растущего числа паломников, было произведено при короле ʻАбд аль-ʻАзизе Аль Саʻуде в 1951 г./1371 г. х. Площадь мечети после реконструкции, длившейся пять лет с привлечением итальянских специалистов, была увеличена в 2 раза и составила 12271 м^2.

В 1984 г./1404 г. х. король Фахд ибн ʻАбд аль-ʻАзиз начал новое расширение мечети, которое не имело аналогов в ее истории. К мечети были

Вид мечети Пророка сверху

Эти площади также используются как место молитвы. В итоге общая вместимость мечети Пророка и окружающих ее площадей составляет 700 тыс. молящихся, а во время *хаджа* и *'умры* — до 1 млн человек.

Сегодня изначальные границы мечети Пророка

пристроены новые здания, увеличившие ее площадь до 98500 м^2, а вместимость до 180 тыс. человек. Крыши новых зданий, покрытые мрамором, также были предназначены для молитвы, что увеличило вместимость до 270 тыс. человек на площади более 165000 м^2. В проект расширения также входило обрамление мечети открытыми площадями, часть которых покрыли белым светоотражающим мрамором, а часть — гранитом с цветным исламским орнаментом.

можно найти по следующим приметам. Южная стена находилась в полуметре от места, где молился Пророкﷺ (*михраб*). Теперь на ее протяжении проходит желтая балюстрада. Северная стена проходила там, где сейчас находится вход, названный «Женским». Восточная стена в 1,8 м справа от пятой колонны восточной секции, а на месте западной стены сверху имеется надпись на арабском языке, гласящая, что здесь заканчивалась мечеть Пророка.

Михраб Пророка

При Пророкеﷺ и праведных *халифах* не существовало *михраба*. Впервые такая ниша появилась после реконструкции мечети в 707–710 гг./88–91 гг. х. губернатором Медины 'Умаром ибн 'Абд аль-'Азизом. На расстоянии 6 м вправо от нынешнего *михраба* находится место, где молился Пророкﷺ, возглавляя молитвы. Там же находится указатель: «Это место, где молился Пророкﷺ».

Михраб Пророка

Минбар Пророка

Минбар

Пророк ﷺ сказал: *«Между моим домом и минбаром лежит сад из садов рая»* (аль-Бухари, Муслим). История появления *минбара* такова: однажды Пророк ﷺ принес в мечеть несколько веток пальмы, чтобы присесть и отдохнуть на них в середине пятничной проповеди. Один из прихожан, увидев это, предложил Пророку ﷺ сделать лучшее место для произнесения проповеди. Он изготовил деревянный помост, который состоял из трех или четырех ступенек. Пророк ﷺ вставал на третью ступень, когда читал проповедь. Рауда (сад), о котором идет речь в *хадисе*, находится на участке между комнатой Пророка ﷺ, где он жил с ʻАишей, и его *минбаром*. В 1483 г./888 г. х. мамлюкский *султан* Каит-бей прислал кафедру из мрамора. *Минбар*, который находится сегодня в мечети, сделан из ценных пород дерева и представляет собой один из шедевров мусульманского искусства. Он был подарен османским *султаном* Мурадом III (1574–1595 гг./982–1003 г. х.) в 1588 г./996 г. х.

Колонна ʻАиши

Колонна ʻАиши является третьей колонной от *минбара* и находится в центре Рауда. Пророк молился около этой колонны до перемены *киблы*, а затем выбрал для себя постоянное место. ʻАиша сообщила группе мединцев, среди которых находился ее племянник, известный ученый ʻУрва ибн аз-Зубайр: «Есть в мечети колонна, и если бы знали ее люди, то они бросали бы жребий ради того, чтобы получить право помолиться около нее». Ближайшие сподвижники Пророка ﷺ также молились в этом месте.

Минареты

Купол и главный минарет мечети

При Пророке ﷺ и праведных *халифах* мечеть не имела *минаретов*. Четыре *минарета*, расположенных по углам мечети, были возведены лишь в процессе реконструкции мечети в 708–711 гг./89–92 гг. х. ʻУмаром ибн ʻАбд аль-ʻАзизом. После перестройки мечети *султаном* Абд аль-Меджидом *минаретов* стало пять:

1. *Минарет Шамийан.* Назывался *аль-Хашабийа* («деревянный»), *аль-Маджидийа* и *аш-Шакилийа.* Был построен в северо-западной стороне мечети, но позднее снесен во время расширения мечети Саудидами.

2. *Минарет ас-Синджарийа* («Синджарский») или *аль-'Азизийа* (*Абд аль-Азизов* в честь османского *султана* Абд аль-Азиза). Он был построен на северо-восточной стороне и был разобран во время саудовской реставрации.
3. Юго-восточный *минарет*. Он был назван Главным *минаретом* и остается таковым по сей день. Расположен на юго-восточной стороне, близ зеленого купола мечети. Его высота около 60 м. Этот *минарет* вместе с зеленым куполом является символом мечети Пророка и всей Медины, построен мамлюкским *султаном* аль-Ашрафом Кайит-беем в 1481–1486 гг./886–892 гг. х.
4. Юго-западный *минарет Баб ас-Салям* («Врата мира»), сохранившийся до наших дней. Построен, по одним сведениям, в правление мамлюкского *султана* Египта ан-Насира ибн Калавуна в 1306 г./706 г. х., по другим — при Кафуре аль-Музаффари.
5. Западный *минарет Баб ар-Рахма* («Врата милости»). Построен мамлюкским *султаном* аль-

Общий вид мечети Пророка

Ашрафом Кайит-беем в 1483 г./ 888 г. х. Был снесен в ходе последней реконструкции.

Вместо *минаретов,* разобранных в процессе реконструкции и расширения мечети саудовским правительством, были возведены новые *минареты* высотой 70 м. При короле Фахде пристроили еще 6 *минаретов*, так что сейчас число их достигло 10. Каждый *минарет* был оснащен сложной системой подсветки, так что в ночное время они превращаются в столпы света, уходящие в небо.

Входы мечети

1. *Баб ас-Салям* («Врата мира»). Расположены в юго-западном углу мечети. Открыты при ʻУмаре ибн аль-Хаттабе.

Ворота мечети

2. *Баб ар-Рахма* («Врата милости»). Открыты при Пророке ﷺ. Также имеют название *ʻАтика* и расположены на западной стороне мечети напротив Женских ворот.
3. *Врата Джибриля*. Известны также как врата Пророка или врата ʻУсмана. Расположены на восточной стороне мечети.
4. *Баб ан-Ниса* (Женские врата). Эти двери расположены на восточной стороне и служат для входа в женский молельный зал мечети; открыты при ʻУмаре.
5. *Врата ас-Сиддик*. Были названы в честь Абу Бакра ас-Сиддика. Находятся на северной стороне мечети.

Следующие входы были открыты после саудовской реконструкции мечети:

1. *Врата ʻАбд аль-ʻАзиза*. Следуют за Женскими вратами на восточной стороне мечети и объединяют несколько дверей, расположенных напротив улицы ʻАбд аль-ʻАзиза.

Вход в мечеть

2. *Врата ʻУсмана ибн ʻАффана.* Расположены в северо-восточном углу мечети.
3. *Врата Абд аль-Меджида.* Расположены в центре северо-восточной стены мечети.
4. *Врата ʻУмара ибн аль-Хаттаба.* Расположены в северо-западном углу мечети.
5. *Врата Саʻуда.* Расположены в центре северной стены и объединяют три больших входа.

Дом и могила Пророка ﷺ

Домом Пророка ﷺ — *Байт ан-Наби* — называется комната в мечети Пророка, в которой он жил вместе с ʻАишей бинт Абу Бакр. Длина ее составляет 8 м, а ширина — 5 м. Пророк ﷺ был похоронен внутри этой комнаты, лицом в сторону *киблы*. Когда умер друг и ближайший сподвижник Пророка ﷺ, первый *халиф* Абу Бакр, с разрешения ʻАиши его похоронили рядом с Пророком ﷺ. По просьбе ʻУмара он также был похоронен рядом с Пророком. Его могила находится у

Вход в комнату ʻАиши

ног Пророка ﷺ на расстоянии 90 см. После смерти ‘Умара ‘Аиша отделила стеной свой дом от могил и продолжала жить в другой половине. В северо-западном углу дома Пророка ﷺ находится место, названное *Макам Джибриль*. Дом Пророка не имел купола до 1282 г./681 г. х. Египетский *султан* Калавун (1279–1290 гг./678–689 гг. х.) первым возвел купол над домом Пророка ﷺ для того, чтобы отличить это место от остальной части мечети. Купол неоднократно перестраивался и наконец приобрел современный вид при *султане* Махмуде II, который приказал в 1837 г./1253 г. х. покрасить его в зеленый цвет. После этого купол стали называть «зеленым» (*аз-Зарка*), до этого назывался *аль-Байда* (белый) и *аль-Файха* (огромный).

Зеленый купол мечети Пророка

Мечеть Пророка сегодня

После завершения последнего грандиозного расширения и реконструкции мечети она приобрела тот современный вид, который восхищает своей красотой и гармонией многочисленных паломников.

Сегодня весь комплекс мечети занимает площадь, равную площади всей Медины времен Пророка ﷺ (примерно 170 га). Это монументальное сооружение, облицованное светло-коричневым гранитом, с изящными беломраморными *минаретами*, увенчанными позолоченными полумесяцами. Площадь вокруг мечети представляет собой великолепный гигантский каменный ковер, «сотканный» из мрамора, отполированного до совершенства. На площади бесконечной чередой установлены фонари. Это 10–12-метровые гранитные столбы, украшенные каменной резьбой, ажурными бронзовыми решетками и голубым хрустальным стеклом.

На площадях имеются многочисленные места для омовения, где есть возможность не только совершить омовение перед молитвой, но также принять душ. Предусмотрены и места для отдыха гостей, от которых идут специальные проходы к подземным двухэтажным гаражам.

Семь главных входов с северной, восточной и западной сторон ведут в мечеть. На южной стороне имеются также два главных входа. В центре северной стороны находится вход Фахда ибн ‘Абд аль-‘Азиза. Этот вход отличается от других тем, что имеет 7 куполов, возвышающихся над входом, и с каждой стороны его окружают *минареты* высотой 105 м.

На цокольном этаже мечети установлены колонны, покрытые мрамором, с медными капителями. Каждая колонна имеет мраморный фундамент, в котором находятся медные отверстия для кондиционеров. В мечети в соответствии с архитектурным стилем было построено 27 движущихся куполов, каждый весом в 80 т, занимающих площадь в 324 м^2. Они открываются и закрываются с помощью дистанционного управления, что обеспечивает проветривание помещений естественным путем при благоприятной погоде.

Орнамент, украсивший здания и постройки после новой реконструкции, выполнен в гармоничном сочетании с уже сделанным ранее расширением мечети. Внутренние стены покрыты мрамором с мусульманскими узорами, геометрическим рисунком и мозаикой. Южная стена основного молитвенного зала мечети, обращенная в сторону Мекки, украшена именами Всевышнего Аллаха и Пророка Мухаммада ﷺ, а также шестью следующими именами: четырех праведных *халифов* — Абу Бакра, ‘Умара, ‘Усмана и ‘Али, и двух внуков Пророка ﷺ — аль-Хасана и аль-Хусайна. Северная стена этого молельного зала украшена именами шести основателей религиозно-правовых школ (*мазхабов*) ислама: Зайда ибн ‘Али

Колонны мечети

Площадь перед мечетью

(погиб в 740 г./122 г. х.), Джа'фара ас-Садика (ум. в 765 г./148 г. х.), Абу Ханифы (ум. в 767 г./150 г. х.), Малика ибн Анаса (ум. в 795 г./179 г. х.), Мухаммада аш-Шафи'и (ум. в 820 г./205 г. х.) и Ахмада ибн Ханбала (ум. в 855 г./241 г. х.).

Во внутреннем дворе, на аллеях между старой мечетью и новыми пристройками, установлены широкие навесы — огромного размера тефлоновые зонты, которые автоматически закрываются, обеспечивая тень молящимся и защищая от дождя.

Тефлоновые зонты

Раздвижные купола

Деревянные двери, лестничные перила и капители колонн отделаны медью. Система вентиляции и кондиционирования воздуха в мечети Пророка считается одной из самых лучших в мире, так как воздухопроводы проходят через туннель длиной в 7 км, соединяющий центральную станцию обслуживания с помещениями мечети. В комплексе 134 эскалатора, которые обеспечивают быстрое передвижение посетителей.

Под площадями мечети с трех сторон — с запада, севера и юга — расположены подземные гаражи, обслуживающие транспорт паломников и гостей. Они двухэтажные и вмещают 4000 автомашин. Потоки пешеходов и автомашин в гаражах были разделены отдельными полосами движения. В гаражах имеются медпункты, полицейские участки, посты и т. д. На каждом этаже три въезда и три выезда, а также спуски для машин между этажами, чтобы не происходили заторы. Дороги, ведущие к мечети, были отделены от других дорог города.

Весь комплекс оборудован системой видеонаблюдения с мобильными и стационарными видеокамерами для контроля за потоком людей и обеспечения безопасности паломников.

Люстра в мечети

Правила посещения мечети Пророка

Мечеть Пророка можно посещать в любое время года. Посещение не входит в состав обязательных действий, связанных с *хаджем*, поэтому не имеет значения, когда паломник посетил ее — до *хаджа* или после. Посланник Аллаха ﷺ, сказал: *«Молитва в моей мечети предпочтительнее тысячи молитв в любой другой, кроме аль-Масджид аль-Харам. Молитва же в аль-Масджид аль-Харам предпочтительнее ста тысяч молитв в любой другой (мечети)»* (Ахмад и Ибн Маджа).

По прибытии в Медину паломнику следует направиться в *аль-Масджид ан-Набави*. Подходя к ней и вступая в нее с правой ноги, паломник произносит *дуа'*, приведенную на с. 160 в разделе «*Дуа'* и *зикры*».

В любом месте внутри мечети паломник отправляет молитву в два *рак'ата*, тем самым приветствуя ее. Предпочтительно совершить эту молитву в *ар-Рауда аш-Шарифа* («благородном саду»), там, где, согласно *хадису*, находится часть рая.

Ар-Рауда аш-Шарифа

Помолившись, паломники-мужчины следуют в юго-восточную часть мечети, где находится могила Пророка Мухаммада ﷺ и могилы его сподвижников, праведных *халифов* Абу Бакра и 'Умара.

Купола мечети Пророка

Купола над ар-Рауда аш-Шарифа

Подойдя к могиле Пророка ﷺ, паломники произносят приветствие: «Мир тебе, Посланник Аллаха, милость Его и Его благословение». (*Арабский текст см. в разделе «Ду‘а и зикры»).*

После этого паломник идет немного вправо, останавливается у могилы Абу Бакра и тоже произносит слова приветствия. Затем, отойдя немного вправо и остановившись у могилы ‘Умара, паломник приветствует его. Женщины к могилам не приближаются. Им разрешается войти в мечеть Пророка и совершить в ней молитву. Существует определенное время, когда женщины допускаются в *ар-Рауда аш-Шарифа*.

Посетителям *аль-Масджид ан-Набави* следует как можно чаще поминать имя Аллаха, взывать к Нему, быть усердными в поклонении, читать Коран. Посетителям не следует проводить руками по стене комнаты Пророка или целовать ее, чтобы не нарушить этику и *шари‘ат*, равно как и просить Пророка ﷺ о чем-либо: любые просьбы должны быть адресованы Аллаху Всевышнему. У могилы Посланника Аллаха ﷺ не следует надолго задерживаться, громко говорить, молиться, повернувшись лицом к ней, поскольку все это противоречит тому, что делали первые последователи Посланника Аллаха ﷺ.

Галерея мечети Пророка

ПАМЯТНЫЕ МЕСТА МЕДИНЫ

Мечеть Куба

Мечеть Куба — *Масджид Куба* — была выстроена у ворот древнего Йасриба после того, как Пророк Мухаммад ﷺ, завершая свое переселение, достиг селения Куба, расположенного к югу от Медины. В этом селении Пророк ﷺ прожил четыре дня, основав за это время мечеть и успев совершить там несколько молитв.

Эта мечеть была отмечена Аллахом в Коране следующим образом: **«Мечеть, которая с первого дня была основана на богобоязненности, больше заслуживает того, чтобы ты выстаивал в ней (молитву)»** (9:108). Пророк лично принимал участие в ее возведении, поднося камни и строительные материалы. Это была первая мечеть, в которой мусульмане открыто совершили совместную молитву.

Паломники посещают мечеть Куба, следуя наставлению Пророка Мухаммада ﷺ: «*Кто очистится в своем доме, затем придет в мечеть

Мечеть Куба

Куба и совершит в ней молитву, будет вознагражден так же, как за ‘умру» (аль-Хаким). В другом *хадисе* говорится, что Посланник Аллаха ﷺ, прибывал к мечети Куба верхом и пешком и совершал в ней молитву в два *рак‘ата (*аль-Бухари, Муслим).

Вид мечети Куба ночью

Мечеть находится в пригороде Куба, в 3 км от Медины.

Она представляет собой изящное белокаменное здание с шестью большими куполами, 65 куполами меньшей высоты и четырьмя ажурными 42-метровыми *минаретами*. Внутренний двор защищен от солнечных лучей специальной крышей, открывающейся при необходимости. Мечеть занимает более 5000 м^2 и вмещает 20 тыс. молящихся. Она окружена красивыми пальмовыми рощами. Вокруг мечети разбит парк с раздвижными тентами.

Мечеть *аль-Киблатайн*

Мечеть *аль-Киблатайн* (мечеть двух *кибл)* уникальна в своем роде. Это единственная мечеть в мире, которая имеет два *михраба*, один из которых обращен в сторону Иерусалима, а другой к Мекке. Дело в том, что изначально мусульмане молились в сторону Иерусалима. Но однажды во время совершения молитвы в доме Умм Башар Пророку ﷺ было ниспослано откровение об изменении *киблы* в сторону Священной Каабы в Мекке (2:144). Получив Божественный приказ, он незамедлительно повернулся в сторону Каабы, не прерывая начатую молитву. Позже на этом месте была выстроена мечеть, которая была названа мечетью двух *кибл* (*Масджид аль-Киблатайн*). С тех пор мусульмане со всего света обращаются в молитве в сторону Мекки. Вторую *киблу* в этой мечети оставили как напоминание об этом событии. В южной части мечети находится ниша, на месте которой, возможно, Пророк ﷺ совершал молитву в то время, когда он получил откровение о смене *киблы*.

Мечеть находится на северо-востоке Медины. Другое название мечети — *Масджид бану салима*, поскольку прежде в этом месте находилось селение рода (бану) салим.

Мечеть аль-Киблатайн

Мечеть *аль-Иджаба*

Мечеть *аль-Иджаба* (буквально: мечеть ответа), известная еще как мечеть *Бану му‘авия*, получила свое название после того, как Пророк во время своей молитвы в ней обратился к Аллаху с тремя просьбами. Эта история передается в следующем *хадисе*: «Пророк ﷺ зашел в мечеть *Бану му‘авия* и совершил молитву в два *рак‘ата*. Затем он обратился с долгой просьбой к Аллаху. После завершения он вышел к нам и сказал: “*Я просил моего Господа о трех вещах, и Он ответил на две из них, а третью отклонил. Я просил моего Господа о том, чтобы моя умма не была уничтожена голодом, и Он обещал мне это. Я просил, чтобы моя умма не была уничтожена потопом, и Он обещал мне это. Я просил, чтобы в моей умме не было кровопролитий среди людей, но Он не обещал мне это*”» (Муслим). Эта мечеть находится на восточной стороне дороги короля Файсала (маршрут 60) в полукилометре от мечети Пророка.

Мечеть *аль-Джум‘а*

Мечеть *аль-Джум‘а* (Пятничная) была построена в том месте, где Пророк прочитал первую пятничную молитву после своего переселения из Мекки в Медину. Это случилось, когда он направлялся из Кубы в Медину и проезжал мимо селения бану салим в *вади* Рануна. По наступлении времени пятничной молитвы он остановился и совершил молитву. Мечеть находится посреди пальмовой рощи в *вади* Рануна, в полукилометре к северу от мечети Куба и в 2,5 км от Медины.

Мечеть аль-Джум‘а

Мечеть аль-Мусалля

Мечеть аль-Мусалля

Мечеть *аль-Мусалля* (мечеть у места моления) была построена на том месте, где Пророк ﷺ совершал молитвы по случаю двух праздников — *ʻид аль-адха* (праздник жертвоприношения) и *ʻид аль-фитр* (праздник разговения). В VIII в. здесь была построена мечеть. Другое название мечети — *Масджид аль-гамама* (мечеть облака), так как в ней Пророк ﷺ совершил молитву с просьбой о ниспослании дождя в сильную засуху. Мечеть несколько раз перестраивалась: в XIV в. египетским *султаном* Хасаном, в XIX в. — османским *султаном* Абд аль-Меджидом. Мечеть расположена в восточной части Медины в квартале аль-ʻАридийа, в полукилометре от мечети Пророка.

Мусалля — открытая площадка, располагавшаяся за пределами города, где проводили общую молитву в дни мусульманских праздников *ʻид аль-адха* (праздник жертвоприношения) и *ʻид аль-фитр* (день разговения). Традиция проведения праздничных молитв в *мусалля* со временем исчезла.

Мечеть Абу Дар

Мечеть *Абу Дар* была построена на том месте, где Пророку ﷺ была передана благая весть от ангела Джибриля. Во время совершения долгой молитвы Пророка ﷺ посетил Джибриль и принес ему хорошую новость: всякому, кто будет возносить молитвы за Пророка ﷺ и произносить при упоминании его имени слова «Да благословит его Аллах и приветствует!» *(«Салля-ллаху ʻаляйхи ва саллям»),* Аллах воздаст многократно добром. Мечеть располагается на северо-востоке парка аль-Бухайри, в 150 м от начала улицы Абу Дараб.

Мечеть аль-Микат

Эта мечеть известна также как *Масджид аш-Шаджара* (мечеть дерева), так как она была построена рядом с деревом, возле которого любил сидеть Пророк ﷺ. Название *аль-Микат* она получила благодаря тому, что находится на границе священной территории, пересекая которую паломник должен облачиться в *ихрам*. Отсюда и другое название мечети — *аль-Ихрам*. Достоверно известно, что мечеть *аш-Шаджара* существовала при Пророке ﷺ и он совершал молитвы в ней, а также входил в нее в состояние *ихрама* для совершения *хаджа*. Мечеть неоднократно перестраивалась, а при короле Фахде ибн ‘Абд аль-‘Азизе была реконструирована и расширена. Общая территория мечети составляет 90 000 м². Над *михрабом* мечети возвышается купол высотой 28 м, а высота *минарета* мечети 64 м. Пол мечети выложен мрамором и гранитом, а двери сделаны из тикового дерева. На территории мечети находятся различные помещения, такие как места для омовения и облачения в *ихрам*, специально оборудованные туалеты для инвалидов, паркинг для автомашин и автобусов.

Мечеть *аль-Фатх*

Мечеть *аль-Фатх* (мечеть победы) была названа в честь победы мусульман в битве у Рва. Другое название мечети — *Масджид аль-Ахзаб* (мечеть союзников). Она была построена ‘Умаром ибн ‘Абд аль-‘Азизом на том месте, где по указанию Пророка ﷺ был вырыт оборонительный ров во время обороны Медины от союзных сил курайшитов. Мечеть была перестроена в 1853 г./ 1269 г. х. *султаном* Абд аль-Меджидом и сохранена в таком виде до настоящего времени. Раположена на севере Медины, на горе Сал‘.

Семь мечетей в Медине — пример незамысловатой архитектуры времен раннего ислама

Недалеко от этой мечети находятся и четыре другие мечети, носящие имена сподвижников Пророка ﷺ: мечеть ‘Али, мечеть Абу Бакра ас-Сиддика, мечеть Сальмана аль-Фариси, мечеть ‘Умара.

Мечеть ‘Умара

Мечеть Абу Бакра

Кладбище *аль-Баки‘*

Кладбище *аль-Баки‘* — *Джаннат аль-Баки‘* — знаменито тем, что здесь похоронены члены семьи Пророка ﷺ (его жены, дочь Фатима и внук аль-Хасан), праведный *халиф* ‘Усман, а также мученики, павшие за веру в битве при Ухуде.

Посещение паломником кладбища *аль-Баки‘* и могил павших за веру в битве при Ухуде соответствует *сунне*, поскольку сам Пророк ﷺ посещал их. Во время такого посещения паломник молится за тех, кто покоится на кладбище со словами: «Мир вам, обитатели могил. Да простит Аллах нас и вас! Вы опередили нас, но мы — следом!» (*арабский текст см. в разделе «Ду‘а и зикры»*).

При жизни Пророка ﷺ кладбище *аль-Баки‘* служило местом погребения мединцев. Это было открытое место, поросшее невысоким кустарником. Кладбище находится на юго-востоке от мечети Пророка в восточной части города. С запада к нему примыкает район Харат аль-Агават. В юго-восточной части кладбища находится помещение, где совершают омовение над телом и приготовление человека в последний путь. Историки сообщают, что члены семьи Пророка ﷺ и около 10 тыс. сподвижников были похоронены на этом кладбище при жизни Пророка ﷺ и после его смерти.

На кладбище *аль-Баки‘* нет надгробных плит или камней с указанием имен почивших. Однако общеизвестно, где похоронены некоторые сподвижники и члены семьи Пророка ﷺ.

К югу от центрального входа находятся могилы жен Пророка ﷺ:

1. ‘Аиши бинт Абу Бакр.
2. Сауды бинт Зам‘а.
3. Хафсы бинт ‘Умар ибн аль-Хаттаб.
4. Зайнаб бинт Хузайма.
5. Умм Саламы бинт Абу Умама.
6. Джувайрийи бинт аль-Харис.
7. Рамлы бинт Абу Суфйан.
8. Сафийи бинт Хуйай.

Ограда кладбища аль-Баки‘

Могилы некоторых родственников Пророка ﷺ находятся в 25 м к юго-востоку от могил его дочерей:

1. Дяди аль-‘Аббаса ибн ‘Абд аль-Мутталиба.
2. Дочери Фатимы.
3. Ее сына аль-Хасана.

Отец Пророка ﷺ — ‘Абдаллах ибн ‘Абд аль-Мутталиб прожил до 25 лет и умер в Медине до рождения Пророка ﷺ. Он похоронен в Медине, в районе улицы Зукак ат-Туваль.

Кладбище аль-Баки‘. Вид сверху

Гора Ухуд

Гора Ухуд расположена на севере Медины, в 5,5 км от мечети Пророка. В силу того, что современная Медина разрослась и границы ее расширились, гора Ухуд стала частью города. Посланник Аллаха ﷺ сказал: «*Ухуд — это гора, которая любит нас, а мы любим ее*» (аль-Бухари и Муслим). Проезжая мимо горы, он всегда выражал свою радость.

Гора Ухуд вошла в историю тем, что рядом с ней состоялось сражение сторонников Пророка ﷺ с мекканцами, в котором мусульмане потерпели поражение из-за невыполнения приказа командующего армией. Хамза ибн ‘Абд аль-Мутталиб, дядя Пророка ﷺ, и 70 мусульман стали мучениками,

Окрестности горы Ухуд

Мечеть «господина мучеников» Хамзы

а у Пророка ﷺ был выбит зуб и поранено лицо. Аллах сообщил о погибших на поле боя в Коране так: **«Никоим образом не считайте мертвыми тех, которые были убиты на пути Аллаха. Нет, они живы и получают удел у своего Господа»** (3:169).

Могилы мучеников (*шахид*) и Хамзы ибн ‘Абд аль-Мутталиба («господина мучеников») находятся у подножия горы с южной стороны, в *вади* Канат. Это место обнесено железной оградой. Недалеко от этого места была построена мечеть, названная мечетью Хамзы.

Панорама горы Ухуд с могилами павших (передний план)

Финиковые рощи

Медина славится своими финиковыми рощами. В Коране финикам уделяется особое внимание: «…**и финики, и разнообразные посевы, оливы, и гранаты, которые так похожи и различны меж собой, вкушайте их плоды, когда им подойдет пора»** (6:141). Существует много подвидов финиковой пальмы. Самая ценная — финиковая пальма, растущая в Медине в районе ‘Алийа. Эти финики упомянуты во многих *хадисах* и называются ‘*аджва*. Пророк ﷺ говорил, что эти финики из плодов рая и что они исцеляют от отравления и колдовства. По мнению мусульманских ученых, этот подвид пальмы обладает лечебными свойствами потому, что Пророк ﷺ посадил это дерево в Медине своими руками, или потому, что Пророк ﷺ прочитал *ду‘а*, чтобы плоды этой финиковой пальмы Всевышний наделил своим *баракатом*. К северу от Медины, в финиковой роще, расположен колодец ‘Усмана, названный так в честь одного из ближайших сподвижников Пророка ﷺ ‘Усмана ибн ‘Аффана.

Финиковые рощи

Мединский Исламский университет

Исламский университет в Медине — второй старейший университет в Саудовской Аравии. Он был основан в 1961 г./1381 г. х. Университет является международным исламским учебным заведением, в котором студенты из многих стран мира обучаются по специальностям «исламские науки». Университет готовит профессиональных проповедников и ученых, специалистов по *шари‘ату*. В нем обучаются студенты более 110 национальностей.

В университете имеются следующие факультеты:

1. Факультет *да‘ва* (исламского призыва) и *усуль ад-дин* (основных догматов ислама).
2. Факультет Священного Корана и исламских наук.
3. Факультет *хадисов* и исламских наук.
4. Шариатский факультет.
5. Факультет арабского языка.

Университет считается учебным заведением с полным циклом исламских дисциплин. При нем действует несколько библиотек, обслуживающих студентов и аспирантов.

Типографский комплекс по изданию Священного Корана

При жизни Пророка Мухаммадаﷺ текст Божественного Откровения — Священного Корана — передавался, главным образом, по памяти, хотя существовали и отдельные записи различных *сур*. При первом *халифе*, Абу Бакре, была начата работа по составлению письменного сводного текста Корана. Зайду ибн Сабиту, одному из личных секретарей Пророкаﷺ, знатоку Корана, принадлежала главная роль в этой работе. Зайд, коренной мединец, еще при жизни Пророкаﷺ записывал *аяты* Корана. Коран признается мусульманами несотворенным Словом Бога, копией Предвечной скрижали, хранящейся на небесах, записанной до сотворения мира и, следовательно, непреложной ни в своей форме, ни в содержании. Работа по составлению сводного текста была завершена между 650 и 652 г./29 и 31 г. х. Третий *халиф* ‘Усман утвердил окончательный выверенный вариант Корана и стал распространять его копии в исламских странах. Все другие версии текста Корана были уничтожены.

Хотя Священный Коран отпечатан десятками миллионов экземпляров, не все они отвечают

Типографский комплекс по изданию Корана

Русский перевод Корана, изданный в типографском комплексе короля Фахда

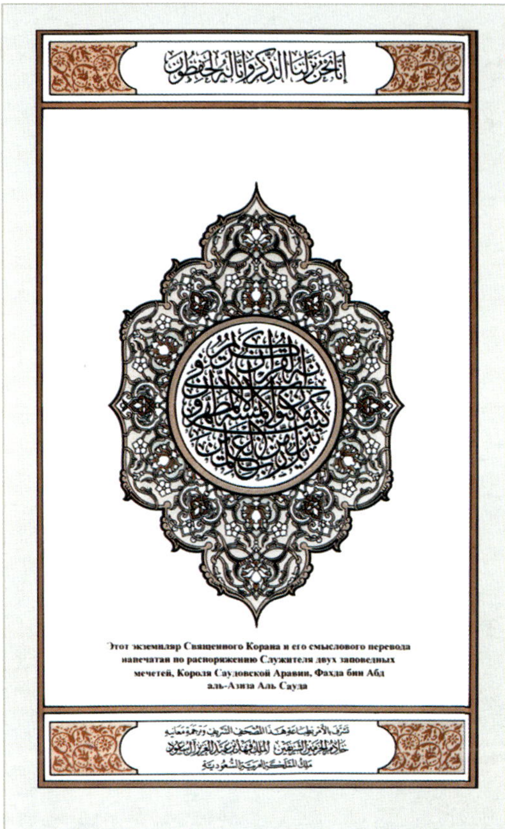

требуемым стандартам. В 1985 г./1405–1406 гг. х. Хранитель Двух Святынь король Фахд заложил первый камень в основание комплекса по изданию Священного Корана. Медина была выбрана местом расположения этого комплекса во многом потому, что это — город Корана, где он был ниспослан (24 из 114 *сур*), составлен и распространен по другим странам.

Сегодня комплекс издает Священную Книгу на китайском, турецком, урду, английском, французском, хауса, тайском, пушту, бурханском, албанском, индонезийском, болгарском, тамильском, сомалийском, казахском, угорском, персидском, македонском, корейском, греческом и других языках. Производственные возможности комплекса позволяют издавать 10 млн экземпляров различной продукции ежегодно. Помимо Священного Корана этот комплекс занимается изготовлением дисков с записями лучших чтецов коранических текстов.

Комплекс занимает территорию площадью в 250 тыс. м^2. 1700 высококлассных специалистов трудятся над изучением, переводом, изданием Корана и *хадисов* Пророка. В Центре функционируют типография и звукозаписывающая студия, консультативные и лингвистические советы, комитеты по исламу и другие. В год предприятие выпускает 7 млн экземпляров Корана и 30 тыс. дисков, которые бесплатно рассылаются по всему миру.

В 2004 г./1424–1425 гг. х. впервые в этом комплексе был издан перевод Корана на русский язык, выполненный Э. Р. Кулиевым.

ХАДЖ

ОБЩИЕ СВЕДЕНИЯ

Хадж и *‘умра* Пророка Мухаммада ﷺ (111).

ОСНОВЫ *ХАДЖА*

Условия *хаджа* и *‘умры* (112). Столпы *хаджа* и *‘умры* (113).

ПОРЯДОК СОВЕРШЕНИЯ *ХАДЖА*

Время и место начала совершения *хаджа* и *‘умры* (*микат*) (114). Виды *хаджа* (115). *Ихрам* (117). Запреты *ихрама* (120). Виды искупления (123).

ПРАВИЛА СОВЕРШЕНИЯ *ХАДЖА*

Приезд в Мекку. Заповедная мечеть (126). Обход Каабы (128). Ритуал *са‘й* (134). Отправление в долину ‘Арафат (137). Стояние (*вукуф*) в долине ‘Арафат (138). Стояние (*вукуф*) в Муздалифе (142). Бросание камней (*рамй*) в *джамрат аль-‘Акаба* (144). Жертвоприношение (148). Бритье и укорачивание волос (150). *Таваф аль-ифада* (150). Ночевка в Мине (*мабит*) (152). Бросание камней (*рамй*) в столбы-*джамарат* (153). Прощальный обход Каабы (*таваф аль-вада‘*) (154). Особенности *хаджа* женщины (157).

ОБЩИЕ СВЕДЕНИЯ

Хадж — это паломничество, ежегодно совершаемое к Священному Дому Аллаха в Мекке. Оно является одним из столпов ислама (*рукн*), а потому обязательно хотя бы раз в жизни для каждого мусульманина. Совершение его было вменено в обязанность верующим в 629 г./ 9 г. х., после того как был ниспослан следующий *аят*: **«Аллах обязывает тех людей, кто в состоянии совершить поездку, отправляться в *хадж* к Дому. А если кто не верует и не совершает *хаджа*, то ведь Аллах не нуждается в обитателях миров»** (3:97). Обязательность его подтверждается другими кораническими *аятами* (2:196 и 22:27) и *сунной* Пророка ﷺ, прежде всего следующим его высказыванием: *«Ислам основывается на пяти столпах: свидетельстве, что нет бога, кроме Аллаха, и что Мухаммад — Посланник Аллаха; выполнении предписанной молитвы; выплате закята; совершении хаджа к Дому и соблюдении поста в месяц рамадан»* (аль-Бухари и Муслим).

Согласно Корану, *хадж* был установлен пророком Ибрахимом. Вместе со своим сыном Исма‘илом он построил Каабу, после чего Аллах велел ему призвать людей совершать к ней паломничество: **«Провозгласи людям обязанность совершать *хадж*, чтобы они прибывали к тебе и пешком, и на поджарых верблюдах из самых отдаленных мест»** (22:27). Люди вняли призыву Ибрахима: спустя столетия они продолжают приезжать в Мекку для того, чтобы исполнить *хадж* в надежде заслужить обещанную Им награду — рай. Ведь Пророк ﷺ сказал: *«...Воздаянием за безупречный хадж (хадж мабрур, т. е. свободный от всего греховного хадж, принятый Аллахом) будет рай»* (аль-Бухари). Ради этой высокой награды они готовы претерпеть немало трудностей и испытаний, пожертвовать всем, чем располагают: временем, средствами, а порой и собственной жизнью.

Совершая *хадж*, они очищают себя от совершенных прежде грехов, что дает им редкую возможность заново начать жизнь. Как гласит один из *хадисов*: «Тот, кто выполнит *хадж* ради Аллаха, не приблизившись к своей жене и не согрешив, вернется домой таким же, каким он был в тот день, когда его родила мать» (аль-Бухари).

Малое паломничество (*‘умра*) относится к числу наиболее значимых обрядов ислама, о чем свидетельствует пример жизни Пророка ﷺ, четырежды совершившего *‘умру* после своего переселения в Медину. В соответствии с этим ханафитский *мазхаб* определяет малое паломничество как *сунну му’аккаду*, т. е. обязательное действие, которое в прошлом постоянно выполнял Пророк ﷺ. Шафи‘иты относят ее к числу обрядов, совершение которых предписано раз в жизни каждому мусульманину (*рукн*). И те и другие обосновывают свое мнение ссылками на *сунну* Пророка ﷺ и Коран, в котором сказано: **«Совершайте *хадж* и *‘умру* во имя Аллаха»** (2:196). Периодическое выполнение *‘умры*, согласно одному из *хадисов*, избавляет верующего от грехов (аль-Бухари), а потому желательно, чтобы ее повторяли как можно чаще.

Хадж и *‘умра* Пророка Мухаммада ﷺ

После переезда в Медину Пророк ﷺ четырежды совершал *‘умру* (628–630 и 632 г./6–8 и 10 г. х.), и все они (за исключением последней) состоялись в священном месяце *зу-ль-ка‘да*, одном из трех месяцев *хаджа*. Избрав его для выполнения *‘умры*, Пророк ﷺ поступил вопреки существовавшему тогда обычаю, запрещавшему выполнять малое паломничество в сезон *хаджа*.

Свое первое и единственное паломничество Пророк совершил в 632 г./10 г. х., на следующий год после того, как ему был ниспослан *аят* об обязательности *хаджа* (3:97). В мусульманской историографии оно получило название «прощального», поскольку спустя три месяца после возвращения из него (8 июня 632 г./12-го *раби‘ аль-авваль* 11 г. х.) Пророк ﷺ скоропостижно скончался.

Согласно сообщениям некоторых средневековых арабских историков, в *хадже* приняли участие 90 тыс. мусульман, съехавшихся отовсюду в Мекку. Пророк ﷺ вступил в город в начале февраля, совершил обход Каабы и 7 раз пробежал между холмами ас-Сафа и Аль-Марва. 8-го *зу-ль-хиджжа* (*йаум ат-тарвийа*) он выехал в Мину, откуда с восходом солнца следующего дня проследовал к ‘Арафату. В доисламский период посещение этой долины считалось необязательным для постоянных обитателей *харама* — курайшитов, которые, желая подчеркнуть свое превосходство над остальными арабами, располагались в соседней с ней долине Муздалифа. Аллах осудил этот обычай, велев им находиться вместе с остальными паломниками: **«Далее, о курайшиты, ступайте туда, куда отправились другие люди, просите у Аллаха прощения. Воистину, Аллах — Всепрощающий, Милосердный»** (2:196). Следуя этому предписанию, Пророк ﷺ остановился на ‘Арафате, где пробыл до заката солнца. Назавтра он бросил камни в долине Мина и принес в жертву верблюдов, пригнанных им из Медины, после чего обрил голову в знак завершения паломничества. В этот день Пророк ﷺ обратился к своим последователям с проповедью, в которой, словно предчувствуя свою скорую кончину, призвал их не возвращаться к неверию после его смерти (аль-Бухари и Муслим). Следующие три дня *ташрика* Посланник Аллаха ﷺ провел в Мине; исполнив оставшиеся обряды, он, не задерживаясь, возвратился в Медину.

Главный ритуал хаджа — стояние (вукуф) в долине ‘Арафат

ОСНОВЫ *ХАДЖА*

Условия *хаджа* и *ʻумры*

Хадж обязателен один раз в жизни для каждого мусульманина, вне зависимости от его возраста, социального положения и половой принадлежности.

Совершение *хаджа* считается обязательным для человека в том случае, если он:

1. Является мусульманином.
2. Пребывает в здравом уме. *Хадж* несмышленого ребенка или сумасшедшего признается недействительным. Если же ребенок осознает значение совершаемых им обрядов, его паломничество засчитывается как добровольный *хадж-татавву'*, что, понятно, не избавляет его от необходимости совершить в будущем обязательный *хадж-фард*.
3. Достиг совершеннолетия, которое согласно *шари'ату* наступает по достижении половой зрелости.
4. Свободен.
5. Имеет на то возможность — материальную и физическую. В Коране сказано: **«Аллах обязывает людей, *кто в состоянии совершить поездку,* оправиться в *хадж* к Дому»** (3:97). В соответствии с этим предписанием Аллаха, *хадж* необязателен, к примеру, для того, кто не может оплатить связанные с ним дорожные расходы или же, не будучи уверен в безопасности пути, боится подвергнуть угрозе себя, своих родных и свое имущество. Исключение также делается для инвалидов и пожилых людей, не способных терпеть тяготы дальнего путешествия.

Совершение *хаджа* является обязанностью всех верующих — мужчин и женщин, в отношении которых действуют следующие правила:

Согласно *мазхабу имама* Абу Ханифы, женщину, независимо от ее возраста, должен сопровождать в пути муж или близкий родственник-*махрам*. Пророк сказал: «*В путешествие, которое будет продолжаться три дня, женщина может отправиться лишь в сопровождении мужа или махрама*» (аль-Бухари и Муслим). Согласно другому его высказыванию, женщина совершает *хадж* только вместе с мужем (*ад-Даракутни*). В отсутствие родственников (или при неимении таковых) она обязана оставаться дома или послать взамен себя заместителя (*наиб*). Принципиально иной точки зрения придерживаются шафи'иты, разре-

Махрамами женщины являются ее муж и близкие родственники — кровные и молочные (отец, сын, брат, дядья и племянники). К ним также относят родственников мужа (отца и сына), мужей матери и дочери.

шающие ей отправляться в Мекку в компании трех и более благочестивых, пользующихся доверием женщин, однако это правило действительно лишь в случае с первым, обязательным паломничеством. Во всех последующих *хаджах* рядом с ней обязательно должен находиться родственник-мужчина.

Разведенная женщина или вдова может отправиться в *хадж* только по истечении периода *‘идда*. Для первой из них он составляет три месяца, для второй — четыре месяца и десять дней. До истечения этого срока ей предписано находиться дома, как это следует из *аята* Корана: **«Не изгоняйте их (разведенных женщин) из домов, которые им принадлежат, и пусть они сами их не покидают»** (65:1).

Согласно *мазхабу имама* Абу Ханифы, мусульманин должен совершить *хадж* как только ему представится такая возможность. Грешно переносить его, не имея на то серьезной причины, поскольку Пророк ﷺ сказал: *«Спешите совершить хадж, ведь никто из вас не знает, что может помешать ему»* (Ахмад). Похожего мнения придерживаются и представители других юридических школ, за исключением последователей *имама* аш-Шафи‘и. Они разрешают верующему отложить паломничество на некоторое время, если он, во-первых, имеет твердое намерение совершить его в этот срок и, во-вторых, уверен в своих возможностях. Если у него есть какие-либо сомнения в отношении своего физического и материального состояния, он не может медлить с совершением *хаджа* и обязан как можно скорее исполнить его.

Больной, не имеющий шансов на выздоровление, или престарелый человек может послать в *хадж* взамен себя заместителя (*наиб*), оплатив ему дорожные расходы. Разрешено также совершать паломничество за покойного, при условии, что он оставил соответствующее распоряжение в завещании и достаточное для этих целей количество средств. Согласно положениям шафи‘итского *мазхаба*, *хадж* за него полагается исполнить даже в том случае, если он никак на этот счет не распорядился.

Столпы *хаджа* и *‘умры*

Как это принято в *шари‘ате*, обрядовые действия паломничества делятся на ряд категорий: обязательные (*рукн)*, необходимые (*ваджиб)*, желательные (*сунна)* и т. д.

Рукн (араб. «столп») — это обязательный элемент *хаджа* или *‘умры*, без которого они будут считаться недействительными. Ханафиты считают таковыми:

1. Стояние (*вукуф*) в долине ‘Арафат 9-го *зу-ль-хиджжа*.
2. Четыре первых круга обхода Каабы, совершаемого паломниками в день жертвоприношения 10-го *зу-ль-хиджжа* (*таваф аль-ифада)*. Оставшиеся три, по определению законоведов, являются *ваджибом*.

Шафи‘иты выделяют шесть *рукнов хаджа*:

1. Вхождение в состояние *ихрама.*
2. *Вукуф* в долине ‘Арафат
3. *Таваф аль-ифада.*
4. Ритуальный бег между холмами ас-Сафа и аль-Марва *(са‘й).*
5. Бритье или укорачивание волос по окончании основных ритуалов паломничества (*хальк*).
6. Соблюдение определенной последовательности в пяти основных обрядах (*рукнах*) *хаджа*, так чтобы *ихрам* предшествовал стоянию на ‘Арафате, а далее в порядке очередности следовали *таваф аль-ифада*, *са‘й* и *хальк*.

Рукнами ‘умры ханафиты считают лишь *таваф аль-ифада*, а шафи‘иты — *ихрам*, *таваф аль-ифада*, *са‘й* и стрижку волос в последний день паломничества.

Ваджиб — это действия, определяемые *шари‘атом* как необходимые; в отличие от *рукна,* невыполнение их не нарушает *хаджа*, однако требует от паломника совершения определенных искупительных действий (жертвоприношения, раздачи милостыни беднякам, поста). В зависимости от *мазхаба* к *ваджибам хаджа* относят: *са‘й,* нахождение (*вукуф*) в Муздалифе, бросание камней в долине Мина (*рамй*), *хальк* и прощальный обход Каабы (*таваф аль-вада*‘) — у ханафитов; принятие *ихрама* в определенное время и в определенном месте (*микат* по времени и месту), ночевка (*мабит)* в Муздалифе, бросание камней (*рамй*), ночевка (*мабит*) в Мине, *таваф аль-вада‘* — у шафи‘итов.

И наконец, действия категории *сунна,* рассматриваемые *шари‘атом* как желательные. За совершение их паломник вознаграждается Аллахом; в случае невыполнения — не несет никакого наказания. Перечень действий этой категории весьма велик и разнится в зависимости от *мазхаба.*

ПОРЯДОК СОВЕРШЕНИЯ *ХАДЖА*

Время и место начала совершения *хаджа* и *‘умры* (*микат*)

В Коране сказано: **«*Хадж* совершается в установленные месяцы»** (2:197), а именно: в месяцы *шавваль*, *зу-ль-ка‘да* и *зу-ль-хиджжа.* Шафи‘иты определяют его хронологические рамки периодом времени с 1-го дня месяца *шавваль (‘ид аль-фитр* или праздник разговения) до рассвета 10-го *зу-ль-хиджжа* (*‘ид аль-адха* или праздник жертвоприношения). Ханафиты включают в него и сам день 10-го *зу-ль-хиджжа.*

В малое паломничество можно отправиться в течение всего года, но лучше всего делать это в три вышеперечисленных месяца, поскольку именно их выбирал для проведения *‘умры* Пророк ﷺ. С его слов также известно о желательности совершения *‘умры* в месяц *рамадан*, когда она сравнивается по своему значению с *хаджем* (аль-Бухари, Муслим, Абу Дауд, ат-Тирмизи и ан-Наса’и).

С наступлением сезона *хаджа* паломники направляются в Мекку. К исполнению его обрядов они приступают в определенных местах (*ми-

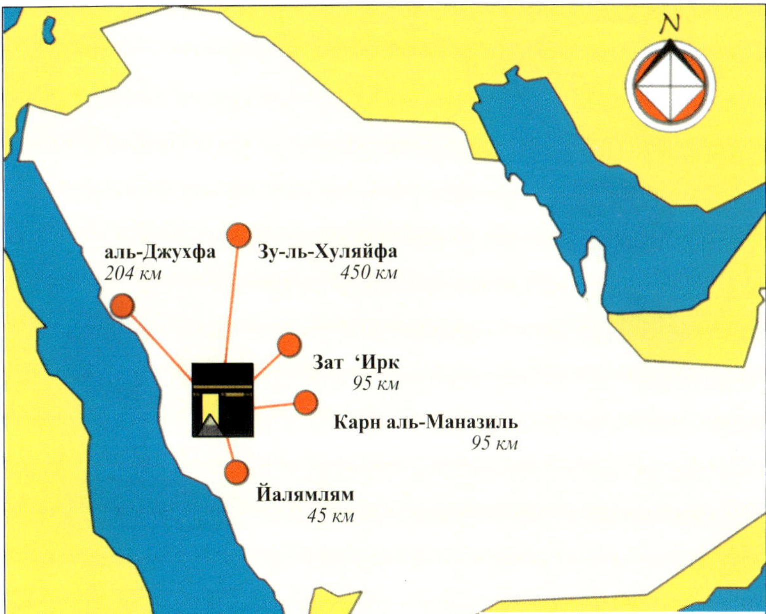

Карта с обозначением микатов

кат), указанных в свое время самим Пророком ﷺ. Их пять:

1. Зу-ль-Хуляйфа (Абар ‘Али) на севере от Мекки, где начинают *хадж* жители Медины.
2. Аль-Джухфа на северо-западе Мекки, недалеко от деревни Рабиг — *микат* сирийцев, египтян, иорданцев и др.
3. Деревня Зат ‘Ирк на северо-востоке Мекки, через которую следуют жители Ирана и стран, расположенных к востоку от него.
4. Карн аль-Маназиль к востоку от Мекки, откуда прибывают паломники из Центральной Аравии (Неджд).
5. Гора Йалямлям к югу от Мекки — *микат* йеменцев.

Виды *хаджа*

Существует три вида большого паломничества:

1. *Хадж-ифрад* — самостоятельный *хадж*. Паломник входит в состояние *ихрама* с целью совершения одного только *хаджа*. В отличие от двух других видов *хаджа*, *хадж-ифрад* не требует от паломника обязательного жертвоприношения.
2. *Хадж-киран* — совмещенный *хадж*, при котором большое и малое паломничество совершаются одновременно. Паломник, выполняющий этот вид *хаджа*, входит в *ихрам*, намереваясь совершить *‘умру* вместе с *хаджем*. После этого он выполняет установленные для *‘умры таваф* и *са‘й*, затем, не обривая головы и не выходя из состояния *ихрама*, приступает к обрядам *хаджа*: снова обходит Каабу (*таваф аль-кудум*) и 7 раз пробегает между

Три вида хаджа

холмами ас-Сафа и аль-Марва (впрочем, последний ритуал можно отложить до следующего *тавафа аль-ифада*). Таковы правила совершения *хаджа-киран* по ханафитскому *мазхабу*; все остальные юридические школы обязывают паломника соблюдать ту же последовательность действий, что и при *хадже-ифрад*. В последние дни *хаджа* в долине Мина он режет жертвенное животное.

3. *Хадж-таматту‘* — *хадж*, совершаемый после малого паломничества. Избрав этот способ выполнения *хаджа*, паломник при пересечении *миката* принимает намерение исполнить *‘умру*, после чего, прибыв в Мекку, совершает обязательные для нее *таваф* и *са‘й*. Далее он сбривает (укорачивает) волосы и освобождается от *ихрама*, а значит, и от необходимости соблюдать связанные с ним запреты. 8-го *зу-ль-хиджжа* в Мекке он вновь входит с состояние *ихрама* для совершения *хаджа*. По завершении его в Мине он приносит обязательную жертву, как это ему велит Коран: **«Когда вы будете находиться в безопасности и кто-нибудь захочет после *‘умры* исполнить *хадж*, пусть принесет в жертву из скота, что может»** (2:196).

В настоящей книге мы рассматриваем первые два вида паломничества, которые предпочитают ханафитский и шафи‘итский *мазхабы*, наиболее распространенные среди российских мусульман. Первый считает *сунной* выполнение *хаджа* по методу *киран*, второй отдает предпочтение *хаджу-ифрад*. Оба они требуют от паломника продолжительного нахождения в состоянии *ихрама* и соблюдения связанных с ним запретов. Если же он не способен ограничивать себя столь длительное время и боится впасть в грех, ему следует избрать *хадж-таматту‘*, что сократит его пребывание в *ихраме* и позволит избежать нарушений.

Ихрам

Прежде чем пересечь *микат,* паломник совершает ряд действий, должных подготовить его к обрядам *хаджа*. Эти действия не носят обязательный характер; перечень их, с соблюдением порядка очередности, мы приводим ниже:

1. Паломник подстригает ногти на руках и ногах.
2. Укорачивает усы и бороду.
3. Удаляет волосы под мышками и в паху.
4. Совершает омовение — *вуду*, или, что лучше, *гусль*. В данном случае эта процедура носит исключительно гигиенический характер, а потому вместе с остальными паломниками ее совершают женщины, находящиеся в состоянии ритуальной нечистоты из-за послеродовых или менструальных выделений.
5. Умащается благовониями, пользуется парфюмерными средствами вроде туалетной воды или одеколона. Женщины-паломницы ограничиваются легким дезодорантом. Согласно положениям ханафитского *мазхаба*, благовония не должны иметь стойкого запаха, который будет ощущаться после того, как паломник приступит к обрядам *хаджа*.
6. Надевает особое ритуальное одеяние, называемое *ихрам.* Оно представляет собой два куска белой, несшитой материи, один из которых — *рида* — набрасывают на плечи, вторым — *изаром* — опоясывают бедра. Желательно, чтобы *ихрам* был новым или хотя бы чисто выстиранным. *Ихрам* паломницы не отличается от ее обычной одежды, покрывающей все ее тело за исключением лица и кистей рук. Он должен быть просторным, из непрозрачной ткани неярких цветов.*
7. Совершает дополнительную молитву в два *рак'ата (салят аль-ихрам)*. В первом из них после *суры* «Открывающая» паломник читает *суру* «Неверные», а во втором — *суру* «Искренность». Прочитать их он может в любое

Паломники в ихраме

* Информацию о мусульманской одежде как для ихрама, так и для повседневной жизни можно найти на сайте: www.hayat-line.ru

Паломники, прибывающие в Мекку воздушным транспортом, надевают *ихрам* в аэропорту или в самолете, после специального объявления, которое делают летчики при приближению к *микату*. Последнее возможно в том случае, если они летят к месту *хаджа* чартерным рейсом, организованным специально для паломников.

время суток, за исключением отрезка времени, когда запрещена любая молитва, т. е. между утренней молитвой (*субх*) и рассветом, в полдень до того, как солнце начнет клониться к закату, а также между послеполуденной (*‘аср*) и вечерней молитвами (*магриб).*

После молитвы паломник объявляет о своем намерении исполнить *хадж*, *‘умру* или и то и другое одновременно. Эта процедура, носящая название *ихрам,* рассматривается в *шари‘ате* как обязательная; шафи‘иты относят ее к действиям категории *рукн.* Вслух или про себя (первое предпочтительнее) он произносит формулу намерения, соответствующую выбранному им способу паломничества.

1. Для *хаджа-киран:*

لَبَّيْكَ اللَّهُمَّ بِعُمْرَةٍ وَحَجٍّ

Ляббайка-ллạ̄хумма би-‘умратин ва-ḥаджж.

Вот я пред тобой, о Аллах, намереваясь совершить ‘умру и хадж.

2. Для *хаджа-ифрад:*

لَبَّيْكَ اللَّهُمَّ بِحَجٍّ

Ляббайка-ллạ̄хумма би-ḥаджж.

Вот я пред тобой, о Аллах, намереваясь совершить хадж.

3. Для *хаджа-таматту‘:*

لَبَّيْكَ اللَّهُمَّ بِعُمْرَةٍ

Ляббайка-ллạ̄хумма би-‘умра.

Вот я пред тобой, о Аллах, намереваясь совершить ‘умру.

Вслед за этим паломник начинает произносить девиз *хаджа* — *тальбийу:*

لَبَّيْكَ اللّٰهُمَّ لَبَّيْكَ، لَبَّيْكَ لَا شَرِيكَ لَكَ لَبَّيْكَ، إِنَّ الْحَمْدَ وَالنِّعْمَةَ لَكَ وَالْمُلْكَ، لَا شَرِيكَ لَكَ

Ляббайк-ллā̄ḥумма, ляббайк, ляббайка лā шарӣка ляка ляббайк, инна-ль-ḥамда ва-н-ни‘мата ляка ва-ль-мульк, лā шарӣка ляк!

Вот я пред Тобой, о Аллах! Вот я пред Тобой! Вот я пред Тобой! Нет у Тебя сотоварища! Хвала Тебе, милость и власть принадлежат Тебе! Нет у Тебя сотоварища.

Мужчины произносят *тальбийу* вслух, а женщины — шепотом, так чтобы никто, кроме спутниц, не мог их услышать. Ее рекомендуют читать как можно чаще: после обязательных молитв, в пути при каждом спуске и подъеме, при посадке в транспорт и на выходе из него, после сна, в конце ночи и в любое другое время до того момента, когда будет брошен первый камешек в день жертвоприношения.

Тальбийа символизирует готовность верующего внять призыву Аллаха. Мусульманское предание связывает ее с пророком Ибрахимом, который, построив Каабу, по велению Аллаха (**«Возвести людям о *хадже*, чтобы они прибывали к тебе пешком и на поджарых верблюдах из самых отдаленных поселений»,** Коран, 22:27), созвал людей своего и будущего времени совершить к ней паломничество. В ответ на его призыв они произнесли: «Вот я пред Тобой, о Аллах! Вот я пред Тобой!» (*Тафсир аль-Джалалайн*).

Запреты *ихрама*

После того как паломник объявит о своем намерении совершить *хадж* (*ихрам*) и начнет произносить *тальбийу*, он вступает в особое ритуальное состояние, обязывающее его соблюдать определенные запреты. До того как он выйдет из этого состояния, ему **запрещено:**

1. Иметь любые сексуальные контакты со своей супругой — совокупляться с ней, целовать и обнимать. Сказано в Коране: **«Тот, кто в эти месяцы (имеются в виду месяцы *хаджа*) решил совершить *хадж*, не должен в этот период иметь близость с женщиной, допускать прегрешения и вступать в ссоры»** (2:197).

2. Вступать в брак, женить или выдавать замуж, сватать за себя или другого человека. Брак, заключенный паломником, признается большинством законоведов (включая шафи‘итов) недействительным. Исключение составляют ханафиты, которые разрешают паломнику совершать все перечисленные выше действия и рассматривают заключенный им брак как действительный.

3. Носить сшитую одежду или одежду, принимающую форму тела (рубашку, брюки, нижнее белье, носки, перчатки). Обувь паломника также должна быть несшитой и оставлять открытыми пальцы. Данный запрет касается только мужчин; что касается женщин, то они могут пользоваться своей обычной одеждой, за исключением вуали (*никаб*, *бурку*‘) и перчаток, относительно которых имеется ясное указание Пророка ﷺ: *«Женщина-паломница не закрывает лица покрывалом и не носит перчаток»* (аль-Бухари).

4. Покрывать чем-либо голову: головным убором (шапкой, шляпой, чалмой, платком), повязкой или обычным куском ткани. В отношении женщин действует другой запрет: пребывая в состоянии *ихрама*, они не должны закрывать лицо вуалью. Исключение делается только для такого случая, когда им необходимо укрыться от мужских взглядов, зноя или холода. Однако, как разъясняют законоведы ханафитского и шафи‘итского *мазхабов*, вуаль паломницы не должна касаться ее лица.

5. Умащать благовониями тело и одежду, пользоваться парфюмерией и косметическими средствами, содержащими ароматическую отдушку. Взамен этого паломник-шафи‘ит может по необходимости (к примеру, в лечебных целях) смазывать тело (за исключением волос, бровей, ресниц, усов и бороды) жиром или неароматным маслом. Тела умерших паломников также не умащают благовониями в соответствии с распоряжением самого Пророка ﷺ, данным им в отношении человека, умершего при совершении *хаджа* (Муслим).

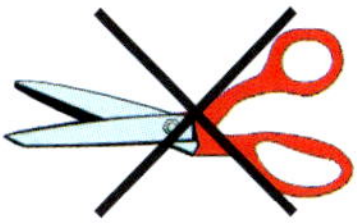

6. Обрезать ногти, удалять (стричь, брить, выщипывать, выдергивать при расчесывании) волосы на голове и других частях тела. Данный запрет основывается на следующем *аяте* Корана: **«Брейте ваши головы только после того, как пожертвование достигнет предназначенного места»** (т. е. после того как паломник совершит жертвоприношение в Мине 10-го *зу-ль-хиджжа*) (2:196).

7. Охотиться или убивать диких животных (и, добавим, некоторых насекомых, как, например, вшей и саранчу). Об этом говорится в Коране: **«О вы, которые уверовали! Аллах непременно будет подвергать вас испытанию, запрещая во время *хаджа* охотиться на добычу руками и копьями, чтобы удостовериться, кто же из вас боится Аллаха, даже будучи вдали от людского взора. А тому, кто преступит это предписание после сказанного, уготовано мучительное наказание. О вы, которые уверовали! Не поражайте добычи, находясь в *хадже*...»** (5:94–95). Исключение делается в отношении животных и насекомых, могущих причинить вред человеку — волков, бешеных собак, змей, мышей, скорпионов, мух, клещей, слепней, блох и т. д. Шафи‘итский *мазхаб* (в противоположность ханафитскому) также добавляет к ним животных, чье мясо не потребляют в пищу. И наконец, согласно Корану (5:96), паломнику разрешено рыбачить и охотиться на море.

8. Рубить деревья и кустарники в пределах *харама* Мекки, ломать их ветки, рвать траву.

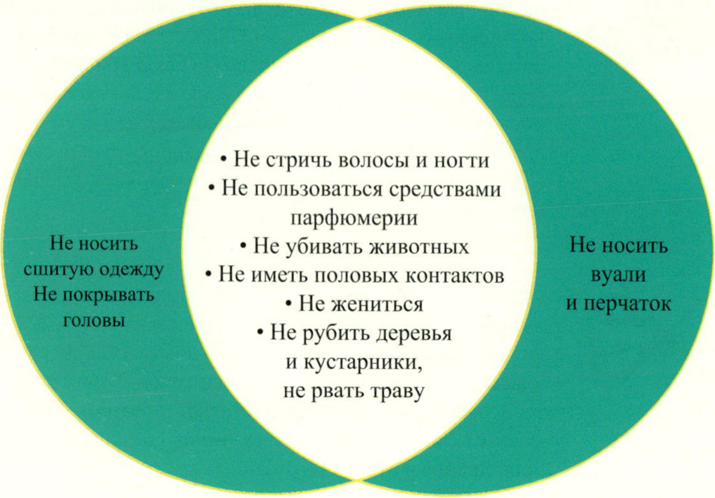

Запреты ихрама

В противоположность этому во время пребывания в состоянии *ихрама* паломнику **дозволяется:**

1. Купаться, менять *ихрам*, мыть голову, совершать полное омовение (*гусль*), пользоваться недушистым мылом.

2. Перевязывать раны, удалять зубы и сломанные ногти. В отдельных случаях (по уважительной причине) ему разрешается брить или постригать волосы, однако в этом случае паломнику необходимо принести искупительную жертву.

3. Носить очки, наручные часы, перстень и поясной ремень для хранения денег.

4. Принимать лекарства, сдавать кровь, пользоваться сурьмой без запаха.

5. Укрываться от зноя под зонтом, навесом или в шатре.

Виды искупления

Нарушение любого из вышеперечисленных запретов *ихрама* полагается возместить принесением в жертву животного, раздачей *садака* или постом в продолжение трех дней. Паломник может совершить жертвоприношение в любое время, пока он находится на территории *харама*. В зависимости от вида нарушения в качестве жертвы выбирают верблюдицу, корову, барана (овцу) или козу. Наиболее часто (см. приводимую далее таблицу) нарушение запрета полагается искупить жертвоприношением одного барана. Мясо животного положено раздавать беднякам, проживающим в пределах священной территории.

Согласно ханафитскому *мазхабу*, паломник, совершающий *хадж* по методу *киран* (т. е. большое и малое паломничество одновременно), в случае нарушения любого из запретов *ихрама* обязан принести в жертву вдвое большее количество животных (одно — за *ʻумру*, другое — за *хадж*). Впрочем, с этим не согласны представители других *мазхабов*, требующие от него обычной жертвы.

Жертвоприношение можно заменить раздачей *садака* в размере *полсаʻ* пшеницы шести беднякам. Шафиʻитский и ханафитский *мазхабы* по-разному определяют величину искупительной милостыни: в первом из них она составляет 1375 г пшеницы для каждого нуждающегося или 8 кг 259 г в целом; во втором — 1900 г и 11 кг 200 г соответственно. По положениям ханафитского *мазхаба* паломник может заменить пшеницу ее денежным эквивалентом (что недопустимо с точки зрения шафиʻитского *мазхаба*). Зерно раздают в пределах *харама* (согласно *мазхабу имама* аш-Шафиʻи); ученые-ханафиты дозволяют сделать это и в любом другом месте.

И, наконец, при отсутствии необходимых средств для покупки животного или пшеницы нарушение можно возместить соблюдением поста в течение трех дней. В этом случае паломник может поститься как во время своего пребывания в Мекке, так и по возвращении на родину.

Виды искупительных действий

Действие	Положенное возмещение
	По ханафитскому *мазхабу*
Надевание сшитой одежды Покрытие головы (о мужчине), лица (о женщине)	*Шари'ат* обязывает паломника совершить искупительное жертвоприношение, если он носил сшитую одежду или головной убор на протяжении светлого времени суток (от зари и до захода солнца) или ночи (от заката до наступления зари); в противном случае ему достаточно раздать *садака*. Если запрет нарушен им по уважительной причине, он может выбрать одно из трех: совершить жертвоприношение, поститься три дня или раздать *садака* (по *полса'* шести беднякам)
Удаление (всеми способами) волос	Принесение в жертву одного барана, мясо которого раздают беднякам *харама*. Это наказание налагается на паломника в том случае, если он удалит все волосы на какой-либо части тела (включая подмышки) или обреет четверть поверхности головы, поступив так намеренно, по забывчивости или незнанию. В случае удаления им меньшего количества волос, ему будет достаточно раздать *садака*. Паломник, вынужденный обрить волосы по уважительной причине, приносит в жертву барана, либо постится три дня, либо раздает *садака*
Подстригание ногтей	Паломник совершает жертвоприношение в случае, если намеренно, по забывчивости или незнанию подстрижет ногти на обеих руках (ногах) за один раз или ногти на одной руке (ноге). Если он сделает это по уважительной причине, ему полагается принести в жертву барана, или соблюдать пост на протяжении трех дней, или раздать *садака* (по *полса'* шести беднякам). Последнее предписывается и в том случае, если он обрежет менее пяти ногтей; размер милостыни определяется из расчета *полса'* за каждый отстриженный ноготь
Пользование благовониями или другими ароматическими средствами	Паломник приносит в жертву одного барана, если он покрыл благовониями все тело или какую-либо его часть целиком (голову, руку, бедро, голень, лицо). Смазав ими меньшую поверхность, он ограничивается раздачей *садака*. Если нарушение допускается по уважительной причине, в качестве возмещения совершают жертвоприношение, либо раздают *садака* (по *полса'* шести беднякам), либо постятся три дня
Охота	Если паломник убьет дикую птицу или животное в пределах *харама*, положено, чтобы два справедливых человека определили их примерную стоимость. После этого он покупает на эти деньги домашнюю скотину (корову, овцу, козу) и приносит ее в жертву, или приобретает на ту же сумму продукты питания (пшеницу, финики, ячмень) и раздает их беднякам, или постится в течение одного дня за каждые из этих *полса'*. Паломник, убивший вошь или саранчу, должен раздать *садака* в любом размере (к примеру, горсть пшеницы за каждое насекомое)
Рубка деревьев и кустарников в *хараме*, срезание травы	Срубив в *хараме* никому не принадлежащее дерево или срезав растущую здесь траву, паломник (или любой другой человек) обязан раздать их примерную стоимость в качестве *садака*
Совокупление с женой	Если данное нарушение имело место до стояния в долине 'Арафат (*вукуф*) 9-го *зу-ль-хиджжа*, *хадж* признается недействительным. Нарушитель выполняет оставшиеся обряды, приносит в жертву барана и в следующем году повторяет паломничество (даже если предыдущее было дополнительным *хаджем-нафиля*). В противоположность этому, половая близость между *вукуфом* и стрижкой волос 10-го *зу-ль-хиджжа* не нарушает *хадж*, однако требует от паломника принесения в жертву верблюдицы. И наконец, если он совокупился с женой до полного выхода из состояния *ихрама* (между стрижкой волос и *тавафом аль-ифада*), ему полагается зарезать одного барана
Страстные объятия, поцелуи	Принесение в жертву барана

Положенное возмещение
По шафи‘итскому *мазхабу*
Фидйа, т. е. принесение в жертву одного барана, либо раздача *садака* (по *полса‘* шести беднякам), либо соблюдение поста в продолжение трех дней. Паломник должен исполнить одно из трех вышеперечисленных действий даже в том случае, если он действовал намеренно, по забывчивости и незнанию
Фидйа, независимо от того, как действовал паломник: намеренно, по ошибке, незнанию или по уважительной причине. *Фидйа* положена за одновременное удаление трех и более волос, меньшее их количество возмещают раздачей *садака*, по *мудду* за каждый волос
Фидйа, если паломник обрезал три и более ногтя за один раз. За один ноготь он обязан раздать в качестве *садака мудд* пшеницы, за два — в 2 раза большее количество. *Фидйа* обязательна для него даже в том случае, если он нарушил запрет, забыв или ничего не зная о его существовании
Фидйа, т. е. принесение в жертву барана, раздача *садака* (по *полса‘* шести беднякам) или пост в течение трех дней
Паломник, убивший в *хараме* дикое животное, птицу или насекомое, должен принести в жертву домашнюю скотину, схожую с ней размером или внешним видом, соответствующего возраста, пола и физического состояния. К примеру, за убийство антилопы полагается зарезать козу, за лису — овцу, гиену — козла и т. д. Кроме того, паломник может купить продукты, стоимость которых эквивалентна примерной стоимости убитого животного, и раздать их беднякам той местности, где оно обитало. И наконец, он может поститься в течение одного дня за каждый *мудд* этих продуктов
За каждое срубленное большое дерево полагается принести в жертву корову, за маленькое — барана
Совершение данного деяния паломником до того, как он бросит камни и обреет голову в долине Мина, нарушает *хадж*. В этом случае он доводит *хадж* до конца, затем режет верблюдицу (корову) и спустя год выполняет паломничество еще раз. Если паломник имел близость до полного выхода из состояния *ихрама* (между стрижкой волос и *тавафом аль-ифада*), его *хадж* остается в силе, однако он должен искупить свой проступок принесением в жертву одного барана
Фидйа – принесение в жертву барана, раздача *садака* (по *полса‘* шести беднякам) или соблюдение поста

ПРАВИЛА СОВЕРШЕНИЯ *ХАДЖА*

Приезд в Мекку. Заповедная мечеть

Паломник во время своего пребывания в Мекке является гостем Аллаха, что обязывает его придерживаться определенных правил поведения. Он целиком посвящает себя поклонению Аллаху, соблюдает все установленные Им обряды, сторонится греховного и усердствует в совершении добрых дел. Он уважительно относится к остальным паломникам, не спорит и не чинит им неудобств, терпеливо переносит возникающие трудности.

После пересечения *миката* паломник направляется в Мекку. Перед вступлением в город он, по возможности, совершает полное омовение (*гусль*), которое, впрочем, можно отложить до того времени, когда он устроится в гостинице. После этого ему следует, не мешкая, поспешить в Заповедную мечеть.

Желательно, чтобы по примеру Пророка ﷺ паломник вошел в мечеть через ее восточный вход, носящий название Ворота мира (*Баб ас-салям*). Он вступает в нее с правой ноги, читая при этом следующую *ду‘а*:

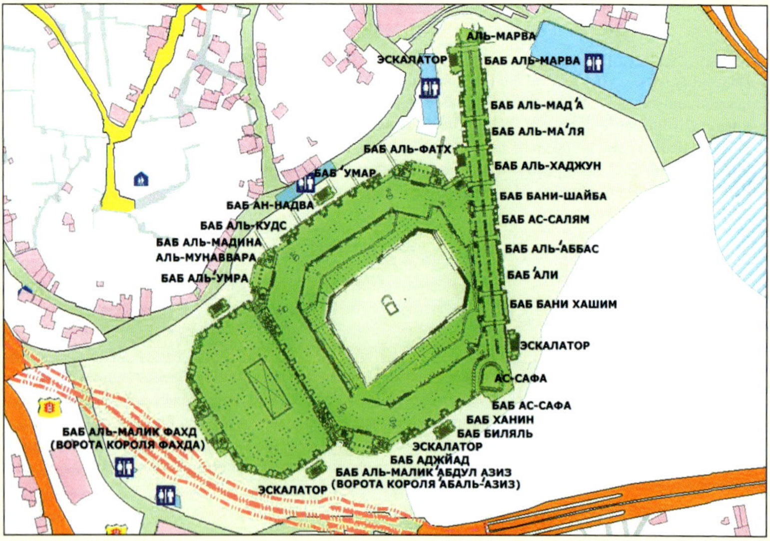

Главные входы мечети

أَعُوذُ بِاللهِ الْعَظِيمِ وَبِوَجْهِهِ الْكَرِيمِ وَسُلْطَانِهِ الْقَدِيمِ مِنَ الشَّيْطَانِ الرَّجِيمِ، بِسْمِ اللهِ وَالصَّلَاةُ وَالسَّلَامُ عَلَى رَسُولِ اللهِ، اللَّهُمَّ افْتَحْ لِي أَبْوَابَ رَحْمَتِكَ

А‘ӯзу би-лляхи-ль-‘азым, ва-би-ваджхихи-ль-карӣм, ва-сульṭāнихи-ль-ḳадӣм, мина-ш-шайṭāни-р-раджӣм! Би-сми-ллāх, ва-ṣ-ṣаляту ва-с-салāму ‘алā расӯли-ллāх! Аллāхумма-фтах лӣ абвāба рахматика!

Прибегаю к Аллаху Великому, к Его благородному лику, Его извечной власти, ища защиты от проклятого Шайтана! Во имя Аллаха! Благословение и мир Посланнику Аллаха! О Аллах! Открой мне врата Своей милости!

При виде Священной Каабы, расположенной во внутреннем дворе мечети, паломник трижды произносит:

اللهُ أَكْبَرُ

Аллāху акбар!

Аллах Велик!

Затем также трижды:

لَا إِلٰهَ إِلَّا اللهُ

Лā илāха илля-ллāх

Нет бога, кроме Аллаха

и далее:

اللَّهُمَّ زِدْ هٰذَا الْبَيْتَ تَشْرِيفًا وَتَكْرِيمًا وَتَعْظِيمًا وَمَهَابَةً وَبِرًّا وَزِدْ يَا رَبِّ مَنْ شَرَّفَهُ وَكَرَّمَهُ وَعَظَّمَهُ مِمَّنْ حَجَّهُ وَاعْتَمَرَهُ تَشْرِيفًا وَتَكْرِيمًا وَمَهَابَةً وَرِفْعَةً وَبِرًّا

Аллāḥумма, зид ḥāẕа-ль-байта ташрӣфан ва-такрӣман ва-та‘ẓӣман ва-маḥāбатан ва-бирран ва-зид йā рабби ман шаррафаḥу ва-каррамаḥу ва-‘аẓẓамаḥ, мимман ḥаджжаḥу ва-‘тамараḥ, ташрӣфан ва-такрӣман ва-маḥāбатан ва-риф‘атан ва-бирран.

О Аллах! Пусть этому Дому будет оказана еще большая честь, уважение, почет! Сделай так, мой Господь, чтобы тем, кто совершил к нему хадж и умру, восхваляя и возвеличивая его, оказали еще большую честь, уважение и почет!

После этого он обращается к Аллаху с мольбой, в которой просит, о чем пожелает. Приблизившись к Каабе, паломник прекращает произносить *тальбийу* и начинает совершать обход (*таваф*).

Обход Каабы (*таваф*)

Таваф — семикратный обход Каабы, являющийся обязательным ритуалом *хаджа*. По разъяснениям мусульманских законоведов, это обряд приветствия Священной Каабы, а потому он заменяет принятую при каждом посещении мечети молитву приветствия (*салят тахийат аль-масджид*). В силу этого обстоятельства *таваф* может совершаться не только в период *хаджа*, но и при любом посещении Заповедной мечети.

Первый обход Каабы, называемый *таваф аль-кудум* (*таваф* прибытия), паломник совершает после своего вступления в Мекку. Он предписан той части паломников, которые, не будучи жителями Мекки, прибывают в город для участия в *хадже*. Те из них, кто намеревается совершить малое паломничество (*‘умра*), этот обход не выполняют. *Таваф аль-кудум* относится к категории желательных действий (*сунна*), следовательно, в случае его невыполнения *хадж* паломника будет признан состоявшимся, а сам он не понесет никакого наказания. С другой стороны, правильное исполнение этого обряда будет соответствующим образом вознаграждено Аллахом, а потому большинство паломников, забыв о неизбежных трудностях, начинают свое пребывание в городе именно с обхода Каабы.

Важно отметить, что паломник не предваряет, как это принято, *таваф аль-кудум* произнесением соответствующей формулы намерения (*нийа*). Как разъясняют мусульманские законоведы, он делает это ранее при вступлении в *ихрам*, когда объявляет о своем намерении исполнить *хадж*, подразумевая под этим все входящие в него обряды, включая *таваф аль-кудум*.

При совершении *тавафа аль-кудум* соблюдается следующая последовательность действий:

1. Обход начинают от угла, в котором установлен Черный камень. Приблизившись к нему, паломник со словами:

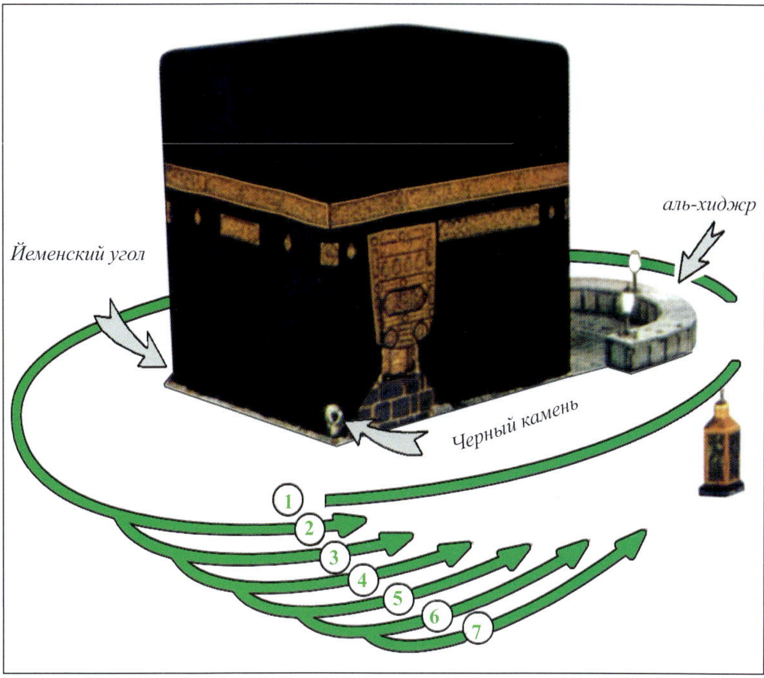

Схема совершения тавафа

بِسْمِ اللهِ، اللهُ أَكْبَرُ

Би-сми-лля̄х̣! Алла̄х̣у акбар!

Во имя Аллаха! Аллах Велик!

целует камень и касается его руками (или одной только правой рукой, которую затем подносит к губам). По *мазхабу имама* аш-Шафи‘и, камень целуют трижды; желательно также трижды приложиться к нему лбом.

2. Если не удастся подойти к Черному камню, можно попробовать дотянуться до него палкой или тростью, после чего поднести ее к губам. Если и это окажется невозможным, достаточно будет указать на Черный камень правой рукой, которую в этом случае не целуют. Свои действия паломник сопровождает произнесением слов:

بِسْمِ اللهِ، اللهُ أَكْبَرُ

Би-сми-лля̄х̣! Алла̄х̣у акбар!

Во имя Аллаха! Аллах Велик!

3. Начиная обход, читают *ду‘а*:

اَللهُمَّ إِيمَانًا بِكَ وَتَصْدِيقًا بِكِتَابِكَ وَوَفَاءً بِعَهْدِكَ وَاتِّبَاعًا لِسُنَّةِ نَبِيِّكَ

مُحَمَّدٍ صَلَّى اللهُ عَلَيْهِ وَسَلَّم

Аллāхумма, ӣмāнан бика, ва-тасдӣкан би-китāбика, ва-вафā’ан би-‘ахдик, ва-ттибā‘ан ли-суннати набиййика Мухаммадин саллā-ллāху ‘аляйхи ва-саллям.

О Аллах, совершаю данный обход с верой в Тебя и признавая правдивость Твоего Писания, во исполнение данного Тебе обета, следуя примеру (сунне) Твоего Пророка Мухаммада, да благословит его Аллах и приветствует!

4. Перед началом обхода зажимают *рида* под правой подмышкой, перебросив его конец через левое плечо.
5. Семь раз обходят Каабу, двигаясь против часовой стрелки, так чтобы она находилась по левую сторону. Если во время обхода у паломника возникнут сомнения относительно числа пройденных им кругов, он продолжает счет с меньшей цифры, в которой уверен.
6. Три первых круга обхода пробегают мелкой трусцой (*рамаль*), оставшиеся четыре проходят обычным шагом. Женщины передвигаются вокруг Каабы в обычном темпе. *Таваф* совершают пешком; паломники-инвалиды передвигаются в колясках по верхней галерее мечети. По положениям шафи‘итского *мазхаба*, желательно (*сунна*), чтобы паломник выполнял обход босиком.

7. Совершая *таваф*, тихо или про себя произносят *ду‘а* и *зикры*, выказывая покорность и смирение перед Всевышним Аллахом. Кроме того, в это время можно читать Коран (наизусть или по книге), восхвалять Аллаха и его Посланника Мухаммада ﷺ. Запрещено отвлекаться на посторонние разговоры, делать лишние движения, смотреть по сторонам, есть и пить.

8. В начале каждого круга поворачиваются лицом к Черному камню и, подняв правую руку, произносят:

اللهُ أَكْبَرْ

Аллāḥу акбар!

Аллах Велик!

9. Правой рукой проводят по йеменскому углу, говоря:

بِسْمِ اللهِ، اللهُ أَكْبَرْ

Би-сми-ллях̣! Аллāḥу акбар!

Во имя Аллаха! Аллах Велик!

Ни угол, ни руку при этом не целуют. Если паломник не может приблизиться к йеменскому углу из-за скопления около него людей, он, ничего не предпринимая, молча проходит мимо.

10. В конце каждого круга между йеменским углом и Черным камнем читают:

﴿رَبَّنَآ ءَاتِنَا فِى ٱلدُّنْيَا حَسَنَةً وَفِى ٱلْءَاخِرَةِ حَسَنَةً وَقِنَا عَذَابَ ٱلنَّارِ﴾

Раббанā, āтинā фи-д-дунйā ḥасанатав-ва-фи-ль-āẖырати ḥасанатав-ва-ḳынā ‘аз̱āба-н-нāр!

Господь наш! Даруй нам благо в этой и потусторонней жизни и убереги нас от мук ада! (2:201)

11. Обход заканчивается у Черного камня, к которому паломник поворачивается лицом.

Паломник, совершающий обход, должен находиться в состоянии ритуальной чистоты (*тахара*). Кроме того, ему необходимо надеть чистую одежду, прикрывающую *‘аурат,* т. е. область от пупка до колен у мужчин, и все тело, за исключением лица и кистей рук, у женщин. Если при выполнении обряда паломник выходит из состояния ритуальной чистоты (к примеру, из-за испускания кишечных газов), он прерывает *таваф* и совершает омовение, после чего продолжает обход (по *мазхабу имама* аш-Шафи‘и, в этом случае желательно начать его заново). Схожим образом действуют и при обнажении *‘аурата*: остановившись, поправляют одежду, а затем возобновляют выполнение *тавафа*. Впрочем, прерывать совершение этого обряда нежелательно (*макрух*); исключение делается для двух вышеприведенных случаев, а также для отправления молитв — обязательной (*фард*), желательной (*сунна му’аккада*) и похоронной (*салят аль-джаназа*).

Пророк ﷺ называл воду *Замзама* «напитком благочестивых». Согласно одному из его высказываний, она утоляет не только жажду, но и голод, исцеляет болезни и способствует осуществлению того, ради чего ее пьют (Ибн Маджа). Известно, что основатель юридической школы *имам* аш-Шафи‘и пил эту воду ради обретения знаний и умения стрелять из лука, и оба его желания были исполнены.

Таваф может быть выполнен в любое время суток, однако женщинам (особенно красивым) лучше будет отложить его до ночи. Не следует начинать его во время, предшествующее обязательной молитве, или при большом скоплении в мечети людей, что может помешать выполнению этого обряда. В последнем случае паломник отправляет взамен него молитву приветствия мечети из двух *рак‘атов* (*салят тахийат аль-масджид*), после чего ожидает, когда поредеет толпа. Совершение его не должно стать причиной пропуска молитвы, а потому, прежде чем приступить к *тавафу*, паломник должен справиться о времени. Если же призыв к молитве застает его за выполнением обряда, он должен сделать небольшую паузу и помолиться, после чего продолжить *таваф* или начать его заново, что более предпочтительно по положениям шафи‘итского *мазхаба*.

Местом выполнения *тавафа* служит все внутреннее пространство Заповедной мечети. Паломник может совершать его, передвигаясь по ее двору и галереям или даже по крыше. Мужчины, как это принято, перемещаются по внутреннему, ближнему к Каабе кругу, женщины отдельно от них — по внешнему (впрочем, данное правило часто нарушается). При обходе недопустимо заступать за пределы Каабы, в которые, помимо самого сооружения, также входят тянущийся вокруг него цоколь (араб. *шазарван*) шириной 45 см и невысокая полукруглая стенка (*аль-хиджр)*, примыкающая к Каабе с северо-запада. Паломник, совершающий *таваф*, не должен наступать на цоколь, входить в пространство *аль-хиджра* или же проводить по нему рукой, поскольку в этом случае совершенный им обход будет признан недействительным.

Завершив *таваф,* паломник поправляет свое одеяние так, чтобы оба конца вновь свешивались ему на грудь. В таком виде он совершает молитву (*сунна*) в два *рак‘ата* позади *макама Ибрахим,* которую можно также выполнить в *аль-хиджре* или любой другой части Заповедной мечети. В первом ее *рак‘ате* после *суры* «Открывающая» читают *суру* 109 «Неверные», во втором — *суру* 112 «Искренность».

По заключению мусульманских богословов, в *аль-хиджре* запрещено совершать обязательную молитву (*фард*), поскольку он является частью Каабы. Данный запрет, однако, не распространяется на дополнительную молитву (*нафиля*). Совершение здесь молитвы приравнивается к отправлению ее в самом Священном Доме, как это следует из *хадиса*, передаваемого ‘Абд ар-Раззаком со слов ‘Аиши: «Я любила входить в Каабу и молиться в ней. Однажды Посланник Аллаха, да благословит его Аллах и да приветствует, взял меня за руку и ввел в *аль-хиджр*, сказав: «Если хочешь, помолись в *аль-хиджре*. Прежде он был частью Каабы, однако твой народ *(курайшиты)* укоротил ее во время строительства и вывел *аль-хиджр* за ее пределы» (Ахмад). Считается также, что *ду‘а*, произнесенная в этом месте, как и в самой Каабе, будет услышана Аллахом.

По окончании молитвы пьют воду из источника *Замзам*. Перед этим паломник произносит:

بِسْمِ اللهِ

Би-сми-ллях̣!

Во имя Аллаха!

после чего пьет воду до полного насыщения, трижды останавливаясь, чтобы перевести дух. Затем он возносит хвалу Всевышнему Аллаху:

الْحَمْدُ للهِ

Аль-х̣амду ли-лляях̣!

Хвала Аллаху!

и просит Его о чем пожелает. Можно, к примеру, читать следующую *ду‘а*:

اللَّهُمَّ إِنِّي أَسْأَلُكَ عِلْمًا نَافِعًا وَرِزْقًا وَاسِعًا وَشِفَاءً مِنْ كُلِّ دَاءٍ

Аллāх̣умма, иннӣ ас’алюка ‘ильман нāфи‘ан ва-ризк̣ан вāси‘ан ва-шифā’ан мин кулли дā’.

О Аллах, я прошу тебя даровать мне полезные знания, обширный жизненный удел и исцеление от всех болезней.

Считается, что любая мольба, с которой в это время он обратится к Аллаху, будет Им обязательно услышана.

Принято, чтобы паломник пил воду *Замзама* стоя, обратив лицо в сторону *киблы* и держа сосуд с ней в правой руке. Похвально, если он по примеру Пророка окропит ею голову, лицо и грудь.

После этого паломник вновь возвращается к Каабе. Если ему представится такая возможность, он целует Черный камень и касается его рукой. Далее через ворота ас-Сафа он выходит из Заповедной мечети, ступая с левой ноги, и направляется к месту совершения следующего обряда *хаджа*, носящего название *са'й*.

Ритуал *са'й*

Ритуальный бег (*са'й*) между холмами ас-Сафа и аль-Марва составляет обязательный элемент малого и большого паломничества. Согласно мусульманской традиции, он был установлен в память о Хаджар, жене пророка Ибрахима, которая семь раз пробежала между холмами ас-Сафа и аль-Марва, разыскивая воду, необходимую для спасения сына Исма'ила. Шафи'иты относят *са'й* к числу *рукнов хаджа* и *'умры*, без которого они не будут считаться действительными. В ханафитском *мазхабе* этот ритуал определяют как *ваджиб*; невыполнение его не нарушает паломничества, однако нарушитель обязывается понести наказание.

При выполнении *са'й* следует соблюсти следующие необходимые условия:

1. *Са'й* совершают только по окончании обхода Каабы, в противном случае он признается недействительным. Паломнику, выполняющему *хадж* по методу *киран* или *ифрад* (а именно эти способы мы рассматриваем в данной книге), бывает достаточно исполнить его один раз — после первого (*таваф аль-кудум)* или второго (*таваф аль-ифада*) обхода Каабы.

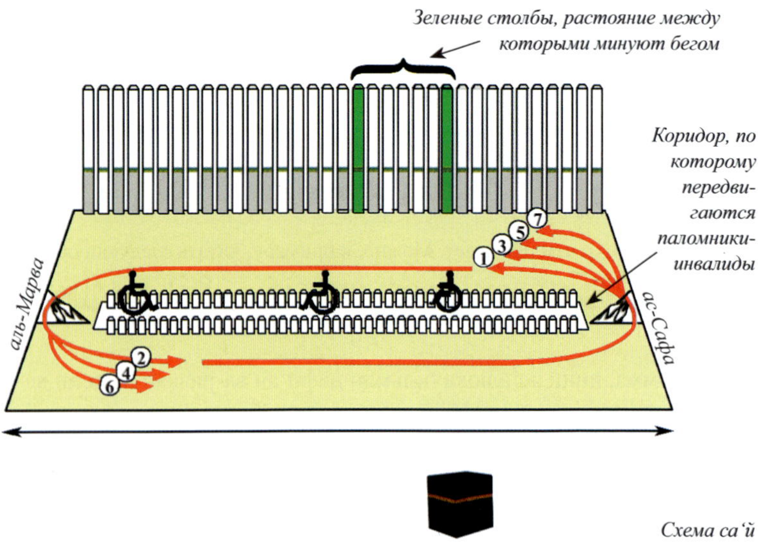

Схема *са'й*

Нежелательно делать между этими двумя обрядами долгую паузу, а также прерывать *са'й* без уважительной причины. В качестве таковой рассматривают, к примеру, необходимость совершить омовение или помолиться. В этом случае паломнику разрешено сделать небольшой перерыв, по окончании которого он должен продолжить *са'й*.

2. *Са'й* начинают у ас-Сафы и заканчивают у аль-Марвы, поскольку именно в такой последовательности они упомянуты в Коране: **«Поистине, ас-Сафа и аль-Марва — из числа знаков Аллаха»** (2:158).
3. Между холмами пробегают 7 раз. Паломник передвигается пешком; в случае, если по причине нездоровья он не может делать это самостоятельно, ему разрешено воспользоваться инвалидной коляской.
4. Расстояние между ас-Сафой и аль-Марвой следует пройти целиком, не пропустив никакой его части, поскольку в этом случае *са'й* будет признан недействительным.

Паломник, выполняющий *са'й,* должен находиться в состоянии ритуальной чистоты. Отметим, что данное условие по *шари'ату* не является обязательным, однако в настоящее время галерея, в которой совершается данный обряд, входит в комплекс Заповедной мечети, а потому в нее нельзя входить, не очистившись. Желательно также, чтобы при совершении этого обряда паломник прикрыл те части тела, которые считаются *'ауратом*; по *мазхабу имама* аш-Шафи'и он может оголить правое плечо так, как это принято при *тавафе*.

Совершая *са'й,* паломник выполняет следующие действия:

1. Подойдя к ас-Сафе, вернее к площадке, устроенной в том месте, где когда-то находилась ее вершина, читает из Корана:

﴿ إِنَّ ٱلصَّفَا وَٱلْمَرْوَةَ مِن شَعَآئِرِ ٱللَّهِ ۖ ﴾

Инна-ṣ-ṣафā ва-ль-марвата мин ша'ā'ири-ллāḥ.

Поистине, ас-Сафа и аль-Марва — из числа знаков Аллаха.

2. Ступив на площадку, оборачивается в сторону Каабы и трижды произносит:

لا إِلَهَ إِلَّا الله

Лā илāḥа илля-ллāḥ

Нет бога, кроме Аллаха,

и

اللهُ أَكْبَرْ

Аллāḥу акбар!

Аллах Велик!

и далее следующую *ду‘а*:

لَا إِلٰهَ إِلَّا اللهُ وَحْدَهُ لَا شَرِيكَ لَهُ لَهُ الْمُلْكُ وَ لَهُ الْحَمْدُ وَ هُوَ عَلَى كُلِّ شَيْءٍ قَدِيرٌ، لَا إِلٰهَ إِلَّا اللهُ وَحْدَهُ، أَنْجَزَ وَعْدَهُ، وَنَصَرَ عَبْدَهُ، وَهَزَمَ الْأَحْزَابَ وَحْدَهُ

Ля̄ иля̄ха илля-лла̄ху вах̣даху ля̄ шарӣка лях̣, ляху-ль-мульку ва ляху-ль-х̣амд, ва хува ‘аля̄ кулли шай’ин к̣адӣр, ля̄ иля̄ха илля-лла̄ху вах̣дах̣, анджаза ва‘дах̣, ва-нас̣ара ‘абдах̣, ва-хазама-ль-ах̣за̄ба вах̣дах̣.

Нет бога, кроме Аллаха, Единого, у которого нет сотоварища, Ему принадлежит владычество, Ему хвала, Он над всем сущим властен. Нет бога, кроме одного лишь Аллаха, который выполнил Свое обещание, помог Своему рабу и один разбил союз племен.

3. Быстрым шагом направляется к аль-Марве. Отрезок пути, лежащий между двумя зелеными столбами, он преодолевает легким бегом. Женщины пересекают эту часть галереи в обычном темпе.

4. Останавливается на площадке, расположенной в том месте, где в прошлом находилась вершина аль-Марвы. Здесь он вновь обращает лицо к Каабе и повторяет те *ду‘а и зикры* , которые он прежде читал на ас-Сафе.

5. На этом заканчивается первый цикл *са‘й.* Всего их насчитывают 7, т. е. паломник 7 раз пробегает между ас-Сафой и аль-Марвой, трижды останавливаясь на первой площадке и четырежды – на второй. *Са‘й* завершается у аль-Марвы. Если при его выполнении паломник начнет сомневаться относительно того, сколько именно раз он прошел между холмами, ему следует взять в качестве исходной меньшую цифру.

После этого обряда паломник, совершающий *‘умру*, сбривает или укорачивает волосы в знак ее окончания. Точно так же поступают и те паломники, которые выполняют *хадж-таматту‘*. Завершив *‘умру*, они выходят из состояния *ихрама*, после чего перестают соблюдать связанные с ним запреты. Паломники, совершающие *хадж-киран* и *хадж-ифрад*, продолжают пребывать в *ихраме* до полного завершения обрядов *хаджа*.

Отправление в долину ‘Арафат

8-го *зу-ль-хиджжа (йаум ат-тарвийа)* паломник совершает следующие действия:

1. Если он выполняет *хадж-таматту‘*, снова входит в состояние *ихрама*, произнося:

لَبَّيْكَ اللَّهُمَّ بِحَجٍّ

Ляббайка-ллāḥумма би-ḥаджж

Вот я пред тобой, о Аллах, намереваясь совершить хадж,

после чего возобновляет чтение *тальбийи.*

2. Покидает Мекку, направляясь в лежащую в 22 км к юго-востоку от нее долину ‘Арафат — место проведения следующего обряда *хаджа*. В пути он часто поминает Аллаха и произносит *тальбийу*.
3. Делает остановку в соседней с Меккой долине Мина. В ней он отправляет полуденную (*зухр*), послеполуденную (*‘аср*), вечернюю (*магриб*) и ночную (*‘иша*) молитвы, после чего располагается на ночлег. Молитвы совершаются в установленное для них время, но полуденную, послеполуденную и ночную молитвы следует сократить до двух *рак‘атов*.
4. 9-го *зу-ль-хиджжа* (день ‘Арафы) совершает утреннюю молитву (*фаджр*) и дожидается восхода солнца. С наступлением его он оставляет Мину и, нигде более не останавливаясь, через долину Муздалифа следует далее к ‘Арафату.

Паломники, направляющиеся в долину ‘Арафат

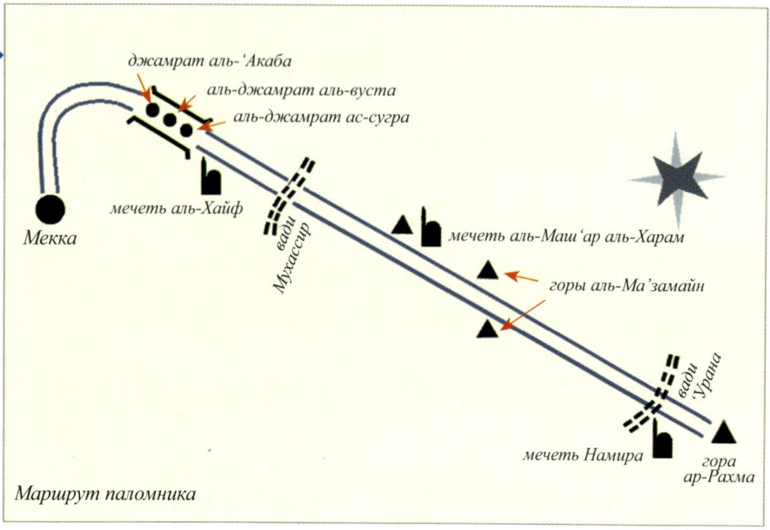

Стояние (*вукуф*) в долине 'Арафат

Долина 'Арафат, расположенная к юго-востоку от Мекки, служит местом проведения центрального обряда *хаджа*, ритуального предстояния перед ликом Аллаха (*вукуф*). Согласно одному из *хадисов*, *хадж* есть стояние в долине 'Арафат (Муслим, Абу Давуд, Ибн Маджа); исходя из этого, законоведы всех *мазхабов* считают *вукуф рукном* большого паломничества. Они признают недействительным *хадж* паломника, не побывавшего 9-го *зу-ль-хиджжа* на 'Арафате, и предписывают ему в следующем году заново выполнить все установленные обряды.

Местом ритуального предстояния служит вся долина 'Арафат, а потому паломник может расположиться в любой ее части. В случае, если он намеренно или по ошибке окажется за ее пределами, его паломничество не будет считаться действительным. Особенно нежелательно для него нахождение в соседней с 'Арафатом *вади* 'Урана (вариант 'Арана), которую Пророкﷺ называл «*вади Шайтана*». В противоположность ему наилучшим местом для отправления этого обряда считают окрестности горы ар-Рахма, расположенной в восточной части 'Арафата. В год «прощального паломничества» (632 г./10 г. х.) у ее южного склона останавливался Пророкﷺ, а потому нахождение здесь считается весьма желательным (*сунна*). Вопреки *шари'ату*, часть паломников предпочитают этому месту склоны горы ар-Рахма, не имеющей, вопреки своему названию, никакого сакрального значения в исламе. Это распространенное заблуждение сурово порицается мусульманскими законоведами, некоторые из которых относят его к числу недозволенных новшеств (*бид'а*).

Стояние в долине 'Арафат совершается в 9-й день месяца *зу-ль-хиджжа*. Оно начинается после полудня, вскоре после того как солнце минует

Гора ар-Рахма в долине ʻАрафат

зенит, и заканчивается на восходе следующего дня. Если в продолжение этого времени паломник окажется на ʻАрафате, его *хадж* будет признан состоявшимся. Пребывание здесь паломника может быть кратковременным: современный законовед Вахба аз-Зухайли определяет его минимальную продолжительность в один час. И если паломник посвятит это время сну, торговле или развлечениям, его *хадж* будет, тем не менее, считаться действительным.

Как мы указали выше, стояние на ʻАрафате продолжается до восхода солнца 10-го *зу-ль-хиджжа*. Впрочем, большая часть паломников покидает его накануне вечером, вскоре после заката. Именно так поступил при совершении «прощального паломничества» Пророк ﷺ, а потому отъезд в это время считается *ваджибом* для ханафитов и *сунной* — для шафиʻитов. Паломник, уехавший до того времени как сядет солнце, приносит искупительную жертву (одного барана), однако его *хадж* не считается нарушенным.

Паломники прибывают к ʻАрафату утром 9-го *зу-ль-хиджжа*. Прежде чем вступить в его пределы, по примеру

Паломники у горы ар-Рахма 9-го зу-ль-хиджжа

Пророка они делают остановку у мечети Намира в *вади* ‘Урана. Здесь они выполняют полное омовение (*гусль*), которое считается желательным (*сунна*), после чего ожидают наступления времени обеденной молитвы (*зухр*). Когда солнце минует зенит, паломники слушают в мечети проповедь (*хутба*) *имама*, посвященную предстоящему обряду стояния. После первого (*азан*) и второго (*икама*) призыва на молитву они выполняют за *имамом* обязательную молитву *зухр*, сокращенную до двух *рак‘атов*. Спустя короткое время раздается вторая *икама*, после которой совершают обязательную молитву *‘аср*, также состоящую из двух *рак‘атов*. Паломники, отсутствующие в это время в мечети (среди них и те, кто не стал останавливаться в *вади* ‘Урана, а сразу проследовал к ‘Арафату) также совмещают и укорачивают эти обязательные молитвы. Никаких дополнительных молитв между ними не выполняют.

Помолившись, паломники покидают мечеть и, не задерживаясь, отправляются к месту, где они намереваются провести обряд стояния. Они располагаются у подножия горы ар-Рахма, находящейся в полутора километрах к востоку от мечети Намира, или в любом другом месте, лежащем в пределах ‘Арафата, обозначенных специальными указательными табличками.

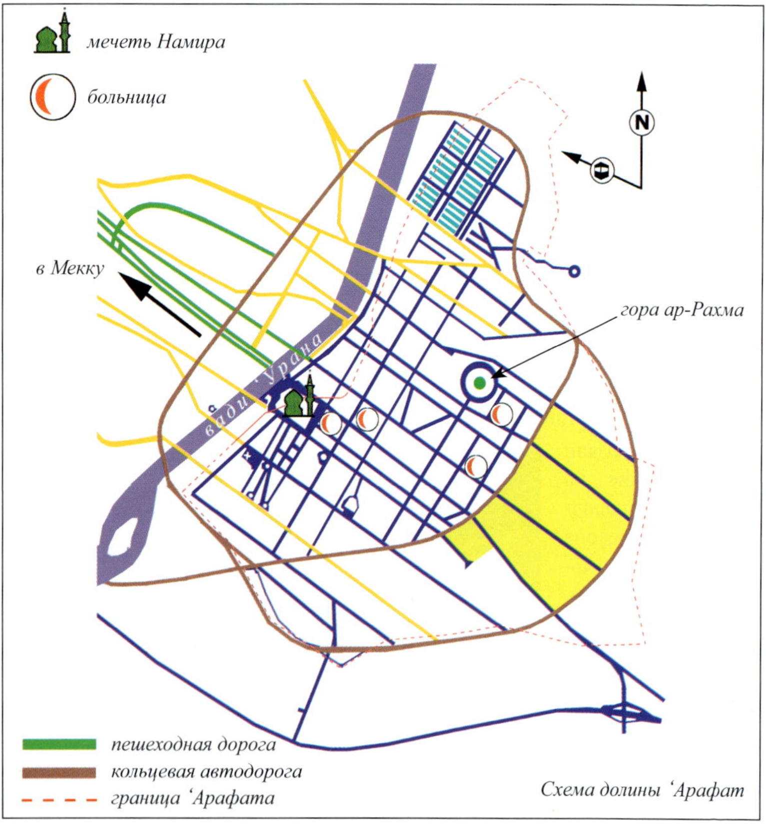

Схема долины ‘Арафат

Время до захода солнца паломники проводят, вознося хвалу Аллаху и Его Посланнику ﷺ, каясь в совершенных ими грехах, прося прощения за себя, своих близких и остальных мусульман. Обратившись в направлении *киблы*, они взывают к Аллаху с молитвами, которые, как считают, будут Им обязательно услышаны. Согласно *хадису*, приводимому в сборнике ат-Тирмизи, Пророк сказал: *«Лучшая мольба — та, с которой обращаются в день ‘Арафы, а лучшее, что в этот день говорил я и пророки, бывшие до меня, это:*

لَا إِلٰهَ إِلَّا اللهُ وَحْدَهُ لَا شَرِيكَ لَهُ لَهُ الْمُلْكُ وَ لَهُ الْحَمْدُ وَ هُوَ عَلَى كُلِّ شَيْءٍ قَدِيرٌ

Ля̄ иля̄ха илля-лла̄ху ваҳдаху ля̄ шарӣка ляҳ, ляху-ль-мульку ва ляху-ль-ҳамд ва хува ‘аля̄ кулли шай’ин қадӣр.

Нет бога, кроме Аллаха, Единого, у которого нет сотоварища, Ему принадлежит владычество, Ему хвала, Он над всем сущим властен.

Каждую *ду‘а* повторяют трижды, повышая при этом голос и воздевая руки так, как это делают в начале обязательной молитвы (*салят*). В этот день также положено читать Коран, уделяя особое внимание *суре* 59 «Собрание» и *суре* 112 «Искренность»; часто произносить *тальбийу* и славить Аллаха:

سُبْحَانَ اللهِ

Субҳа̄на-лла̄ҳ.

Преславен Аллах, свободный от любых уподоблений.

الْحَمْدُ للهِ

Аль-ҳамду ли-лля̄ҳ!
Хвала Аллаху!

اللهُ أَكْبَرْ

Алла̄ху акбар!
Аллах Велик!

لَا إِلَٰهَ إِلَّا اللهُ

Ля̄ иля̄ха илля-лла̄х.
Нет бога, кроме Аллаха,

и т. д.

Принято, чтобы в день ‘Арафы паломники не постились. Им необязательно пребывать в состоянии ритуальной чистоты, а потому в *вукуфе* могут принять участие женщины в период менструальных или послеродовых кровотечений. Желательно (*сунна*), чтобы паломники находились на ‘Арафате, прикрыв одеждой ‘*аурат* и обратившись в сторону *киблы*. Весьма похвально, если они, желая выказать свое смирение перед Аллахом, проведут этот день под палящими лучами солнца (при условии, что это никак не повредит их здоровью). Паломники усердно молятся, творят благие дела, сторонятся дурного в делах, словах и мыслях. Согласно *хадису*, Аллах, глядя на них в этот день, преисполняется гордости и, обращаясь к ангелам, говорит: **«Взгляните на Моих рабов, что пришли ко Мне покрытыми пылью, с растрепанными волосами!»** (Ахмад и ат-Табарани).

Паломники у горы ар-Рахма

Стояние (*вукуф*) в Муздалифе

После заката солнца паломники покидают ‘Арафат и неспешно возвращаются в Муздалифу, поминая в пути Аллаха и произнося *тальбийу*. В Муздалифе паломники проводят ночь, предшествующую празднику жертвоприношения (араб. *ляйлят аль-‘ид,* «праздничная ночь»).

По единому мнению законоведов всех четырех *мазхабов*, пребывание (*вукуф*) и ночевка (*мабит*) паломников в этом месте составляют необходимый элемент *хаджа* (*ваджиб*). Свое мнение они обосновывают следующими словами из Корана, в которых Аллах велит паломникам: **«А когда вы оставите ‘Арафат, поминайте Аллаха в Заповедном месте»** (2:198), где под «Заповедным местом» (араб. *аль-Маш‘ар аль-Харам*) подразумевается долина Муздалифа. Невыполнение паломником *вукуфа* не нарушает *хадж*; в искупление ему бывает достаточно зарезать одного жертвенного барана. По *мазхабу имама* Абу Ханифы, он избавляется от наказания в случае, если данное нарушение было допущено им по уважительной причине, к примеру, из-за ухудшения состояния здоровья.

Ночевка паломников в Муздалифе

Время пребывания (*вукуф*) паломника в Муздалифе определяется по-разному: по мнению ханафитов, он должен присутствовать в ней утром 10-го *зу-ль-хиджжа*, между наступлением зари и восходом солнца. Минимальная продолжительность *вукуфа* — один час. Шафи‘иты обязывают паломника посетить это место во второй половине ночи 10-го *зу-ль-хиджжа*. Его нахождение здесь может быть недолгим, однако желательно (*сунна*), чтобы он оставался в Муздалифе до рассвета. Посещение долины ранее или позднее установленного срока делает *вукуф* недействительным, вследствие чего паломник должен принести в жертву барана. И наконец, согласно обоим *мазхабам*, женщины, дети, больные и престарелые паломники могут покинуть Муздалифу после наступления полуночи, что позволит им, избегнув давки, спокойно добраться до Мины и бросить камни в столбы-*джамарат*.

В Муздалифе совершающий *хадж* выполняет следующие действия:

1. Находит себе место для ночевки. Согласно *шари‘ату,* он может остановиться в любой части долины, за исключением лежащей к западу от нее *вади* Мухассир, где, по преданию, погибло войско эфиопского царя Абрахи, направлявшееся в Мекку, чтобы разрушить Священную Каабу.
2. Совмещает вечернюю (*магриб*) и ночную (‘*иша)* обязательные молитвы, сокращая последнюю до двух *рак‘атов*. В завершение он совершает *витр*, и это единственная дополнительная молитва, предписанная ему в это время.
3. Собирает 70 камешков размером с горошину или чуть более (см. рисунок) для бросания в столбы-*джамарат*. Впрочем, это занятие можно отложить и на более позднее время.

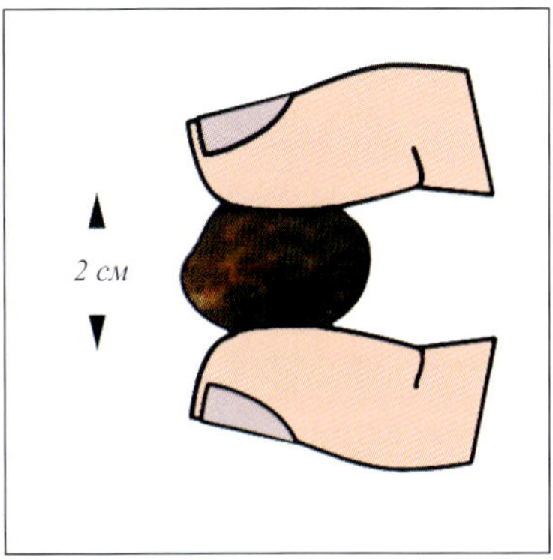

Паломник, собирающий камни в долине Муздалифа

4. На рассвете выполняет утреннюю молитву (*фаджр*).
5. После молитвы паломник по примеру Пророка ﷺ (*сунна*) располагается у горы аль-Маш‘ар аль-Харам, где стоит большая мечеть, называемая *мечетью Муздалифы* (*Масджид Муздалифа*). Разместившись у основания горы или на ее склонах, паломник обращается в сторону *киблы* и взывает к Аллаху, славит Его и Его Пророка ﷺ, читает *тальбийу*.
6. Не дожидаясь восхода солнца, паломник оставляет Муздалифу и, не спеша, отправляется в Мину, ускоряя шаг в *вади* Мухассир. Автомобилист в этом месте прибавляет скорость.

Бросание камней (*рамй*) в *джамрат аль-‘Акаба*

В долине Мина паломники проводят день праздника жертвоприношения (*‘ид аль-адха* или *курбан-байрам*) и следующие за ним три дня *ташрика*. В каждый из этих дней они бросают камни в находящиеся здесь столбы-*джамарат*, которые после реконструкции 2005 г. представляют собой массивные стены белого цвета, огороженные невысокой круглой стенкой. Они расположены в западной части долины; ближняя к Мекке носит название *джамрат аль-‘Акаба* (или *аль джамрат аль-кубра*, т. е. «большая»), далее в направлении Мины находится *аль-джамрат аль-вуста* («средняя») и, наконец, *аль-джамрат ас-сугра* («малая»).

По преданию, столбы установлены в тех местах, где некогда пророк Ибрахим трижды побивал камнями представавшего перед ним Шайтана. Это событие воспроизводит ритуал *рамй («бросание»)*, совершаемый паломниками в завершение *хаджа*. Они бросают камни в столбы, символизирующие Шайтана, выказывая таким способом свое презрение этому «явному врагу» людей, который сбивает их с истинного пути.

Камни из долины Муздалифа

В день своего приезда в Мину (10-е *зу-ль-хиджжа*) паломник впервые бросает камни в *джамрат аль-'Акаба*. Согласно *мазхабу имама* Абу Ханифы, он делает это в период времени между восходом и закатом солнца. Нежелательно (*макрух*) выполнять обряд ранее положенного времени, т. е. до зари или позднее, ночью. По шафи'итскому *мазхабу*, паломник может начать бросать камни после полуночи 10-го *зу-ль-хиджжа*, однако желательно (*сунна*), чтобы он дождался восхода.

Описание этого обряда мы приводим ниже:

1. Паломник начинает бросать камни после восхода солнца. Желательно (*сунна*), чтобы в это время он пребывал в состоянии ритуальной чистоты, однако это условие не является обязательным. Подойдя к *джамрат аль-'Акаба*, паломник по примеру Пророка ﷺ (*сунна*) становится так, чтобы Мекка находилась по левую сторону от него, а Мина — по праву.
2. Прежде чем бросить первый камень, он прекращает читать *тальбийу*. Вместо этого каждый свой бросок он предваряет произнесением *такбира*.
3. Повернувшись лицом в сторону *киблы*, паломник высоко поднимает правую руку (*сунна* для мужчин) и поочередно кидает в столб семь камней. По шафи'итскому *мазхабу*, это должны быть именно камни; в противном случае *рамй* будет считаться недействительным. Ханафитский *махзаб* разрешает использовать взамен камней комки глины или горсти земли. Запрещено кидать в столб

Мешочек для камней

предметы из дерева и металла, драгоценные камни, куски кирпича и бетона, обувь. Камни должны быть размером с боб (больше горошины, но меньше ореха лещины). Они не могут быть испачканы экскрементами, гноем, кровью и другими веществами, рассматриваемыми *шари‘атом* как нечистые (*наджаса*). Использование загрязненных этими веществами камней дозволяется, однако считается нежелательным (*макрух*), а потому их лучше вымыть водой. Паломник собирает камни в Муздалифе (что наиболее предпочтительно — *сунна*), *вади* Мухассир или в самой Мине. Не следует (*макрух*) делать это в нечистых местах (к примеру, около уборных) и у столбов-*джамарат,* где скапливаются камни, уже использованные другими паломниками.

4. Каждый из брошенных камней должен попасть в столб или в пространство вокруг него, огороженное невысокой круглой стенкой. В противном случае бросок не будет засчитан, и его придется повторить заново. Он будет также признан недействительным, если камень, попав в стенку, срикошетит от нее в столб или, как это иногда бывает, отлетит от столба за пределы лежащего вокруг него круга. Прежде чем метнуть камень, паломник должен прицелиться, поскольку бросок, сделанный не в направлении столба, также не будет засчитан. И наконец, паломник должен именно бросить камень, а не просто положить его в окружающую столб бетонную чашу.
5. Паломник бросает камни 7 раз. Нежелательно, чтобы он делал между бросками паузы для разговоров и других посторонних занятий. Если при выполнении обряда у него возникнут сомнения относительно числа брошенных камней, он продолжает счет с меньшей цифры, в которой уверен.

Эстакада у столбов-джамарат

У аль-джамрат аль-вуста

6. Камни бросают по очереди, а не все разом, поскольку в этом случае *рамй* будет признан недействительным.
7. Беременные женщины, престарелые и инвалиды могут поручить выполнить обряд другому паломнику. Последний должен сначала совершить его за себя и лишь затем — за одного или нескольких поручителей.

Молитва паломников в долине Мина

Жертвоприношение

После *джамрат аль-'Акаба* паломник режет животное в память о жертвоприношении Ибрахима. Наиболее значительной жертвой считается верблюд, далее в порядке убывания: корова, овца и коза. Животное должно достичь установленного возраста (5 лет для верблюдов, 2 года — для коров, год — для овец и коз) и не иметь явных пороков вроде хромоты, слепоты, худобы и т. д.

По преданию, Аллах, желая испытать Ибрахима, приказал ему принести в жертву первенца Исма'ила. Пророк покорно согласился исполнить Его волю: он привел сына в долину Мина, где приготовился совершить жертвоприношение. Удостоверившись в его преданности, Аллах остановил Ибрахима, повелев принести в жертву вместо сына — барана.

Жертвоприношения паломников делятся на:

1. Обязательные, устанавливаемые *шари'атом* в случае, если они: 1) выполняют *хадж* по методу *таматту'* или *киран*, поскольку в Коране сказано: **«Когда вы будете находиться в безопасности и кто-нибудь захочет после *'умры* совершить *хадж*, пусть принесет в жертву из скота, что может»** (2:196); 2) нарушают один из запретов *ихрама* (к примеру, обривают голову или надевают сшитую одежду); 3) пропускают необходимый (*ваджиб*) обряд *хаджа* (бросание камней в столбы-*джамарат*, ночевка в Муздалифе и др.).
2. Совершаемые по обету (*назр*).
3. Добровольные, выполняемые ими по собственному желанию единственно для того, чтобы снискать довольство Аллаха. Этот вид жертвоприношений допускается при *хадже-ифрад*, не требующем обязательного заклания жертвы.

Скотобойня в Мине

Животных режут в день жертвоприношения 10-го *зу-ль-хиджжа* (*сунна*) и в следующие за ним дни *ташрика*. Согласно шафи‘итскому *мазхабу*, паломник может совершить этот обряд и в более позднее время, до своего отъезда из Мекки, однако *мазхаб* Абу Ханифы этого не дозволяет. Жертвоприношения, определенные за невыполнение необходимого обряда *хаджа* или нарушение запрета *ихрама,* не имеют конкретных сроков, а потому их можно выполнить в любое время. Главное, чтобы они (как и все остальные) были совершены на священной территории Мекки (*харам*). Желательно (*сунна*), чтобы это произошло в Мине.

Паломник режет жертвенное животное самостоятельно или поручает это дело другому человеку. При заклании животное поворачивают в сторону *киблы* и произносят:

بِسْمِ اللهِ، اللهُ أَكْبَرُ، اللّٰهُمَّ هٰذَا مِنْكَ وَلَكَ

Би-сми-лляҳ! Аллāҳу акбар! Аллāҳумма, ҳā̱зā минка ва-ляк!
Во имя Аллаха! Аллах Велик! О Аллах, это от Тебя и Тебе.

Мясо животных, принесенных в качестве обязательной жертвы (к примеру, по обету, за нарушение запретов *ихрама* и невыполнение необходимого обряда *хаджа*), положено целиком отдавать бедным. Добровольные приношения паломников, совершающих *хадж-ифрад*, делят на три части: одну из них ест сам паломник, его спутники и члены семьи; вторую он преподносит в дар кому пожелает; третью жертвует неимущим. И наконец, в отношении животных, которых режут паломники, исполняющие *хадж-киран* и *хадж-таматту‘*, бытует два противоположных мнения: ученые-ханафиты разрешают есть их мясо, шафи‘иты, напротив, велят раздать его беднякам. Если эти паломники не имеют возможности совершить жертвоприношение (к примеру, из-за нехватки средств), Коран предписывает им соблюдать пост в продолжение 10 дней, из них 3 дня в период *хаджа* и 7 — по возвращении домой: **«Тот же, кто не найдет скота, должен поститься три дня во время *хаджа* и семь, когда вернется домой, всего десять дней»** (2:196). Можно начать поститься и после прибытия на родину: сначала 3 дня, затем, по истечении некоторого времени (равного количеству дней, проведенных в пути), — еще 7.

Жертвенные бараны

Совершив жертвоприношение, паломник по примеру Пророка ﷺ сбривает или укорачивает волосы. Первое более предпочтительно для мужчин, второе — для женщин, которые обрезают волосы на длину фаланги пальца (1–2 см). Лысым бывает

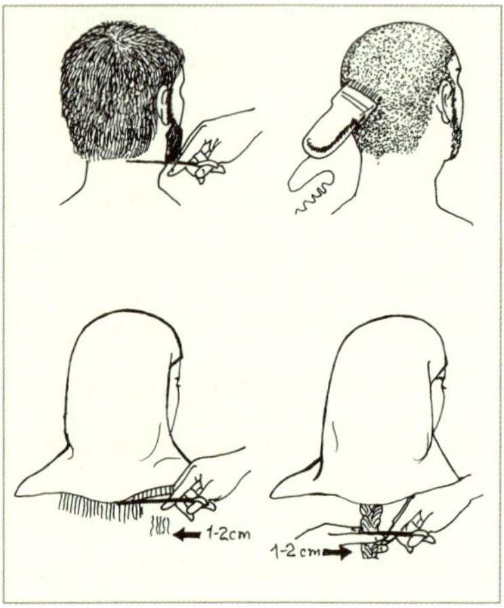

достаточно несколько раз провести по голове бритвой. Согласно ханафитскому *мазхабу*, обривая голову, паломник не трогает усов и бороды. Шафи‘иты, напротив, рекомендуют укоротить и их.

Обязательность этого обряда подтверждается Кораном и *сунной* Пророка ﷺ, а потому ханафитский *мазхаб* определяет его как *ваджиб,* невыполнение которого не нарушает *хаджа*, однако требует от паломника принесения искупительной жертвы. Шафи‘иты включают его в число *рукнов хаджа*, без которого он не будет признан действительным.

После бросания камней и стрижки волос паломник частично выходит из состояния *ихрама* (первый или малый *тахаллюль*). Он освобождается от прежних запретов, за исключением самого сурового из них, касающегося половых отношений с женщинами. Пророк ﷺ сказал: *«После того как вы бросите камни в джамрат аль-‘Акаба, вам будет дозволено все, кроме женщин»* (ан-Наса’и), имея в виду совокупление с ними, объятия и поцелуи. Окончательно из состояния *ихрама* (второй или большой *тахаллюль*) паломник выходит после обхода Каабы, который называют *таваф аль-ифада* («обход, выполняемый после отъезда из Мины») или *таваф аз-зийара* («обход посещения»).

Таваф аль-ифада

Таваф аль-ифада является обязательным (*рукн*) элементом *хаджа*, без которого он не будет считаться действительным. Этот обряд упоминается в следующем *аяте* Корана, в котором Аллах велит паломникам: **«Пусть потом они очистятся от грязи, сполна выполнят свои обеты и обойдут вокруг древнего Дома»** (22:29). Он выполняется по тем же правилам, что и *таваф аль-кудум*, известный нам по одной из предыдущих глав. Не желая повторяться, ограничимся двумя важными дополнениями, относящимися непосредственно к *тавафу аль-ифада:*

1. Паломники, следуя примеру Пророка ﷺ, совершают обход в день жертвоприношения 10-го *зу-ль-хиджжа*. Впрочем, его можно

Паломники, совершающие обход

выполнить и в следующие три дня *ташрика* (таково мнение шафи‘итских законоведов); ханафиты ограничивают паломника днями 11-го и 12-го *зу-ль-хиджжа*. Расходятся они и в вопросе о времени начала совершения обряда: первые из них разрешают приступить к нему после наступления полуночи, вторые — несколько позднее, с началом восхода солнца. Конечных сроков для *тавафа* эти *мазхабы* не устанавливают, а потому паломник может отложить его на достаточно долгий срок, что, однако, считается нежелательным и, в случае с ханафитским *мазхабом*, требует искупления. Все это время паломник будет пребывать в состоянии *ихрама*, а потому не сможет иметь интимных отношений с женой.

Нижний этаж галереи мас‘а

2. Перед началом обряда паломник-ханафит объявляет о своем намерении (*нийа*) исполнить *таваф*, не поясняя, впрочем, какой именно. К примеру, он может сказать следующее: «Я намереваюсь совершить обход Каабы во имя Всевышнего Аллаха. Аллах Велик! (*Аллах акбар!*)». Последователи шафи‘итского *мазхаба* приступают к *тавафу*, не предваряя его произнесением формулы намерения.

Закончив обход, паломник молится позади *макама Ибрахим* или в любой другой части Заповедной мечети, пьет воду из источника *Замзам* и, по необходимости, пробегает между холмами ас-Сафа и аль-Марва. Как мы указали выше, последний обряд выполняется в рамках *хаджа* только один раз, после первого обхода Каабы (*таваф аль-кудум*) или позднее, после *тавафа аль-ифада*.

Согласно *сунне* Пророка ﷺ, главные обряды завершающего дня паломничества полагается исполнять в следующей последовательности: сначала бросить камни, затем зарезать жертвенное животное, сбрить или укоротить волосы и, наконец, обойти Каабу. При нарушении данной последовательности *хадж* паломника признается состоявшимся, однако ханафитский *мазхаб* обязывает его принести искупительную жертву.

После того как паломник выполнит все необходимые обряды и совершит обеденную молитву (*зухр*) в Заповедной мечети, он возвращается в Мину, где располагается на ночлег.

Ночевка в Мине (*мабит*)

Паломник проводит в Мине три ночи — 11-го, 12-го и 13-го *зу-ль-хиджжа*. В этом он следует примеру Пророка Мухаммада ﷺ, который ночевал в этом месте во время своего «прощального паломничества». Ханафитский *мазхаб* рассматривает данное действие как *сунну*, а потому не налагает никакого наказания на паломника, находившегося в это

Лагерь паломников в Мине

время за пределами Мины. В противоположность ему шафи‘итский *маз-хаб* считает ночевку здесь обязательной (*ваджиб)* для всех паломников, за исключением тех, кто пропускает ее по уважительной причине. К их числу относятся, к примеру, пастухи, чей скот пасется за пределами Мины; должностные лица, ответственные за снабжение паломников водой; больные, у которых ухудшилось состояние здоровья; люди, опасающиеся за сохранность своего оставленного без присмотра имущества и др. Все остальные проводят здесь большую часть ночи 11-го и 12-го *зу-ль-хиджжа*; в противном случае им следует принести искупительную жертву.

Если паломник спешит вернуться домой, он может не оставаться в Мине на третью ночь и покинуть ее днем ранее, 12-го *зу-ль-хиджжа.* Сказано в Коране: **«Поминайте Аллаха в установленные дни. А если кто торопится и завершает обряд в два дня, то нет греха на нем»** (2:203). Паломник должен уехать отсюда до того, как сядет солнце, иначе ему придется пробыть в Мине еще одну ночь, на следующий день бросить камни и покинуть это место вместе с остальными.

Бросание камней (*рамй*) в столбы-*джамарат*

В продолжение трех дней своего пребывания в Мине паломник ежедневно бросает камни в столбы-*джамарат* (*рамй*). Согласно заключению законоведов всех существующих *мазхабов* (включая ханафитский и шафиитский), *рамй* относится к числу необходимых (*ваджиб*) обрядов *хаджа*. Невыполнение его один и более раз не нарушает *хадж*, однако требует принесения искупительной жертвы.

Время проведения этого обряда (как и обеденной молитвы) наступает вскоре после полудня, когда солнце, миновав зенит, начинает клониться к закату. Оно продолжается до заката; впрочем, *рамй* можно выполнить и ночью, до того как забрезжит заря. Бросание камней позднее этого времени (т. е. до наступления полудня) делает обряд недействительным, вследствие чего паломник должен принести искупительную жертву. Исключение составляет последний день *ташрика*, когда, по заключению ученых-ханафитов, можно начать бросать камни с самого утра, однако их коллеги-шафи‘иты не разделяют этой точки зрения.

Паломник начинает обряд у *аль-джамрат ас-сугра*, затем переходит к *аль-джамрат аль-вуста* и от него — к *джамрат аль-‘Акаба*. При нарушении данной последовательности паломник бросает камни заново, что считается обязательным (*ваджиб*) для шафи‘итов и желательным (*сунна*) — для ханафитов.

В каждый из столбов бросают по семь камней. Несложно подсчитать, что за три дня *ташрика* их количество достигает 63 ($3\times7\times3$); если добавить сюда камни, брошенные ранее в *джамрат аль-‘Акаба*, получится, что каждый паломник бросает в Мине ровно 70 камней.

Порядок выполнения обряда выглядит следующим образом:

1. С наступлением времени обеденной молитвы паломник направляется к *аль-джамрат ас-сугра*, что находится у мечети *аль-Хайф*. Он

Паломники, следующие к месту бросания камней

бросает в столб семь камней (о том, как это следует делать, мы подробно рассказывали в главе «Бросание камней в *джамрат аль-'Акаба*»), после чего отходит в сторону и, повернувшись в сторону *киблы*, обращается к Аллаху с мольбой, которую, как принято считать, Он обязательно услышит.

2. Перемещается на 200 м — к *аль-джамрат аль-вуста*, где повторяет все, что делал у первого столба.
3. Направляется к *джамрат аль-'Акаба*, что находится в 247 м от предыдущего столба. Здесь он поочередно бросает семь камней, после чего, не задерживаясь для молитвы, направляется к выходу.

По шафи'итскому *мазхабу*, желательно (*сунна*), чтобы паломник, пока он находится в Мине, ежедневно совершал омовение всего тела (*гусль*). Лучше, если он будет бросать камни до совершения обеденной молитвы.

Прощальный обход Каабы (*таваф аль-вада'*)

13-го *зу-ль-хиджжа* паломник покидает Мину и направляется в Мекку, где проводит оставшиеся дни до своего отъезда домой. В это время он может один или несколько раз совершить *'умру*, что дозволяется *шари'атом*. Перед тем как оставить город, паломник выполняет последний обход Каабы, называемый *таваф аль-вада'* («прощальный обход») или *таваф ас-садр* («обход перед отъездом на родину»). Он обязателен (*ваджиб*) для всех паломников, а потому невыполнение его требует принесения искупительной жертвы. Исключение делается лишь для женщин с менструальными или послеродовыми кровотечениями, которые могут покинуть Мекку, не обойдя предварительно Каабу. В отличие от остальных паломников, они не несут за это никого наказания.

Правила выполнения этого обряда мало чем отличаются от тех, которым следуют, совершая другие обходы Каабы — *таваф аль-кудум* и *таваф аль-ифада*. Читатель может ознакомиться с ними в одной из предыдущих глав; возвращаться к ним еще раз нет необходимости, а потому поговорим об особенностях, присущих именно *тавафу аль-вада*‘.

1. Приступая к обряду, паломник обязательно вслух или про себя произносит установленную формулу намерения: «Я намереваюсь исполнить обязательный прощальный обход Каабы во имя Аллаха. Аллах Велик! (*Аллах акбар!*)». Впрочем, по ханафитскому *мазхабу* можно ограничиться и более краткой фразой, не содержащей указания на вид совершаемого *тавафа*: «Я намереваюсь совершить обход Каабы во имя Всевышнего Аллаха. Аллах Велик! (*Аллах акбар!*)».
2. Во время обхода не оголяют правого плеча, как полагается делать в двух других случаях.
3. Первые три круга вокруг Каабы проходят в привычном темпе, не ускоряя шаг.

Закончив обход, паломник совершает дополнительную молитву из двух *рак‘атов* позади *макама Ибрахим* или в любом другом месте Заповедной мечети. По окончании ее он направляется к Каабе для того, чтобы помолиться у *аль-мультазама*. Так называют часть стены Заповедного Дома, что лежит между его дверью и Черным камнем. Считается, что мольба, произнесенная около нее, будет обязательно услышана Аллахом. Подойдя к *аль-мультазаму*, паломник становится так, чтобы справа от него находилась дверь, а слева — Черный камень. Подняв руки и прижавшись к стене всем телом, он взывает к Аллаху, прося Его о благе в этой и следующей жизни. Далее паломник пьет воду из

источника *Замзам* и, если представится такая возможность, касается Черного камня. Покидая мечеть, он идет как обычно, не пятясь. Женщины в период менструации могут вместо прощального обхода прийти к воротам Заповедной мечети и оттуда обратиться с мольбами к Аллаху.

На этом паломничество считается завершенным. Паломники едут в Медину, для того чтобы посетить мечеть Пророка ﷺ и его могилу, или же сразу направляются домой. Скорое возвращение на родину по окончании паломничества является *сунной* Посланника Аллаха ﷺ, который сказал: «*Путешествие является в некоторой степени наказанием. Оно мешает человеку есть и пить. Тот, кто достиг своей желанной цели, должен поскорее вернуться к семье*» (аль-Бухари и Муслим). Уезжая из Мекки, паломники везут на родину сувениры и подарки для своих родных и знакомых. Многие из них берут на память горсть священной земли Мекки или камни из долины Муздалифа, не подозревая, что это категорически запрещено по *шари'ату*. Что касается воды *Замзама*, то паломник может увозить ее в любом количестве, что, кстати, считается *сунной*, поскольку именно так поступал в прошлом Пророк ﷺ, его жены и сподвижники.

Особенности *хаджа* женщины

Хадж — обязанность каждого мусульманина, мужчины и женщины. Они выполняют его по одинаковым правилам, однако *хадж* женщины имеет ряд особенностей, некоторые из которых мы упоминали выше. К примеру, она совершает паломничество в своей обычной одежде, а не в *ихраме*; покрывает голову, что категорически запрещено мужчине, раньше остальных паломников уезжает из Муздалифы и т. д.

В настоящей главе мы будем говорить об особенностях совершения *хаджа* женщиной в период послеродовых или менструальных кровотечений. Согласно *шари'ату*, в это время она может выполнять все ритуалы большого паломничества, за исключением обхода Каабы. Впрочем, данный запрет не ограничивает ее в действиях; следуя определенным правилам, она вовремя выполняет необходимые обряды и благополучно завершает паломничество.

Женщина, у которой начались месячные до вступления в *ихрам*, объявляет о своем намерении совершить *хадж*, после чего отправляет все установленные обряды, за исключением обязательного (*рукн*) *тавафа аль-ифада*, который она откладывает до того времени, когда очистится. Первый обход Каабы, совершаемый по прибытии в Мекку (*таваф аль-кудум*), она пропускает. Если помните, он не является обязательным, а потому паломница в дальнейшем его не возмещает.

Если женщина, совершающая паломничество по методу *таматту'* (т. е. вначале *'умру*, а затем — *хадж*), начнет менструировать до того как выполнит обязательный (*рукн*) для *'умры таваф*, ей следует отказаться от своего первоначального намерения и выполнять *хадж-киран*. Последний предполагает одновременное совершение *хаджа* и *'умры*, что позволит ей, не теряя драгоценного времени, сразу приступить к выполнению большого паломничества. Первым делом она принимает намерение исполнить *хадж* дополнительно к *'умре*, о которой объявила ранее, при вступлении в *ихрам*. 8-го *зу-ль-хиджжа* паломница покидает Мекку; следующий день она проводит в долине 'Арафат, после чего выезжает в Мину. 10-го *зу-ль-хиджжа* она бросает здесь камни, укорачивает волосы, приносит жертву и, если к этому времени кровотечение прекратится, совершает один общий для *'умры* и *хаджа* обход Каабы (*таваф аль-ифада*) и *са'й*. В противном случае женщина откладывает обход до окончания срока менструации; никаких искупительных действий за свое опоздание она не выполняет.

Паломница, у которой месячные начались после того, как она посетила 'Арафат и обошла Каабу (*таваф аль-ифада*), может покинуть город, не выполнив прощального обхода (*таваф аль-вада'*). Как мы упоминали выше, он является обязательным для всех паломников, за исключением женщин с менструальными и послеродовыми кровотечениями, которые не возмещают его пропуск искупительной жертвой.

ДУ‘А И ЗИКРЫ

Во время путешествия:

بِسْمِ اللهِ، الْحَمْدُ للهِ، اللهُ أَكْبَرُ، اللهُ أَكْبَرُ، اللهُ أَكْبَرُ

﴿سُبۡحَـٰنَ ٱلَّذِى سَخَّرَ لَنَا هَـٰذَا وَمَا كُنَّا لَهُۥ مُقۡرِنِينَ ۝ وَإِنَّآ إِلَىٰ

رَبِّنَا لَمُنقَلِبُونَ ۝﴾

Би-сми-лля̄ḥ, аль-ḥамду ли-лля̄ḥ, Алла̄ḥу акбар, Алла̄ḥу акбар,
Алла̄ḥу акбар.
Субḥа̄на-лляз̱ӣ саххара ляна̄ ḥа̄з̱а̄ ва-ма̄ кунна̄ ляḥӯ муḳринӣн
ва-инна̄ иля̄ раббина̄ ля-мунḳалибӯн.

Во имя Аллаха. Хвала Аллаху! Аллах Велик! Аллах Велик! Аллах Велик! Слава Тому, кто подчинил нам это, ведь нам такое не под силу. Поистине, мы к Господу нашему возвращаемся. (43:13,14).

آمين

اللَّهُمَّ إِنَّا نَسْأَلُكَ فِي سَفَرِنَا هٰذَا الْبِرَّ وَالتَّقْوَى وَمِنَ الْعَمَلِ مَا تَرْضَى

اللَّهُمَّ هَوِّنْ عَلَيْنَا سَفَرَنَا هٰذَا وَاطْوِ عَنَّا بُعْدَهُ اللَّهُمَّ أَنْتَ الصَّاحِبُ فِي

السَّفَرِ وَالْخَلِيفَةُ فِي الأَهْلِ اللَّهُمَّ إِنِّي أَعُوذُ بِكَ مِنْ عَثَاءِ السَّفَرِ وَكَآبَةِ

الْمَنْظَرِ وَسُوءِ الْمُنْقَلَبِ فِي الْمَالِ وَالأَهْلِ

Алла̄ḥумма, инна̄ нас’алюка фӣ сафарина̄ ḥа̄з̱а-ль-бирра ва-т-таḳва̄, ва-мина-ль-‘амали ма̄ тарда̄, Алла̄ḥумма, ḥаввин ‘аляйна̄ сафаранā ḥā̱ā, ва-ṭви ‘аннā бу‘даḥ, Аллāḥумма, анта-ṣ-ṣāḥибу фӣ-с-сафари ва-ль-ẖалӣфату фи-ль-аḥль. Аллāḥумма, иннӣ а‘ӯ̱зу бика мин ‘аса̱ʼи-с-сафар, ва-каʼāбати-ль-манẓар, ва-сӯʼи-ль-мунḳаляби фи-ль-мāли ва-ль-аḥль.

О Аллах, поистине, мы просим Тебя о благочестии и богобоязненности в этом нашем путешествии, а также о совершении тех дел, которыми Ты останешься доволен. О Аллах, облегчи нам это наше путешествие и сократи для нас его дальность. О Аллах, Ты будешь спутником в этом путешествии и Ты останешься с семьей. О Аллах, поистине, я прибегаю к Тебе от трудностей пути, от уныния, в которое я могу впасть от того, что увижу, и от неприятностей, касающихся имущества и семьи.

آمين

Тальбийа:

لَبَّيْكَ اللَّهُمَّ لَبَّيْكَ

لَبَّيْكَ لَا شَرِيكَ لَكَ لَبَّيْكَ

إِنَّ الْحَمْدَ وَالنِّعْمَةَ لَكَ وَالْمُلْكَ

لَا شَرِيكَ لَكَ

Ляббайка-ллāḥумма ляббайк!
Ляббайка лā шарӣка ляка, ляббайк!

Инна-ль-ḥамда ва-н-ни‘мата ляка ва-ль-мульк!
Лā шарӣка ляк!

Вот я пред Тобой, о Аллах! Вот я пред Тобой! Вот я пред Тобой! Нет у Тебя сотоварища! Хвала Тебе, милость и власть принадлежат Тебе! Нет у Тебя сотоварища!

При входе в мечеть:

أَعُوذُ بِاللهِ الْعَظِيمِ وَبِوَجْهِهِ الْكَرِيمِ وَسُلْطَانِهِ الْقَدِيمِ مِنَ الشَّيْطَانِ

الرَّجِيمِ، بِسْمِ اللهِ وَالصَّلَاةُ وَالسَّلَامُ عَلَى رَسُولِ اللهِ، اللّٰهُمَّ افْتَحْ لِي

أَبْوَابَ رَحْمَتِكَ

А‘ӯз̱у би-лля̄х̣и-ль-‘аз̣ӣм, ва-би-ваджх̣их̣и-ль-карӣм, ва-сульт̣а̄них̣и-ль-к̣адӣм, мина-ш-шайт̣а̄ни-р-раджӣм, би-сми-лля̄х̣, ва-с̣-с̣аля̄ту ва-с-саля̄му ‘аля̄ расӯли-лля̄х̣. Алла̄х̣умма-фтах̣ лӣ абва̄ба рах̣матика!

Прибегаю к Аллаху Великому, к Его благородному лику, Его извечной власти, ища защиты от проклятого Шайтана! Во имя Аллаха! Благословение и мир Посланнику Аллаха! О Аллах! Открой мне врата Своей милости!

آمين

При виде Каабы:

اللّٰهُمَّ أَنْتَ السَّلَامُ وَمِنْكَ السَّلَامُ فَحَيِّنَا رَبَّنَا بِالسَّلَامِ

اللّٰهُمَّ زِدْ هٰذَا الْبَيْتَ تَشْرِيفًا وَتَكْرِيمًا وَتَعْظِيمًا وَمَهَابَةً وَبِرًّا وَزِدْ يَا رَبِّ

مَنْ شَرَّفَهُ وَكَرَّمَهُ وَعَظَّمَهُ مِمَّنْ حَجَّهُ وَاعْتَمَرَهُ تَشْرِيفًا وَتَكْرِيمًا وَمَهَابَةً

وَرِفْعَةً وَبِرًّا

Алла̄х̣умма, анта-с-саля̄м, ва-минка-с-саля̄м, фа-х̣аййина̄ раббана̄ би-с-саля̄м. Алла̄х̣умма, зид х̣а̄з̱а-ль-байта ташрӣфан ва-такрӣман ва-та‘з̣ӣман ва-мах̣а̄батан ва-бирран ва-зид йа̄ рабби ман шаррафах̣у ва-каррамах̣у ва-‘аз̣з̣амах̣, мимман х̣аджжах̣ӯ ва-‘тамарах̣, ташрӣфан ва-такрӣман ва-мах̣а̄батан ва-риф‘атан ва-бирран.

О Аллах! Ты — мир и от Тебя исходит мир! Так приветствуй, наш Господь, нас миром! О Аллах! Пусть этому Дому будет оказана еще большая честь, уважение, почет! Сделай так, мой Господь, чтобы тем, кто совершил к нему хадж и ‘умру, восхваляя и возвеличивая его, оказали еще большую честь, уважение и почет!

آمين

Во время обхода вокруг Каабы, между ее йеменским углом и углом Черного камня:

﴿رَبَّنَآ ءَاتِنَا فِى ٱلدُّنْيَا حَسَنَةً وَفِى ٱلْـَٔاخِرَةِ حَسَنَةً وَقِنَا عَذَابَ ٱلنَّارِ﴾

Раббана̄, а̄тина̄ фи-д-дунйа̄ х̣асанатав-ва-фи-ль-а̄х̮ырати х̣асанатав-ва-к̣ына̄ ‘аз̱а̄ба-н-на̄р.

Господь наш! Даруй нам в мире этом добро и в мире вечном добро и защити нас от мук ада! (2: 200).

آمين

Позади *макама Ибрахим:*

﴿وَٱتَّخِذُوا۟ مِن مَّقَامِ إِبْرَٰهِـۧمَ مُصَلًّى ۖ وَعَهِدْنَآ إِلَىٰٓ إِبْرَٰهِـۧمَ وَإِسْمَـٰعِيلَ أَن طَهِّرَا بَيْتِىَ لِلطَّآئِفِينَ وَٱلْعَـٰكِفِينَ وَٱلرُّكَّعِ ٱلسُّجُودِ﴾

Ва-ттах̮ыз̱ӯ мим-мак̣а̄ми Ибра̄х̣ӣма мус̣алля̄, ва-‘ах̣идна̄ иля̄ Ибра̄х̣ӣма ва-Исма̄‘ӣля ан т̣аххира̄ байтийа ли-т̣-т̣а̄’ифӣна валь-‘а̄кифӣна ва-р-рукка‘и-с-суджӯд.

...Сделайте же макам Ибрахим местом совершения молитвы. Повелели Мы Ибрахиму и Исмаилу: «Содержите в чистоте Дом Мой для совершающих обход вокруг него, для уединяющихся, преклоняющихся и падающих ниц». (2:125)

Когда пьют воду из источника *Замзам*:

اللَّهُمَّ إِنِّي أَسْأَلُكَ عِلْمًا نَافِعًا وَرِزْقًا وَاسِعًا وَشِفَاءً مِنْ كُلِّ دَاءٍ

Аллāḥумма, иннӣ ас’алюка ‘ильман нāфи‘ан ва-ризқан вāси‘ан ва-шифā’ан мин кулли дā’.

О Аллах, я прошу у Тебя полезного знания, обширного удела и исцеления от всех недугов.

آمين

В завершение произносят

الْحَمْدُ لله

Аль-ḥамду ли-ллях̄!

Хвала Аллаху!

آمين

На выходе из Заповедной мечети:

اللَّهُمَّ إِنِّيْ أَسْأَلُكَ مِنْ فَضْلِكَ

Аллāḥумма, иннӣ ас’алюка мин фаḍлика.
О Аллах, я прошу твоей милости.

آمين

На холме ас-Сафа

У холма ас-Сафа читают:

﴿ إِنَّ ٱلصَّفَا وَٱلْمَرْوَةَ مِن شَعَآئِرِ ٱللَّهِ ﴾

Инна-ṣ-ṣафā ва-ль-марвата мин ша‘ā’ири-ллях̄.

Поистине, ас-Сафа и аль-Марва — из числа знаков Аллаха. (2:158)

آمين

И далее:

أَبْدَأُ بِمَا بَدَأَ اللهُ بِهِ

Абда’у бимā бада’а-ллāḥу биḥ.
Я начинаю с того, с чего начал Аллах.

Поднявшись на холм ас-Сафа, произносят трижды следующую *ду‘а:*

لاَ إِلٰهَ إِلَّا اللهُ وَحْدَهُ لاَ شَرِيكَ لَهُ لَهُ المُلْكُ وَ لَهُ الْحَمْدُ وَ هُوَ عَلَى كُلِّ شَيْءٍ قَدِيرٌ، لاَ إِلٰهَ إِلَّا اللهُ وَحْدَهُ، أَنْجَزَ وَعْدَهُ، وَنَصَرَ عَبْدَهُ، وَهَزَمَ الأَحْزَابَ وَحْدَهُ

Ля̄ иля̄ха илля-лла̄ху ваҳдаху ля̄ шарӣка ляҳ, ляху-ль-мульку ва ляху-ль-ҳамд, ва хува ‘аля̄ кулли шай’ин қадӣр, ля̄ иля̄ха илля–лля̄ху ваҳдаҳ, анджаза ва‘даҳ, ва-наṣара ‘абдаҳ, ва-ҳазама-ль-аҳза̄ба ваҳдаҳ (повторяется трижды).

Нет бога, кроме одного лишь Аллаха, у которого нет сотоварища, Ему принадлежит владычество, Ему хвала, Он все может! Нет бога, кроме одного лишь Аллаха, который выполнил Свое обещание, помог Своему рабу и Один разбил союз племен! (повторяется трижды)

آمين

В день ритуального предстояния 9-го *зу-ль-хиджжа* в долине ‘Арафат:

لاَ إِلٰهَ إِلَّا اللهُ وَحْدَهُ لاَ شَرِيكَ لَهُ لَهُ الْـمُلْكُ وَ لَهُ الْحَمْدُ وَ هُوَ عَلَى كُلِّ شَيْءٍ قَدِيرٌ

Ля̄ иля̄ха илля-лла̄ху ваҳдаху ля̄ шарӣка ляҳ, ляху-ль-мульку ва ляху-ль-ҳамд ва хува ‘аля̄ кулли шай’ин қадӣр.

Нет бога, кроме одного лишь Аллаха, у которого нет сотоварища, Ему принадлежит владычество, Ему хвала, и Он над всякой вещью мощен.

آمين

В дни *ташрика:*

В эти три дня следует как можно чаще произносить *такбир*, так, как это делал, к примеру, сподвижник Пророка ﷺ Ибн Мас‘уд:

اللهُ أَكْبَرُ اللهُ أَكْبَرُ لَا إِلٰهَ إِلَّا اللهُ، وَاللهُ أَكْبَرُ، وَلِلّٰهِ الْحَمْدُ

Аллā̄ху акбар, Аллā̄ху акбар, ля̄ иля̄ха илля-ллā̄х, ва-ллā̄ху акбар, ва-ли-лля̄хи-ль-хамд.

Аллах Велик, Аллах Велик! Нет другого божества, кроме Аллаха! Аллах Велик и Ему хвала!

آمين

Подойдя к могиле Пророка, паломники приветствуют его, произнося:

السَّلَامُ عَلَيْكَ يَا رَسُولَ اللهِ السَّلَامُ عَلَيْكَ وَرَحْمَةُ اللهِ وَبَرَكَاتُهُ

Ас-саля̄му ‘аляйка йā расӯля-ллā̄х. Ас-саля̄му ‘аляйка ва-рахмату-ллā̄хи ва-баракāтух

Мир тебе, Посланник Аллаха, милость Аллаха и Его благословение.

آمين

Другой вариант приветствия Пророку ﷺ:

السَّلامُ عَلَيْكَ يا رَسُولَ اللهِ! السَّلامُ عَلَيْكَ يا خِيرَةَ اللهِ مِنْ خَلْقِهِ! السَّلامُ عَلَيْكَ يَا حَبِيبَ اللهِ! السَّلامُ عَلَيْكَ يا سَيِّدَ الْمُرْسَلِينَ وَخاتَمَ النَّبِيِّينَ! السَّلامُ عَلَيْكَ وَعلى آلِكَ وأَصْحابِكَ وأَهْلِ بَيْتِكَ وَعلى النَّبِيِّينَ وَسائِرِ الصَّالِحِينَ؛ أَشْهَدُ أَنَّكَ بَلَّغْتَ الرِّسالَةَ، وأَدَّيْتَ الأَمانَةَ، وَنَصَحْتَ الأُمَّةَ، فَجَزاكَ اللهُ عَنَّا أَفْضَلَ ما جَزَى رَسُولاً عَنْ أُمَّتِهِ

Ас-саля̄му ‘аляйка йā расӯля-ллā̄х, ас-саля̄му ‘аляйка йā хырата-ллā̄хи мин хальқых, ас-саля̄му ‘аляйка йā хабӣба-ллā̄х, ас-саля̄му ‘аляйка йā саййида-ль-мурсалӣн, ва-хāтама-н-набиййӣн, ас-саля̄му ‘аляйка ва-‘аля̄ āлика ва-асхāбика ва-ахли байтика ва-‘аля-н-набиййӣна ва-сā’ири-с-сāлихӣн. Ашхаду аннака балляг̄та-р-рисāля, ва-аддайта-ль-амāна, ва-насахта-ль-умма, фа-джазāка-ллā̄ху ‘аннā афдаля мā джазā расӯлян ‘ан умматих.

Мир тебе, о Посланник Аллаха, мир тебе, о лучшее творение Аллаха, мир тебе, о любимец Аллаха, мир тебе, о Предводитель посланников и Печать пророков! Мир тебе и твоему семейству, сподвижникам твоим, всем пророкам и праведным рабам Аллаха. Свидетельствую, что ты верно выполнил свою пророческую миссию. Ты передал то, что доверено тебе Аллахом, ты наставлял свою общину, да одарит тебя Аллах великам воздаянием!

آمين

Благословения Пророку ﷺ паломник заканчивает словами:

«О Господь! Сделай моего Пророка ﷺ заступником за меня!

Также паломник может поприветствовать Пророка по поручению другого человека, сказав:

السَّلامُ عَلَيْكَ يَا رَسُولَ اللهِ مِنْ فلان بن فلان

Ас-саля̄му ‘аляйка йа̄ расӯля-лла̄х̧ мин (и далее имя того человека).

Мир тебе, о Посланник Аллаха, от…

آمين

У могилы Абу Бакра:

السَّلامُ عَلَيْكَ يَا أَبَا بَكْرٍ ، السَّلامُ عَلَيْكَ يَا خَلِيفَةَ رَسُولِ اللهِ صَلَّى اللهُ عَلَيْهِ وَسَلَّمَ

Ас-саля̄му ‘аляйка йа̄ Аба̄ Бакр, ас-саля̄му ‘аляйка йа̄ х̮алӣфата расӯли-лля̄х̧и ҫалля̄-лля̄х̧у ‘аляйх̧и ва-саллям

Мир тебе, о Абу Бакр, мир тебе, о заместитель Посланника Аллаха, да благословит его Аллах и да приветствует!

آمين

У могилы ‘Умара паломник приветствует его словами:

السَّلامُ عَلَيْكَ يَا عُمَرَ السَّلامُ عَلَيْكَ يَا أَمِيرَ الْمُؤْمِنِينَ

Ас-саля̄му ‘аляйка йа̄ ‘Умар, ас-саля̄му ‘аляйка йа̄ ’амӣра-ль-му’минӣн

Мир тебе, Умар, мир тебе, повелитель правоверных!

آمين

При посещении кладбища *аль-Баки‘*:

السَّلَامُ عَلَيْكُمْ يَآ أَهْلَ الْقُبُورِ يَغْفِرُ اللهُ لَنَا وَلَكُمْ أَنْتُمْ سَلَفُنَا وَنَحْنُ بِالْأَثَرِ

Ас-саля̄му ‘аляйкум йа̄ аḣля-ль-ḳубӯр, йаḡфиру-лла̄ḣу ляна̄ ва-лякум антум саляфуна̄ ва-наḣну би-ль-аса̱р.

Мир вам, обитатели могил! Да простит Аллах нас и вас! Вы опередили нас, но мы — следом!

آمين

МЕСТА, В КОТОРЫХ ЖЕЛАТЕЛЬНО ОБРАЩАТЬСЯ К АЛЛАХУ СО СВОИМИ МОЛЬБАМИ

Согласно традиции, существуют места, где мольбы, с которыми обращаются к Аллаху, бывают Им обязательно услышаны. Это:

1. Любое место, которое занимает паломник во время обхода Каабы.
2. У *аль-мультазама* (между дверью Каабы и Черным камнем).
3. Внутри Каабы (включая и примыкающий к ней *аль-хиджр*).
4. У источника *Замзам*.
5. На холме ас-Сафа.
6. На холме аль-Марва.
7. Под желобом, по которому стекает вода с крыши Каабы.
8. Любое место, которое занимает паломник, совершающий *са`й* между ас-Сафой и аль-Марвой.
9. За *макамом Ибрахим*.
10. В долине ‘Арафат.
11. В Муздалифе и Мине.
13. У *джамрат аль-‘Акаба* (большого столба).
14. У *аль-джамрат аль-вуста* (среднего столба).
15. У *аль-джамрат ас-сугра* (малого столба) и другие.

Ниже мы приводим некоторые *ду‘а*, которые следует читать паломнику во время его нахождения в священных городах Мекка и Медина. Каждую он должен произносить трижды, проявляя должную настойчивость, покорность и смирение.

سُبْحَانَ اللهِ وَ بِحَمْدِهِ سُبْحَانَ اللهِ الْعَظِيمِ

Субх̣ана-ллах̄ ва би-х̣амдих̣! Субх̣ана-ллах̄и-ль-‘аз̣ым!

Слава Аллаху и хвала, слава Аллаху Великому!

آمين

﴿لَّآ إِلَـٰهَ إِلَّآ أَنتَ سُبْحَـٰنَكَ إِنِّى كُنتُ مِنَ ٱلظَّـٰلِمِينَ﴾

Ля̄ иля̄х̣а илля̄ анта субх̣а̄нака иннӣ кунту мина-з̣-з̣а̄лимӣн

Нет бога, кроме Тебя, Тебе, поистине, я был грешен.

آمين

لَا إِلَهَ إِلَّا اللهُ ، وَلَا نَعْبُدُ إِلَّا إِيَّاه ، لَهُ النِّعْمَةُ وَلَهُ الْفَضْلُ وَلَهُ الثَّنَاءُ

الْحَسَن ، لَا إِلَهَ إِلَّا اللهُ مُخْلِصِينَ لَهُ الدِّينَ وَلَوْ كَرِهَ الْكَافِرُون

Ля̄ иля̄х̣а илля-лла̄х̣, ва-ля̄ на‘буду илля̄ иййа̄х̣, ляху-н-ни‘мату ва-ляху-ль-фадль, ва-ляху-с̱-с̱ана̄’у-ль-х̣асан, ля̄ иля̄х̣а илля-лла̄х̣, мух̮лис̣ы̄на ляху-д-дӣна ва-ляу карих̣а-ль-ка̄фирӯн

Нет бога, кроме Аллаха, и мы поклоняемся только Ему. Он оказывает благодеяния и милости, ему добрая похвала. Нет бога, кроме Аллаха! Мы искренне преданы Ему в вере, хотя это и ненавистно неверным.

آمين

﴿رَبَّنَآ ءَاتِنَا فِى ٱلدُّنْيَا حَسَنَةً وَفِى ٱلْأَاخِرَةِ حَسَنَةً وَقِنَا عَذَابَ ٱلنَّارِ﴾

Раббана̄, а̄тина̄ фи-д-дунйа̄ ḥасанатав-ва-фи-ль-а̄х̮ырати ḥасанатав-ва-ḳына̄ ‘аз̱а̄ба-н-на̄р.

Господь наш! Даруй нам в мире этом добро и в мире вечном добро и защити нас от мук ада! (2:201).

آمين

اللّٰهُمَّ أَصْلِحْ لِي دِينِي الَّذِي هُوَ عِصْمَةُ أَمْرِي وَأَصْلِحْ لِي دُنْيَايَ الَّتِي فِيهَا مَعَاشِي وَأَصْلِحْ لِي آخِرَتِي الَّتِي فِيهَا مَعَادِي وَاجْعَلِ الْحَيَاةَ زِيَادَةً لِي فِي كُلِّ خَيْرٍ وَاجْعَلِ الْمَوْتَ رَاحَةً لِي مِنْ كُلِّ شَرٍّ

Алла̄ḥумма, аṣлиḥ лӣ дӣни-лляз̱ӣ ḥува ‘иṣмату амрӣ, ва-аṣлиḥ лӣ дунйа̄йа-ллятӣ фӣḥа̄ ма‘а̄шӣ, ва-аṣлиḥ лӣ а̄х̮ырати-ллятӣ фӣḥа̄ ма‘а̄дӣ ва-дж‘али-ль-ḥайа̄та зийа̄датан лӣ фӣ кулли х̮айр, ва-дж‘али-ль-маута ра̄ḥатан лӣ мин кулли шарр.

О Аллах! Укрепи мою веру — мою защиту! Устрой мою жизнь на этом свете, где я проживаю. Устрой мою жизнь на том свете, куда мне предстоит вернуться. Сделай мою жизнь приращением для меня всего хорошего! Сделай мою смерть отдохновением от всякого зла.

آمين

أَعُوذُ بِاللهِ مِنْ جَهْدِ الْبَلَاءِ، وَدَرْكِ الشَّقَاءِ، وَمِنْ سُوءِ الْقَضَاءِ، وَشَمَاتَةِ الْأَعْدَاءِ

А‘ӯз̱у би-лля̄ḥи мин джаḥди-ль-баля̄’, ва-дарки-ш-шиḳа̄’, ва-мин сӯ’и-ль-ḳаḍа̄’, ва-шама̄тати-ль-а‘да̄’.

О Аллах! Упаси меня от тягот испытаний, непоправимых бед, тяжкой доли и злорадства врагов.

آمين

اللَّهُمَّ إِنِّي أَعُوذُ بِكَ مِنَ الْهَمِّ وَالْحَزَنِ، وَمِنَ الْعَجْزِ وَالْكَسَلِ، وَمِنَ الْجُبْنِ وَالْبُخْلِ، وَمِنَ الْمَأْثَمِ وَالْمَغْرَمِ، وَمِنْ غَلَبَةِ الدَّيْنِ وَقَهْرِ الرِّجَالِ

Аллāх̣умма, иннӣ а‘ӯз̱у бика мина-ль-х̣амми ва-ль-х̣азан, ва-мина-ль-‘аджзи ва-ль-касаль, ва-мина-ль-джубни ва-ль-бух̮ль, ва-мина-ль-ма’с̱ами ва-ль-маг̣рам, ва-мин г̣алябати-д-дайни ва-к̣ах̣ри-р-риджāль.

О Аллах! Поистине, я прибегаю к Тебе от беспокойства и грусти, слабости и нерадения, малодушия и скупости, дурных поступков и убытков, бремени долга и притеснения людей.

آمين

اللَّهُمَّ إِنِّي أَعُوذُ بِكَ مِنَ الْبَرَصِ وَالْجُنُونِ وَالْجُذَامِ وَمِنْ سَيِّئِ الأَسْقَامِ

Аллāх̣умма, иннӣ а‘ӯз̱у бика мина-ль-барас̣, ва-ль-джунӯни ва-ль-джуз̱āм, ва-мин сайии’и-ль-аск̣āм.

О Аллах, упаси меня от проказы, помешательства и прочих тяжких болезней!

آمين

اللَّهُمَّ إِنِّي أَسْأَلُكَ العَفْوَ وَالعَافِيَةَ فِي الدُّنْيَا والآخِرَةِ

Аллāх̣умма, иннӣ ас’алюка-ль-‘афва ва-ль-‘āфийа, фи-д-дунйā ва-ль-āх̮ыра.

О Аллах, поистине, я прошу у Тебя прощения и благополучия в этой и потусторонней жизни!

اللَّهُمَّ إِنِّي أَسْأَلُكَ الْعَفْوَ وَالْعَافِيَةَ فِي دِينِي وَدُنْيَايَ وَأَهْلِي وَمَالِي

Аллāҳумма, иннӣ ас’алюка-ль-‘афва ва-ль-‘āфийа, фӣ дӣнӣ ва-дунйāйа ва-аҳлӣ ва-мāлӣ.

О Аллах, поистине, я прошу Тебя о прощении и благополучии в том, что касается моей веры, мирских дел, моей семьи и моего имущества.

آمين

اللَّهُمَّ اسْتُرْ عَوْرَاتِي ، وَآمِنْ رَوْعَاتِي ، اللَّهُمَّ احْفَظْنِي مِنْ بَيْنِ يَدَيَّ ، وَمِنْ خَلْفِي ، وَعَنْ يَمِينِي ، وَعَنْ شِمَالِي ، وَمِنْ فَوْقِي ، وَأَعُوذُ بِعَظَمَتِكَ أَنْ أُغْتَالَ مِنْ تَحْتِي

Аллāҳумма-стур ‘аурāтӣ, ва-āмин рау‘āтӣ, Аллāҳумма-ҳфизнӣ мин байни йадаййа, ва-мин ҳальфӣ, ва-‘ан йамӣнӣ , ва-‘ан шимāлӣ , ва-мин фауқӣ, ва-а‘ӯзу би-‘азматика ан уг̇тāля мин таҳтӣ.

О Аллах! Прикрой мою наготу и огради меня от страха. Защити меня спереди, и сзади, и справа, и слева, и сверху. Я прибегаю к величию Твоему, чтобы не быть предательски убитым снизу.

آمين

اللَّهُمَّ اغْفِرْ لِي خَطِيئَتِي وَجَهْلِي وَإِسْرَافِي فِي أَمْرِي وَمَا أَنْتَ أَعْلَمُ بِهِ مِنِّي

Аллāḥумма-ġфир лӣ х̱аṭы̄’атӣ ва-джаḥлӣ ва-исрāфӣ фӣ амрӣ ва-мā анта а‘ляму биḥӣ миннӣ.

О Аллах, прости мне мои проступки, невежество, мою несдержанность в поступках и то, что Ты знаешь лучше меня обо мне.

آمين

اللّٰهُمَّ اغْفِرْ لِي جِدِّي وَهَزْلِي وَخَطَئِي وَعَمْدِي وَكُلُّ ذٰلِكَ عِنْدِي

Аллāḥумма-ġфир лӣ джиддӣ ва-ḥазлӣ ва-х̱аṭа’ӣ ва-‘амдӣ ва-куллю з̱алика ‘индӣ.

О Аллах, прости мне то, что я сделал всерьез и в шутку, нечаянно и с умыслом — все прости!

آمين

اللّٰهُمَّ اغْفِرْ لِي مَا قَدَّمْتُ وَمَا أَخَّرْتُ وَمَا أَسْرَرْتُ وَمَا أَعْلَنْتُ وَمَا أَنْتَ أَعْلَمُ بِهِ مِنِّي أَنْتَ الْمُقَدِّمُ وَأَنْتَ الْمُؤَخِّرُ وَأَنْتَ عَلَى كُلِّ شَيْءٍ قَدِيرٌ

Аллāḥумма-ġфир лӣ мā ḳаддамту ва-мā ах̱х̱арт, ва-мā асрарту, ва-мā а‘лянт, ва-мā анта а‘ляму биḥӣ миннӣ, анта-ль-муḳаддиму ва-анта-ль-му’ах̱х̱ыр, ва-анта ‘алӯ кулли шай’ин ḳадӣр.

О Аллах, прости мне то, что я совершил прежде и что совершу потом, что совершил тайно и что — явно, то, в чем я преступил границы, и то, о чем Ты знаешь лучше меня. Ты тот, кто дает отсрочку и кто откладывает на более поздний срок, ведь Ты над всякой вещью мощен.

آمين

اللّٰهُمَّ إِنِّي أَسْأَلُكَ الثَّبَاتَ فِي الأَمْرِ، وَالْعَزِيمَةَ عَلَى الرُّشْدِ، وَأَسْأَلُكَ شُكْرَ نِعْمَتِكَ وَحُسْنَ عِبَادَتِكَ، وَأَسْأَلُكَ قَلْبًا سَلِيمًا وَلِسَانًا صَادِقًا، وَأَسْأَلُكَ مِنْ خَيْرِ مَا تَعْلَمُ، وَأَعُوذُ بِكَ مِنْ شَرِّ مَا تَعْلَمُ، وَأَسْتَغْفِرُكَ لِمَا تَعْلَمُ إِنَّكَ عَلاَّمُ الْغُيُوبِ

Аллā̱хумма, иннӣ ас’алюка-с̱-с̱абāта фи-ль-амр, ва-ль-‘азӣмата ‘аля-р-рушд, ва-ас’алюка шукра ни‘матика ва-х̱усна ‘ибāдатика, ва-ас’алюка к̣альбан салӣман, ва-лисāнан с̣āдик̣ан, ва-ас’алюка мин х̱айри мā та‘лям, ва-а‘ӯз̱у бика мин шарри мā та‘лям, ва-астаг̣фирука лимā та‘лям, иннака ‘аллям̄-ль-г̣уйӯб.

О Аллах! Молю Тебя укрепить меня в делах и даровать решимость идти прямым путем! Сделай меня благодарным за Твое благодеяние и искренне поклоняющимся Тебе! Сделай мое сердце здравым, а язык — правдивым! Даруй мне самое лучшее, что известно Тебе! Упаси меня от зла, известного Тебе! Прошу у Тебя прощения за то, что Ты знаешь, ведь Ты — знающий сокрытое.

آمين

اللّٰهُمَّ رَبَّ النَّبِيِّ مُحَمَّدٍ عَلَيْهِ الصَّلاَةُ وَالسَّلاَمُ اغْفِرْ لِي ذَنْبِي، وَأَذْهِبْ غَيْظَ قَلْبِي وَأَعِذْنِي مِنْ مُضِلاَّتِ الْفِتَنِ مَا أَبْقَيْتَنِي

Аллā̱хумма, рабба-н-набиййи Мух̱аммадин ‘аляйх̱и-с̣-с̣алят̄у ва-с-салям̄, иг̣фир лӣ з̱анбӣ, ва-аз̱х̱иб г̣айз̣а к̣альбӣ, ва-а‘из̱нӣ мин мудылляти-ль-фитани мā абк̣айтанӣ.

О Аллах — Господь Пророка Мухаммада ﷺ, прости мне мой грех, удали гнев из моего сердца, упаси от заблуждений, порождаемых искушениями, пока оставишь меня в живых.

آمين

اللّٰهُمَّ رَبَّ السَّمٰوَاتِ السَّبْعِ، وَرَبَّ الْأَرْضِ، وَرَبَّ الْعَرْشِ الْعَظِيمِ، رَبَّنَا وَرَبَّ كُلِّ شَيْءٍ، فَالِقَ الْحَبِّ وَالنَّوَى، وَمُنْزِلَ التَّوْرَاةِ وَالْإِنْجِيلِ وَالْقُرْآنِ، أَعُوذُ بِكَ مِن شَرِّ كُلِّ شَيْءٍ أَنْتَ آخِذٌ بِنَاصِيَتِهِ، أَللَّهُمَّ أَنْتَ الْأَوَّلُ فَلَيْسَ قَبْلَكَ شَيْءٌ، وَأَنْتَ الْآخِرُ فَلَيْسَ بَعْدَكَ شَيْءٌ، وَأَنْتَ الظَّاهِرُ فَلَيْسَ فَوْقَكَ شَيْءٌ، وَأَنْتَ الْبَاطِنُ فَلَيْسَ دُونَكَ شَيْءٌ، اِقْضِ عَنِّي الدَّيْنَ، وَأَغْنِنِي مِنَ الْفَقْرِ

Аллāх̣умма, рабба-с-самавāти-с-саб‘, ва-рабба-ль-ард, ва-рабба-ль-‘арши-ль-‘аẓӣм, раббанā ва-рабба кулли шай’, фāлиḳа-ль-х̣абби ва-н-навā, ва-мунзиля-т-таурāти ва-ль-инджӣли ва-ль-ḳур’ан, а‘ӯз̱у бика мин шарри кулли шай’ анта āх̱ызун би-нāс̣ыйатих̣, Аллāх̣умма, анта-ль-аввалю фа-ляйса ḳабляка шай’, ва-анта-ль-āх̱ыру фа-ляйса ба‘дака шай’, ва-анта-з̣-з̣āх̣иру фа-ляйса фауḳака шай’, ва-анта-ль-бāṭыну фа-ляйса дӯнака шай’, иḳды ‘аннӣ-д-дайн, ва-аг̣нинӣ мина-ль-фаḳр.

О Аллах! Господь семи небес и Господь Великого Трона! Господь наш и всего, расщепляющий зерна и косточки плодов! О ниспославший Тору, Евангелие и Коран! Прибегаю к Тебе от зла всякой вещи, ибо все подвластно Тебе! Ты — Первый, и не было ничего до Тебя! Ты — Последний, и не будет ничего после Тебя! Ты — Явный, и нет ничего над Тобой! Ты — Скрытый, и нет ничего под Тобой! Избавь нас от долгов наших и избавь нас от бедности.

آمين

اللّٰهُمَّ أَعْطِ نَفْسِي تَقْوَاهَا وَزَكِّهَا أَنْتَ خَيْرُ مَنْ زَكَّاهَا أَنْتَ وَلِيُّهَا وَمَوْلَاهَا

Аллāḥумма, а‘ṭы нафсӣ таḳвāḥā ва-заккиḥā анта ẖайру ман заккāḥā, анта валийййуḥā ва-мауляяḥā.

О Аллах! Сделай мою душу богобоязненной и очисти ее! Ты — лучший из очищающих ее, Ты — ее покровитель и Господин!

آمين

اللّٰهُمَّ إِنِّي أَعُوذُ بِكَ مِنَ الْعَجْزِ وَالْكَسَلِ، وَ أَعُوذُ بِكَ مِنَ الْجُبْنِ وَالْهَرَمِ وَالْبُخْلِ، وَأَعُوذُ بِكَ مِنْ عَذَابِ الْقَبْرِ

Аллāḥумма, иннӣ а‘ӯ͟зу бика мина-ль-‘аджзи ва-ль-касаль, ва а‘ӯ͟зу бика мина-ль-джубни ва-ль-ḥарами ва-ль-буẖль, ва-а‘ӯ͟зу бика мин ‘а͟зāби-ль-ḳабр.

О Аллах! Упаси меня от немощи и лени, упаси меня от малодушия, дряхлости и скупости, упаси меня от мук в могиле.

آمين

اللّٰهُمَّ لَكَ أَسْلَمْتُ وَبِكَ آمَنْتُ وَعَلَيْكَ تَوَكَّلْتُ وَإِلَيْكَ أَنَبْتُ وَبِكَ

خَاصَمْتُ، أَعُوذُ بِعِزَّتِكَ أَنْ تُضِلَّنِي، لَا إِلٰهَ إِلَّا أَنْتَ، أَنْتَ الْحَيُّ الَّذِي

لَا يَمُوتُ وَالْجِنُّ وَالْإِنْسُ يَمُوتُونَ

Аллāҳумма, ляка аслямту ва-бика āманту ва-‘аляйка таваккальту ва-иляйка анабту ва-бика х̱āс̣амт, а‘ӯз̱у би-‘иззатика ан тудыллянӣ, ля̄ иля̄ҳа илля̄ анта, анта-ль-ḥаййу-ллязӣ ля̄ йамӯт, ва-ль-джинну ва-ль-инсу йамӯтӯн.

О Аллах! Тебе я предался, в Тебя я уверовал, на Тебя я уповал, Тебе я вверил себя, во имя Тебя противостою другим. Я прибегаю к Твоей мощи, чтобы Ты не ввел меня в заблуждение. Нет бога, кроме Тебя! Ты — Вечноживой, а джинны и люди смертны.

آمين

اللّٰهُمَّ إِنِّي أَعُوذُ بِكَ مِنْ عِلْمٍ لَا يَنْفَعُ، وَمِنْ قَلْبٍ لَا يَخْشَعُ، وَمِنْ نَفْسٍ

لَا تَشْبَعُ، وَمِنْ دَعْوَةٍ لَا يُسْتَجَابُ لَهَا

Аллāҳумма, иннӣ а‘ӯз̱у бика мин ‘ильмин ля̄ йанфа‘, ва-мин ḳальбин ля̄ йах̱ша‘, ва-мин нафсин ля̄ ташба‘, ва-мин да‘ватин ля̄ йустаджāбу ляҳā.

О Аллах! Храни меня от бесполезного знания, от сердца, не ведающего смирения, от ненасытной души, от мольбы, остающейся без ответа.

آمين

اللّٰهُمَّ جَنِّبْنِي مُنْكَرَاتِ الْأَخْلَاقِ وَالْأَعْمَالِ وَالْأَهْوَاءِ وَالْأَدْوَاءِ

Аллāҳумма, джаннибнӣ мункарāти-ль-ах̱ля̄ḳы ва-ль-а‘мāли ва-ль-аҳвā’и ва-ль-адвā’.

О Аллах! Храни меня от порицаемых дел, качеств, желаний и болезней!

آمين

اللّٰهُمَّ أَلْهِمْنِي رُشْدِي وَأَعِذْنِي مِنْ شَرِّ نَفْسِي

Аллạ̄хумма, альḥимнӣ рушдӣ ва-а‘иẕнӣ мин шарри нафсӣ.

О Аллах! Дай мне благоразумие и спаси от зла моей души.

آمين

اللّٰهُمَّ اكْفِنِي بِحَلالِكَ عَنْ حَرَامِكَ، وَأَغْنِنِي بِفَضْلِكَ عَمَّنْ سِوَاكَ

Аллāḥумма-кфинӣ би-ḥалялика ‘ан ḥарāмика, ва-аġнинӣ би-фаḍлика ‘амман сивāк.

О Аллах! Избавь меня от запрещенного Тобой посредством того, что Ты разрешил! Сделай так, чтобы я нуждался только в Тебе (и ни в ком другом)!

آمين

اللّٰهُمَّ إِنِّي أَسْأَلُكَ الْهُدَى وَالتُّقَى وَالْعَفَافَ وَالْغِنَى

Аллāḥумма, иннӣ ас’алюка-ль-ḥудā ва-т-туқā ва-ль-‘афāфа ва-ль-ġынā.

О Аллах! Прошу Тебя вести меня по правильному пути. Прошу богобоязненности, скромности и достатка.

آمين

اللّٰهُمَّ إِنِّي أَسْأَلُكَ الْهُدَى وَالسَّدَادَ

Аллā̱хумма, иннӣ ас'алюка-ль-худа̄ ва-с-сада̄д.

О Аллах! Я прошу Тебя вести меня по правильному пути и наделить здравомыслием.

اللّٰهُمَّ إِنِّي أَسْأَلُكَ مِنَ الْخَيْرِ كُلِّهِ عَاجِلِهِ وَآجِلِهِ مَا عَلِمْتُ مِنْهُ وَمَا لَمْ أَعْلَمْ، وَأَعُوذُ بِكَ مِنَ الشَّرِّ كُلِّهِ عَاجِلِهِ وَآجِلِهِ مَا عَلِمْتُ مِنْهُ وَمَا لَمْ أَعْلَمْ، وَأَسْأَلُكَ مِنْ خَيْرِ مَا سَأَلَكَ مِنْهُ عَبْدُكَ وَنَبِيُّكَ مُحَمَّدٌ صَلَّى اللهُ عَلَيْهِ وَسَلَّم، وَأَعُوذُ بِكَ مِن شَرِّ مَا اسْتَعَاذَكَ مِنْهُ عَبْدُكَ وَنَبِيُّكَ مُحَمَّدٌ صَلَّى اللهُ عَلَيْهِ وَسَلَّم

Аллā̱хумма, иннӣ ас'алюка мина-ль-х̱айри куллиҳ, ʻа̄джилиҳи ва-аджилиҳ, ма̄ ʻалимту минҳу ва-ма̄ лям а'лям, ва-а'ӯзу бика мина-ш-шарри куллиҳ, ʻа̄джилиҳи ва-аджилиҳ, ма̄ ʻалимту минҳу ва-ма̄ лям а'лям, ва-ас'алюка мин х̱айри ма̄ са'аляка минҳу ʻабдука ва-набиййука Муҳаммадун ҫалля-лла̄ҳу ʻаляйҳи ва-саллям, ва-а'ӯзу бика мин шарри ма-ста'а̄зака минҳу ʻабдука ва-набиййука Муҳаммадун ҫалля-лла̄ҳу ʻаляйҳи ва-саллям.

О Аллах! Прошу Тебя о всяческом благе в мире этом и в мире вечном, о том, которое я знаю, и о том, которое мне неведомо! Спаси меня от всякого зла: как в мире этом, так и в мире вечном, как от того, которое я знаю, так и от того, которое мне неведомо! О Аллах! Я прошу у Тебя добра — того добра, которого просил у Тебя раб и Пророк Твой Мухаммад! Убереги меня от зла — того зла, от которого искал у Тебя спасения раб и Пророк Твой Мухаммад!

اللّٰهُمَّ إِنِّي أَسْأَلُكَ الْجَنَّةَ وَ مَا قَرَّبَ إِلَيْها مِنْ قَوْلٍ أَوْ عَمَلٍ، وَ أَعُوذُ بِكَ

مِنَ النَّارِ وَ ما قَرَّبَ إِلَيْها مِنْ قَوْلٍ أَوْ عَمَلٍ، وَ أَسْأَلُكَ أَنْ تَجْعَلَ كُلَّ

قَضاءٍ قَضَيْتَهُ لِي خَيْرًا

Аллāхумма, иннӣ ас’алюка-ль-джанната ва мā ķарраба иляйхā мин ķаулин ау ‘амаль, ва а‘ӯзу бика мина-н-нāри ва мā ķарраба иляйхā мин ķаулин ау ‘амал, ва ас’алюка ан тадж‘аля кулля ķадā’ин ķадайтаху лӣ хайрā.

О Аллах! Я прошу у тебя рая и тех речей и дел, что приближают к нему. Я ищу у Тебя спасения от ада и тех речей и дел, что приближают к нему! Я прошу, чтобы все, что Ты предопределил мне, было благом.

آمين

لَا إِلٰهَ إِلَّا اللهُ وَحْدَهُ لَا شَرِيكَ لَهُ، لَهُ الْمُلْكُ وَلَهُ الْحَمْدُ، يُحْيِي وَيُمِيتُ،

بِيَدِهِ الْخَيْرُ، وَهُوَ عَلَى كُلِّ شَيْءٍ قَدِيرٌ

Лā иляха илля-ллāху вахдахӯ лā шарӣка лях, ляху-ль-мульку ва-ляху-ль-хамд, йухйӣ ва-йумӣт, би-йадихи-ль-хайр, ва-хува ‘алā кулли шай’ин ķадӣр.

Нет бога, кроме одного лишь Аллаха, у которого нет сотоварища! Ему принадлежит владычество и Ему хвала. Он дает жизнь, и Он же ее забирает. Добро в Его руках, и Он над всякой вещью мощен.

آمين

سُبْحَانَ اللهِ وَالْحَمْدُ للهِ وَلَا إِلٰهَ إِلَّا اللهُ وَاللهُ أَكْبَرُ وَلَا حَوْلَ وَلَا قُوَّةَ إِلَّا

بِاللهِ الْعَلِيِّ الْعَظِيمِ

Субх̣а̄на-лла̄х̣, ва-ль-х̣амду ли-лля̄х̣, ва-ля̄ иля̄х̣а илля-лла̄х̣, ва-лла̄х̣у акбар, ва-ля̄ х̣ауля ва-ля̄ к̣уввата илля̄ би-лля̄х̣и-ль-ʻалиййи-ль-ʻаз̣ӣм.

Слава Аллаху! Хвала Аллаху! Нет бога, кроме Аллаха! Аллах Велик! Нет мощи и силы, кроме как у Аллаха Всевышнего и Великого!

آمين

اللّٰهُمَّ صَلِّ عَلَى مُحَمَّدٍ وَعَلَى آلِ مُحَمَّدٍ، كَمَا صَلَّيْتَ عَلَى إِبْرَاهِيمَ

وَعَلَى آلِ إِبْرَاهِيمَ، إِنَّكَ حَمِيدٌ مَجِيدٌ، وَبَارِكْ عَلَى مُحَمَّدٍ وَعَلَى آلِ

مُحَمَّدٍ، كَمَا بَارَكْتَ عَلَى إِبْرَاهِيمَ وَعَلَى آلِ إِبْرَاهِيمَ، إِنَّكَ حَمِيدٌ مَجِيدٌ

Алла̄х̣умма, с̣алли ʻаля̄ Мух̣аммадин ва-ʻаля̄ а̄ли Мух̣аммад, кама̄ с̣алляйта ʻаля̄ Ибра̄х̣ӣма ва-ʻаля̄ а̄ли Ибра̄х̣ӣм, иннака х̣амӣдун маджӣд, ва-ба̄рик ʻаля̄ Мух̣аммадин ва-ʻаля̄ а̄ли Мух̣аммад, кама̄ ба̄ракта ʻаля̄ Ибра̄х̣ӣма ва-ʻаля̄ а̄ли Ибра̄х̣ӣм, иннака х̣амӣдун маджӣд.

О Аллах! Благослови Мухаммада и семейство Мухаммада, как Ты благословил Ибрахима и семейство Ибрахима. Поистине, Ты Достойный похвалы, Славный! Благоволи к Мухаммаду и семейству Мухаммада, как Ты благоволил к Ибрахиму и семейству Ибрахима. Поистине, Ты — Достойный похвалы, Славный!

آمين

﴿رَبَّنَا لَا تُؤَاخِذْنَآ إِن نَّسِينَآ أَوْ أَخْطَأْنَا ۚ رَبَّنَا وَلَا تَحْمِلْ عَلَيْنَآ
إِصْرًا كَمَا حَمَلْتَهُۥ عَلَى ٱلَّذِينَ مِن قَبْلِنَا ۚ رَبَّنَا وَلَا تُحَمِّلْنَا مَا لَا
طَاقَةَ لَنَا بِهِۦ ۖ وَٱعْفُ عَنَّا وَٱغْفِرْ لَنَا وَٱرْحَمْنَآ ۚ أَنتَ مَوْلَىٰنَا
فَٱنصُرْنَا عَلَى ٱلْقَوْمِ ٱلْكَـٰفِرِينَ﴾

Раббанā, лЯ ту’āẖызнā ин-насӣнā ау аẖṭа’нā! Раббанā ва-лЯ таḥмиль ‘аляйнā иҫран камā ḥамальтаḥӯ ‘аля-лляӟӣна мин ḳаблинā! Раббанā, ва-лЯ туḥаммильнā мā лЯ ṭāḳата лянā биḥ, ва-‘фу ‘аннā ва-ġфир лянā ва-рḥамнā! Анта мауляНā фа-нҫурнā ‘аля-ль-ḳауми-ль-кāфирӣн.

Господи наш! Не взыщи с нас, если мы забыли или погрешили. Господи наш! Не возлагай на нас бремя, которое Ты возложил на тех, кто был раньше нас! Господи наш! Не возлагай на нас то, что нам невмочь. Избавь нас от бед и грехов, прости нам и помилуй нас! Ты — наш Владыка, помоги же нам против народа неверного, чтобы возвысилось Твое Слово и распространилась Твоя религия! (2:286)

آمين

Краткая система произношения арабских звуков, отличных от русских

—	Знак долготы	Д̣	Напоминает очень твердое *д*, как в слове *дым*
Ҫ	Как английское *th* в слове *thing*	Ṭ	Напоминает очень твердое *т*, как в слове *ты*
ДЖ	Как английское *j*	Ӟ	Напоминает очень твердое *з*, как в слове *зычный*
Ẋ	Очень твердое *х*	‘	Гортанный взрыв
Ḥ	Гортанный звук, похожий на *х*	Ġ	Как немецкое или французское *r*
Р	Перед гласными *а* и *у* произносится очень твердо и с огублением, как в слове *роза*	Ḳ	Напоминает очень твердое *к*
Ӟ	Как английское *th* в слове *this*	В	Как английское *w*
Ҫ	Напоминает очень твердое *с*, как в слове *сыч*	Ḥ	Как английское *h*
Л	Почти везде, кроме слова *Аллāḥ*, произносится мягко, как *ль*	К	Как *к* в слове *кефир*
А	После звуков Ẋ, Р, Ҫ, Д̣, Ṭ, Ӟ, Ġ, Ḳ читается как английское *u* в слове *but*	И	После звуков Ẋ, Ҫ, Д̣, Ṭ, Ӟ, Ġ, Ḳ читается как *ы*

Вспомогательные знаки арабского письма

Огласовки — значки для обозначения кратких гласных (эти значки ставятся над словами только в священных текстах, словарях и учебниках). Гласных в арабском языке три: [а], [и (ы)], [у].

1. *Фатха* — небольшая наклонная черточка над буквой (ـَ), указывает на то, что согласную надо читать с огласовкой «а».

Например: بَ *ба*, طَ *ṭа*, كَ *ка*, عَ *ʻа*, دَ *да*.

2. *Касра* — небольшая наклонная черточка под буквой (ـِ), указывает на то, что согласную надо читать с огласовкой «и»:

Например: بِ *би*, فِ *фи*, خِ *х̱ы*, كِ *ки*, لِ *ли*.

3. *Дамма* — небольшая петля над буквой (ـُ), указывает на то, что согласную надо читать с огласовкой «у»:

Например: زُ *зу*, جُ *джу*, صُ *ṣу*, طُ *ṭу*, ظُ *ẓу*.

Сукун (джазм) — маленький кружок над буквой (ـْ), указывает на отсутствие гласного звука после согласной.

Например: اَكْبَر *акбар*, حَمْد *х̣амд*, اِسْلَام *ислāм*.

Шадда (ташдид) — знак над буквой (ـّ), указывающий на то, что эта согласная удваивается.

Например: سَلَّمْ *саллам*, اَوَّلُ *аввалу*, كُلُّ *куллу*.

Танвин — две *фатхи* (ـً), две *касры* (ـٍ) или две *даммы* (ـٌ), написанные вместе, обозначают нунацию, то есть завершение слова на *н*.

Например: سَفَرٌ *сафарун*, رِزْقًا *ризкан*, عَمَلٍ *ʻамалин*.

تُ	تِ	تَ	بُ	بِ	بَ	أُ	إِ	أَ
حُ	حِ	حَ	جُ	جِ	جَ	ثُ	ثِ	ثَ
ذُ	ذِ	ذَ	دُ	دِ	دَ	خُ	خِ	خَ
سُ	سِ	سَ	زُ	زِ	زَ	رُ	رِ	رَ
ضُ	ضِ	ضَ	صُ	صِ	صَ	شُ	شِ	شَ
عُ	عِ	عَ	ظُ	ظِ	ظَ	طُ	طِ	طَ
قُ	قِ	قَ	فُ	فِ	فَ	غُ	غِ	غَ
مُ	مِ	مَ	لُ	لِ	لَ	كُ	كِ	كَ
هُ	هِ	هَ	وُ	وِ	وَ	نُ	نِ	نَ
سَ	كِ	فُ	طَ	مِ	اَ	يُ	يِ	يَ

ту	ти	та	бу	би	ба	у	и	а
х̣у	х̣и	х̣а	джу	джи	джа	с̱у	с̱и	с̱а
з̱у	з̱и	з̱а	ду	ди	да	х̮у	х̮ы	х̮а
су	си	са	зу	зи	за	ру	ри	ра
д̣у	д̣ы	д̣а	с̣у	с̣ы	с̣а	шу	ши	ша
‘у	‘и	‘а	з̣у	з̣ы	з̣а	т̣у	т̣ы	т̣а
к̣у	к̣ы	к̣а	фу	фи	фа	г̣у	г̣ы	г̣а
му	ми	ма	лю	ли	ля	ку	ки	ка
ҳу	ҳи	ҳа	ву	ви	ва	ну	ни	на
су	ки	фа	т̣у	ми	а	йу	йи	йа

ПРАКТИЧЕСКИЕ СОВЕТЫ

ПЕРЕД ОТЪЕЗДОМ

Духовная, физическая и финансовая подготовка к *хаджу*

Хадж — это акт поклонения, благословенное путешествие — дорога к Дому Аллаха, основанные на искренней вере в Его существование и единство (*таухид*), на повиновении Его законам. Нет большей награды, чем награда за тот *хадж*, который будет принят Аллахом, Свят Он и Велик, и это награда — сады рая.

Большинство людей совершает *хадж* один раз в жизни, что подчеркивает важность предварительной и тщательной подготовки к этому событию. Это подразумевает не только денежные накопления, затраты времени и усилий, но главное — духовную зрелость.

Физическое здоровье и способность к длительному путешествию также являются необходимыми условиями *хаджа*. Некоторые обряды *хаджа* требуют силы и выносливости, тем более в условиях жаркого климата и постоянного скопления тысяч людей, совершающих одновременно одно и то же действие в ограниченном пространстве. Поэтому

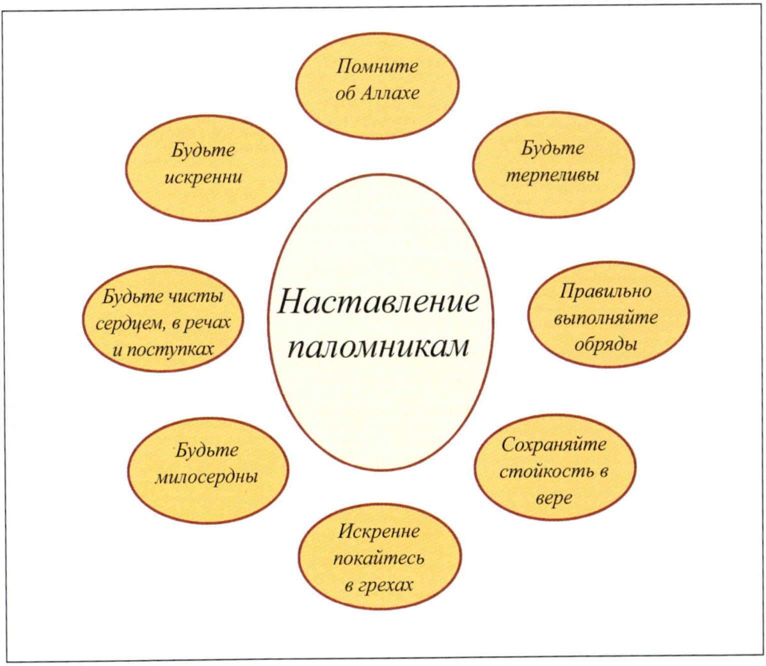

чтобы быть в хорошей форме и подготовить свое тело к физическим нагрузкам, начните тренировки пешими прогулками или легким бегом продолжительностью 20–30 минут в день в течение трех-четырех месяцев до поездки. Во время тренировки заучивайте *тальбийу* и *ду'а* *тавафа.* Это будет полезным для вашего ума, души и тела. Сосредоточение на смысле молитв поможет вам духовно настроиться на предстоящее паломничество.

Правильное совершение паломничества зависит также от выполнения следующих условий:

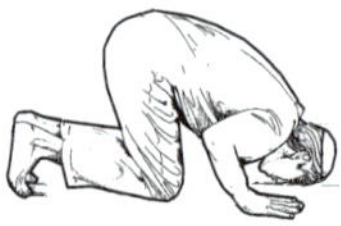

Намерение должно быть искренним: только ради поклонения Всевышнему Аллаху. Другие причины, как то: торговля, туризм — не должны быть основным поводом совершения *хаджа*.

Все материальные затраты на *хадж* должны производиться из денег, полученных разрешенным способом. Деньги, заработанные незаконным или сомнительным способом, не могут быть использованы на *хадж*.

Все долги и финансовые обязательства должны быть полностью погашены до отправления.

Вы должны искренне попытаться уладить все споры и конфликты с другими людьми и попросить прощения у тех, кого обидели в прошлом.

Подберите и внимательно прочитайте специальную литературу, подготовьте необходимые документы. Целью этих приготовлений является не только сведение к минимуму физического дискомфорта, эмоционального раздражения и денежных затрат, но главное — спокойствие сердца и разума. Ознакомьтесь с обрядами *хаджа*, его обязательствами и запретами. Вы будете чувствовать себя уверенно и спокойно, понимая смысл выполняемых действий и произносимых молитв. Это также поможет вам быть самостоятельными и не ждать подсказок других. Ваши мольбы будут осознанными и исходить из глубины души. Вы также сможете помочь своим друзьям советом и знаниями. Некоторые паломники надеются, что они смогут повторять *ду'а* за руководителем группы. Однако во время *тавафа* слова руководителя плохо слышны из-за огромного скопления людей вокруг. Приложив немного усилий заранее, вы сможете избежать проблем и беспокойств, пытаясь повторять *ду'а* за кем-то в движущемся потоке людей. Также старайтесь выучить наизусть несколько самых необходимых в обиходе слов и фраз на арабском языке.

Таким образом, начните приготовления как можно раньше, чтобы у вас было время для собственного познания, оценки своих возможностей и духовного просвещения. Сбор документов, покупка необходимых вещей требуют времени. За три-четыре месяца до предстоящей даты поездки начинайте сборы. Туроператор или ваш знакомый, который уже совершил недавно *хадж*, могут также дать вам советы по подготовке.

Выбор турагентства

Для паломника очень важно выбрать хорошую туристическую компанию, предлагающую услуги по *хаджу*. Время, потраченное на поиски, сравнение и выбор туроператора, окупится во время *хаджа*. Для организации поездки, приобретения билетов и заказа гостиницы рекомендуется пользоваться услугами проверенных туристических агентств, имеющих безупречную репутацию. Убедитесь в том, что турфирма, предлагающая вам свои услуги, имеет лицензию на право занятия международным туризмом и заключила договор с турфирмами КСА на прием, размещение и обслуживание паломников из России, а также имеет одобрение со стороны местной религиозной организации.

Остановите свой выбор на той компании, которая предлагает широкий пакет услуг. Однако имейте в виду, что качество услуг у разных агентств будет отличаться. Расспросите своих друзей, бывших в *хадже*, об услугах тех или иных фирм. Помните, что хороший и ответственный турагент может «устроить» ваш *хадж*, а плохой может только «разрушить» его.

Задайте турагенту ряд вопросов, которые помогут вам составить впечатление о предоставляемых услугах. Например:

- Какова продолжительность паломничества? Сколько дней вы проведете в Мекке и Медине? Какая программа пребывания в этих городах?
- Что входит в стоимость комплекта услуг? Предусмотрено ли питание?
- На каком расстоянии от священных мечетей в Мекке и Медине вы будете проживать? Если ваша гостиница будет находиться на расстоянии более чем 10–15 минут ходьбы, какой вид транспорта до мечетей и обратно будет предоставлен? Как часто он будет курсировать?
- Будет ли представитель агентства, ответственный за группу паломников, и ваш гид находиться с паломниками в течение всей поездки? Хорошо ли он знаком со всеми правилами паломничества, режимом пребывания в стране? Владеет ли арабским языком?
- Какие условия размещения ожидают вас в долинах Мина и ‘Арафат?
- Входят ли в стоимость *хаджа* расходы на жертвоприношение (*курбан)* или вы должны отдельно оплатить его в назначенный день?

Нововведением, принятым в КСА в 2005 году, является то, что помимо обязательного страхования, турфирма, организующая *хадж*, предоставляет паломникам единую форму одежды и бейджи с данными о паломнике. Однако проблема в том, что российские паломники игнорируют бейджи и одежду, что значительно усложняет поиск потерявшихся или пропавших людей.

Вакцинация

Взрослые и дети в возрасте двух лет и более вакцинируются четырехкомпонентной прививкой ACYW 135 против дифтерии и менингита минимум за 10 дней до въезда в КСА. Срок последней прививки должен быть не более 3 лет до въезда в КСА (это должно быть указано в сертификате). Министерство здравоохранения КСА рекомендует паломникам также проводить вакцинацию против гриппа до прибытия в КСА (в избирательном порядке). В частности, это касается лиц, наиболее подверженных заражениям, таких как пожилые люди, астматики, больные диабетом, страдающие заболеваниями почек, печени или сердца. Посоветуйтесь с вашим врачом о необходимости дополнительных прививок.

После прививки обязательно получите официальное свидетельство с печатью прививочного центра. Оно потребуется вам для оформления визы. Возьмите его вместе с другими документами с собой в поездку.

Сбор документов

В Саудовской Аравии не существует такого понятия, как туристическая виза. Вы можете попасть в страну по транзитной визе или (если вы мусульманин) по *хадж*-визе или *'умра*-визе. Для получения транзитной визы вы должны получить приглашение от гражданина КСА или компании этой страны. Другой путь — 24- или 48-часовая транзитная виза, которую вы сможете получить, только доказав, что у вас нет другого выбора, кроме как пересечь КСА по пути к месту вашего назначения.

Выезжающие в КСА паломники должны убедиться в правильном оформлении загранпаспорта и виз. *Хадж*-визы выдаются бесплатно, но только при обязательном соблюдении ряда правил. Саудовская виза на *хадж* выдается паломнику в стране его постоянного проживания, но не в третьей стране и не на территории Королевства.

Не разрешается иметь два паспорта, если таковые обнаруживаются при пересечении границы, один из них может быть изъят. Власти КСА не признают двойного гражданства.

Предварительно перед отправлением сделайте копии всех необходимых (в путешествии) документов и имейте при себе несколько лишних маленьких фотографий. Если же несколько человек отправляются вместе (члены семьи или друзья), пусть у каждого будут копии не только своих документов, но и документов спутников.

Желающим отправиться воздушно-транспортным путем для оформления визы на *хадж* или *'умру* необходимо предоставить следующие документы:

- Заграничный паспорт (срок окончания действия заграничного паспорта не менее 6 месяцев до начала поездки в КСА);
- 2 цветные фотографии на белом фоне размером 3×4. Для женщин обязательна фотография в платке.
- Международное свидетельство о наличии четырехкомпонентной прививки против дифтерии и менингита.

- Лицо, в паспорте которого обозначены немусульманские фамилия и имя, должно предоставить справку из религиозной организации, удостоверяющую то, что он является мусульманином. При получении данной справки вас могут попросить подтвердить факт принятия ислама произнесением формулы веры — *шахады* — в присутствии двух свидетелей.
- Женщине в возрасте моложе 45 лет, совершающей *хадж* в сопровождении мужа, требуется предъявить свидетельство о браке (справки из мечети не принимаются).
- Женщина, совершающая *хадж* со своим братом, должна иметь собственное свидетельство о рождении и свидетельство о рождении брата.
- Дети до 18 лет — согласие родителя для выезда за границу; дети до 16 лет вписываются в визу родителей (матери).

Для тех, кто хочет отправиться наземным путем, необходимо предоставить:

- Заграничный паспорт (срок окончания действия заграничного паспорта не менее 6 месяцев до начала поездки).
- 5 цветных фотографий 3×4. Для женщин обязательна фотография в платке.
- Международное свидетельство о наличии четырехкомпонентной прививки против дифтерии и менингита.
- Копия техпаспорта, заверенного в ГИБДД.
- Копия бланка техосмотра автотранспорта, заверенного в ГИБДД.
- Документ, подтверждающий *махрам* для женщин моложе 45 лет.
- Детям до 18 лет — согласие родителя для выезда за границу, свидетельство о рождении.

Внимание! Порядок оформления и правила получения виз определяет консульско-визовая служба посольства Королевства Саудовская Аравия в Москве. Представленные данные верны на момент сдачи книги в типографию. За актуальной информацией обращайтесь в визовый отдел посольства КСА в Москве. Как правило, оформлением всех документов занимается агентство, в которое вы обратились. Нужно проверить, чтобы билет был оформлен для поездки в оба конца. Паломникам рекомендуется заблаговременно оформлять страховые документы. Страховой полис должен, по возможности, защищать от всех видов риска.

Что взять с собой

Необходимое внимание следует уделить подбору личных вещей для поездки. Паломникам, посещающим святые места в Королевстве, рекомендуется иметь минимальный багаж, в который входит сменная одежда, предметы личной гигиены, вещи первой необходимости, а также личная аптечка. Если вы что-то забудете, то практически все необходимое вы сможете приобрести на месте пребывания. Ниже приводится список вещей, которые вы можете взять с собой, чтобы сделать вашу поездку безопасной и комфортной.

1. *Ихрам*

Мужской *ихрам* состоит из двух белых несшитых кусков ткани. Лучше, чтобы это был хлопок или другой материал из натуральных волокон, пропускающий воздух и впитывающий влагу. Махровая ткань к тому же сохранит тепло в ночное время. Если вам не удается приобрести фабричный *ихрам*, вы можете сделать его сами. Размеры *ихрама* могут быть такими: нижняя часть — 45×120 см, верхняя часть — 45×75 см.

Приобретите пояс, которым вы будете подвязывать нижнюю часть *ихрама*. Лучше, чтобы на нем были карманы или вшитая сумочка, куда вы положите деньги и важные документы. Эта сумочка не будет проверяться охраной при входе в Запретную мечеть.

Женский *ихрам* — это женская просторная одежда, покрывающая тело, кроме лица и кистей рук. Лучше подобрать *ихрам* светлых тонов, хотя кому-то и в черной одежде достаточно комфортно.

Для мужчин, находящихся в *ихраме,* обувь должна быть несшитой. Лучше всего этим требованиям отвечают сланцы из легкого цельного материала.

В последнее время паломники из разных регионов России стали обеспечиваться одинаковой формой одежды для *хаджа* как для женщин, так и для мужчин. Уточните это у руководителя своей группы.

2. Лекарства

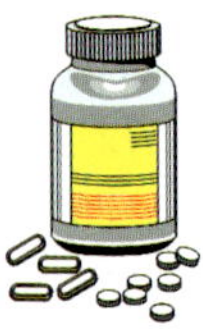

Чтобы не пришлось тратить деньги на лекарства, возьмите с собой все необходимое. Лекарства должны иметь аннотацию, чтобы избежать задержки при прохождении таможенного контроля. Если лекарство специфическое, то лучше захватить рецепт врача (медсправку), подтверждающую необходимость применения того или иного препарата. Необходимо предусмотреть защиту от перегрева, обезвоживания организма, деминерализации и истощения. Запаситесь жаропонижающими, желудочными средствами, антисептиками, антибиотиками, перевязочными материалами. Проконсультируйтесь с вашим врачом, какие конкретно лекарства следует взять. Общеизвестными средствами, находящимися в аптечке, могут быть следующие: *аспирин* (при повышении температуры), *фестал* (при болях в желудке), *активированный уголь* (при отравлениях), *имодиум* (при расстройстве кишечника), *супрастин* (при аллергии), *визин* (при воспалении глаз), *пластырь* (мозоли, порезы), *йод, бинт, вата, антибактериальный крем, препараты от простуды и кашля; мультивитамины.*

Внимание! Не берите лекарств и никаких других предметов в стеклотаре. Проверьте, хорошо ли завинчены крышки упаковок.

3. Одежда

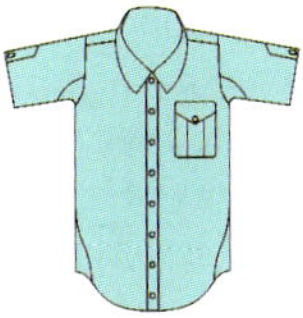

В дорогу рекомендуется брать только самые необходимые вещи. Тщательно продумайте ваш гардероб. Мусульманкам предписано ношение *хиджаба* — одежды, скрывающей тело от посторонних взглядов, за исключением лица и кистей рук (24:31). Поэтому возьмите просторную одежду из легких, непрозрачных, немнущихся тканей неброских цветов. Рекомендуется заранее запастись белым хлопчатобумажным платьем (с широкими белыми брюками, надеваемыми под него), которое подойдет в качестве *ихрама*. Впрочем, этот комплект будет повсеместно в продаже в Мекке и в Медине. Платки лучше также иметь из натуральных тканей больших размеров, так будет удобнее вам.

Имейте сменное белье на неделю. Вы будете иметь возможность стирать белье. Профессиональная стирка и глажка одежды обходится довольно дорого в период *хаджа*, поэтому будьте готовы делать это сами.

Выберите легкую удобную обувь и ни в коем случае не на каблуках (для женщин)! Обязательно возьмите теплые вещи: кофты, свитера, шерстяные носки, куртки, так как в осеннее и зимнее время возможны большие перепады температур утром и вечером.

4. Деньги

Возьмите достаточно денег в виде свободно конвертируемой валюты. Вы сами должны определить, сколько денег вам потребуется на питание, транспорт, проживание, покупки и т. д. Не афишируйте среди попутчиков, какую сумму вы везете и где храните деньги.

Если у вас имеется пластиковая карта международной платежной системы VISA, MasterCard и другие, то рекомендуем вам часть средств иметь на карте. Таким образом, вы сможете безопасно хранить деньги и обналичивать их круглосуточно в банкоматах почти везде, а в случае утери или кражи легко заменить карту новой. Деньги вы сможете обналичивать по индивидуальной карте паломника, которую всегда необходимо иметь при себе.

5. Чемодан

Готовясь к предстоящему паломничеству, не забудьте купить удобный и прочный чемодан или дорожную сумку, лучше на жесткой основе. Обязательно возьмите чемодан с ключом, чтобы избежать кражи вещей. Только не забудьте код! Упаковывая вещи, на дно положите тяжелые предметы и обувь, завернутую в пакет; сверху положите *ихрам*, рубашки (платья), брюки; далее теплые вещи; немнущиеся предметы рекомендуем скатать валиком.

6. Продукты

Рекомендуется иметь с собой минимум еды и воды, чтобы при желании перекусить привычной едой в аэропорту, во время длительной процедуры пограничного контроля и т. д. Хотя продукты питания вы сможете купить в любом месте, включая аэропорт, перевалочные пункты, не говоря уже о городских супермаркетах. Саудовские власти не разрешают ввозить продукты в значительных количествах. Не берите скоропортящиеся продукты. И ни в коем случае не заворачивайте продукты в газеты, на которых имеются изображения обнаженных тел, чтобы не иметь неприятностей на таможне.

7. Разное

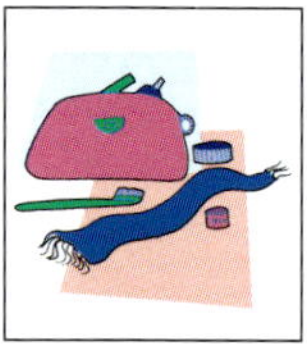

Ниже приводится перечень предметов ежедневного пользования, которые пригодятся вам во время поездки:

- маленький ножик с «открывашкой» и щипцами, ножницы (упакуйте их в багажную кладь);
- зубная щетка, паста, зеркальце, расческа, бритва, туалетная бумага, салфетки, мыло (недезодорированное, детское), мыльница, мочалка, шампунь и др. предметы гигиены;
- Коран (в карманном формате и чехле), четки, легкий коврик для молитвы, ручка, записная книжка, литература о *хадже* и книги с *ду‘а*;
- тапочки, зонтик, солнцезащитные очки, маленький фонарик, часы с будильником;
- бытовые приборы: электробритва, фен (220 В);
- если вы собираетесь готовить пищу самостоятельно, то возьмите необходимую для этого посуду. Если любите чай — то чайник или кипятильник.

Лист проверки подготовки к *хаджу*

	Да	В процессе	Нет
1. Есть ли у вас загранпаспорт?			
2. Действителен ли он в течение 6 месяцев?			
3. Получили ли вы визу для совершения *хаджа* и *‘умры*?			
4. Имеете ли вы свидетельство о вакцинации?			
5. Прочитали ли вы специальную литературу по *хаджу*?			
6. Оплатили ли вы все свои долги?			
7. Приобрели ли вы *ихрам* и другие необходимые вещи для *хаджа*?			
8. Достаточно ли у вас средств на путешествие?			
9. Знаете ли вы основные термины *хаджа*?			
10. Выучили ли вы *тальбийу?*			
11. Оставили ли вы завещание?			
12. Оставили ли вы достаточно средств вашей семье?			
13. Поручили ли вы кому-нибудь позаботиться о вашей семье?			

В ДОРОГЕ

Как добраться (виды транспорта)

Прямых регулярных рейсов российских авиакомпаний нет. Можно отправиться рейсами Аэрофлота до Каира, Кувейта, Стамбула или Аммана, далее — иностранных авиакомпаний. Во время *хаджа* могут быть введены дополнительные чартерные рейсы Россия — Джидда.

Существует автобусное сообщение между Саудовской Аравией, Бахрейном, Абу Даби, Дубаи, Египтом, Иорданией, Сирией и Турцией. Паромы ходят из Суэца в Джидду и из Джидды в Порт Судан и Мусавву (в Эритрее).

В отношении паломников, прибывающих сухопутным путем, Саудовская сторона высказывает замечания по поводу позднего прибытия к границе КСА колонн транспортных средств паломников, т. е. после срока закрытия границы. Последним сроком прибытия паломников из Джидды в

Медину сухопутным путем считается 26-е число месяца *зу-ль-ка‘да*. Саудовская сторона разъясняет, что паломники должны прибывать через пункт Халят ‘Умар на исправных транспортных средствах, которые не будут выходить из строя и тем самым задерживать паломников.

Паломники, прибывающие наземным транспортом, должны соблюдать следующие инструкции, специально разработанные для них:

1. На транспортные средства должны быть получены документы о техническом осмотре, подтверждающие техническую исправность. Водитель (водители) должны иметь право (лицензию) на осуществление международных перевозок пассажиров и грузов. Также должны быть представлены документы об оплате сборов за услуги, предоставляемые паломникам.
2. Категорически запрещается перевозка паломников грузовыми автотранспортными средствами, не приспособленными для перевозки пассажиров. Перевозка паломников допускается исключительно автотранспортными средствами, предназначенными, согласно техническим паспортам, для пассажирских перевозок.
3. Запрещен ввоз в КСА товаров, грузов в товарных партиях.
4. Категорически запрещается использование автотранспорта с бензобаками, не предусмотренными заводом-изготовителем, кустарного производства или с двойным дном.

За нарушение этих правил предусмотрено наказание, а транспортное средство конфискуется.

Внимание! Если водитель или член группы паломников будет задержан за реализацию товаров, запрещенных для ввоза в страну пребывания, за контрабанду товаров, нефтепродуктов, оружия всех видов, в т. ч. пневматического, наркотиков, наркосодержащих и психотропных веществ, то вся группа будет арестована до конца расследования, а товары и транспортные средства конфискованы.

5. Не разрешается менять средства передвижения паломников или маршруты их возвращения на родину, указанные в инструкциях по *хаджу*. Исключения могут быть сделаны только по разрешению Министерства по делам *хаджа* КСА.
6. Руководители колонн транспортных средств, их помощники и водители являются ответственными за безопасность паломников в пути следования до места назначения и обратно.
7. Все паломники, прибывающие сухопутным путем, должны уезжать на тех же транспортных средствах, на которых они прибыли с тем, чтобы транспортное средство не было задержано во время выезда из КСА из-за недостатка пассажиров без законных оснований, каковыми являются: болезнь, смерть, чрезвычайное или дорожно-транспортное происшествие, несчастный случай. В таких случаях необходимо обращаться в соответствующее отделение Министерства *хаджа* в Мекке или Медине для завершения специальных процедур, касающихся паломника, отстающего от своей группы.

Морской путь используется паломниками, прибывающими, как правило, из африканских стран на паромах. Для их приема работает огромный терминал в порту Джидда.

По пути в аэропорт

Несколько советов для спокойного и счастливого полета:

1. Уточните время начала регистрации и постарайтесь прибыть в аэропорт (к месту отправления) заранее, чтобы избежать непредвиденных ситуаций. Регистрация на рейс начинается за 2 часа до вылета. Вам нужно будет заполнить таможенную декларацию и пройти таможенный контроль до начала регистрации. Если вылет из Москвы, уточните, из какого аэропорта будет ваш рейс и сколько времени нужно, чтобы туда добраться.
2. Во время полета некоторые люди испытывают сильный шум в ушах, зачастую причиняющий боль и дискомфорт. Чтобы этого избежать, рекомендуется сразу после объявления взлета пристегнуть ремни и принять удобное положение. Если у вас начало «закладывать» уши, откройте рот или сделайте глотательное движение; если не помогает, попробуйте сильно подуть в нос, зажав при этом его рукой.
3. Читайте *ду'а* путешественника во время полета (*см. в разделе «Ду'а и зикры»*).
4. Возьмите с собой в полет литературу о *хадже*. Во время полета вы сможете еще раз почитать взятую книгу, пометив особо важные моменты.
5. Если вы совершаете *хадж* с маленькими детьми, вы можете купить льготный билет: ребенок до 2 лет имеет право на 10%-й билет (без места и права провоза багажа); ребенок до 12 лет может воспользоваться 50%-м билетом, дающим право на место и 20 кг багажа. Однако настоятельно рекомендуем вам не брать с собой детей в столь тяжелую поездку, которая не всегда по силам даже здоровым взрослым.
6. Если вы вдруг обнаружите утерю багажа в аэропорту, имейте в виду, что при наличии багажной квитанции и заполненной специальной декларации авиакомпания выплатит вам определенную сумму, возместив причиненный ущерб.

ПОСЛЕ ПРИБЫТИЯ В САУДОВСКУЮ АРАВИЮ

Общее

Находясь в пути и, тем более, прибыв в Мекку и Медину, не предавайтесь пустым разговорам, особенно пребывая в мечети. Помните, что вы совершаете *хадж* и находитесь в самом священном месте ислама, где мечтают оказаться миллионы людей, однако зачастую не имеют такой возможности (физической, финансовой или визовой). Получения визы в некоторых странах ждут годами из-за установленных квот на паломничество.

Будьте настороже от зла и наущений *Шайтана*, которые могут проявляться в любом виде, как внутренней несдержанности, так и внешних раздражителей. Любите друг друга как братья, избегайте споров и неповиновения Аллаху. Помните, что Посланник Аллахаﷺ сказал: *«Не уверуете вы до тех пор, пока не будете желать своему брату того же, что желаете себе».*

Помните, что Аллах установил некоторые действия *фард*, а другие действия *сунной*. Аллах не принимает *сунну*, которая нарушает *фард*. Некоторые паломники игнорируют этот факт и наносят вред людям, когда стремятся поцеловать Черный камень, очень торопятся при совершении обхода Каабы, совершают дополнительный намаз позади *макама Ибрахим* и т. д. Помните, что нанесение вреда людям является *харамом*. Поэтому старайтесь избегать толкотни, ссор, оскорблений в адрес друг друга, и Аллах дарует вам Свое милосердие и увеличит награду.

Находясь в Мекке и Медине, всегда имейте при себе точный адрес вашего временного проживания (название гостиницы, номер комнаты, полный адрес, ближайший ориентир и номер телефона). Попросите вашего руководителя (или кого-нибудь из обслуживающего персонала гостиницы) продублировать эти сведения на английском или арабском языках. Желательно завернуть этот адрес в пакет и спрятать на себе. Туда же рекомендуется положить небольшую денежную купюру, на случай, если вы заблудитесь и придется брать такси или сделать телефонный звонок. Постарайтесь запомнить ближайшие к месту вашего проживания ориентиры — большие магазины, здания и т. д. Это поможет вам объяснить дорогу водителю такси, даже не владея арабским языком.

Всегда имейте при себе въездную пластиковую карточку паломника, приколите ее в надежном месте. Эта карточка как бы является заменой вашего паспорта на все время пребывания до самого отъезда из Саудовской Аравии. Пожилым людям рекомендуется иметь при себе карточку, на которой помимо имени, гражданства, будут указаны важнейшие сведения о здоровье. Паломнику также выдается резиновый браслет с указанием необходимой информации. Не снимайте этот браслет. Если вы собираетесь куда-либо выйти, проверьте, надели ли вы этот браслет.

Пешеходы должны передвигаться только по установленным для них улицам и переходам, не выходить на проезжую часть, переходить улицу только после того, как они убедились, что это безопасно. Инструкциями запрещено спать на тротуарах и под мостами. Если вы путешествуете на автомобиле, следуйте правилам дорожного движения, установленным в КСА. В особо перегруженных районах пользуйтесь автобусом, облегчив тем самым движение транспорта.

На улицах Мекки, особенно вблизи Запретной мечети, вы встретите

Пластиковая карточка паломника

очень много просящих милостыню бедных женщин, детей, калек. Раздача милостыни — богоугодное дело. Однако если вы почувствовали бесцеремонное приставание, не поддавайтесь давлению и вежливо уклонитесь от назойливых просителей.

Микаты

Руководитель группы должен сообщить, когда вам следует войти в *ихрам.* Возможно несколько вариантов: 1) в специальных местах на границе заповедной территории (*микат*); 2) в полете при приближении к *микату*; 3) в транзитной гостинице до посадки в самолет, чтобы не создавать неудобства в самолете. О том, что необходимо сделать в соответствии с *сунной* при вступлении в *ихрам,* смотрите в главе «Хадж». Паломникам, прибывающими воздушным путем, о *микате* объявляется пилотом во время полета. Не беспокойтесь, в салоне самолета вы сможете сделать малое омовение (*вуду),* переодеться и прочитать дополнительный намаз.

Помните, что после вступления в *ихрам* вы принимаете на себя ряд обязательств, несоблюдение которых может нарушить *хадж* и повлечет за собой определенное искупление.

Пограничный контроль

При пересечении границы вам необходимо предъявить загранпаспорт с въездной визой и заполненный на английском языке вкладыш, в котором указываются: фамилия, имя, отчество, дата и место рождения, гражданство, национальность, профессия, дата и место выдачи паспорта, его номер, учреждение или частное лицо, по поручительству которого

إعلان هام

أخي الحاج الكريم ..

أحرص على عدم الذهاب إلى المدينة المنورة أو جدة بدون جواز سفر أو تصريح مرور

حتى لاتعرض نفسك للمشقة والمسائلة النظامية

Чистота и опрятность во время Хаджа и требование Шариата и залог здоровья.

النظافة في الحج مطلب شرعي وصحي

ВАЖНОЕ ОБЪЯВЛЕНИЕ

ВНИМАНИЕ! МИНИСТЕРСТВО ХАДЖА СООБЩАЕТ ВСЕМ ПАЛОМНИКАМ, ЧТО ВЫЕЗЖАТЬ ИЗ МЕККИ В ДЖИДДУ ИЛИ В МЕДИНУ БЕЗ ПАСПОРТА И БЕЗ РАЗРЕШЕНИЯ МИНИСТЕРСТВА ЗАПРЕЩАЕТСЯ!

Просим Всевышнего Аллаха, чтобы Он принял наш хадж и простил нам наши грехи!

выдана виза. В Саудовскую Аравию закрыт въезд следующим категориям граждан: 1) лицам, имеющим израильский паспорт; 2) лицам, в паспортах которых имеется израильская виза; 3) лицам, в паспортах которых сделана отметка об иудейском вероисповедании.

По прибытии паспорт удерживается Саудовскими властями и хранится в специальном депозитарии и возвращается при выезде из страны. Паломникам настоятельно рекомендуется помимо паспорта иметь при себе его фотокопию и постоянно носить ее с собой. Вместо паспорта паломнику выдается специальная карточка (бейджик), которая прикрепляется к одежде или вешается на шею. На бейджике имеется фотография паломника, информация на русском и арабском языках с указанием его имени и фамилии, телефона консульства и телефона экстренной связи.

Таможенный контроль. Разрешен беспошлинный ввоз парфюмерии — в количестве, необходимом для личного пользования; продуктов питания — в количестве, необходимом для личного потребления в течение суток.

Запрещен ввоз всех видов спиртных напитков (включая пиво); продуктов, в составе которых имеются компоненты из свинины; огнестрельного и холодного оружия; лекарств, содержащих наркотические вещества (за исключением случаев, когда они предназначены для личного пользования, что должно быть подтверждено медицинской справкой), продукция порнографического содержания, а также все изображения обнаженных тел. Будьте внимательны и не используйте газеты, журналы в качестве упаковки, так как в них могут содержаться непристойные фотографии или картинки. При вывозе необходимо предъявить чеки или квитанции на приобретенные в стране изделия из золота, предметы старины и искусства. Ввоз и вывоз национальной и иностранной валюты не ограничен.

На пути из Джидды в Мекку

Сразу по прибытии в Королевство Саудовская Аравия вы встретите медиков, которые предложат всем желающим сделать бесплатные прививки, а также сотрудников организации, которые помогут быстрее завершить регистрацию и распределят паломников по группам, которые будут обслуживаться Штабом Группы Оперативных Служб (ШГОС). Руководитель должен убедиться, что все члены его группы собраны на том участке обслуживания ШГОС, который был заранее согласован.

Запаситесь терпением! Если вы прилетели на самолете, то в аэропорту Джидды паломники проходят строгий паспортно-визовый, таможенный и санитарный контроль, что может при большом скоплении пассажиров вызвать необходимость ожидания. В это время вашей группе будут выдаваться специальные купоны на различные услуги (автобусы, палатки в Мине и т. д.) Эти формальности займут от 8 до 12 часов, после чего вашу группу посадят в саудовские автобусы и повезут в Мекку. Имейте в виду, что неиспользованные купоны вы можете вернуть, возместив их стоимость, на обратном пути домой в аэропорту.

Обратитесь с этим вопросом к руководителю группы.

По прибытии в Мекку вас встретят сотрудники ШГОС и раздадут браслеты с именем руководителя вашей группы ШГОС и номером телефона штаба. Надеемся, что вы сохраните браслет до окончания *хаджа*, потому что на нем находятся данные, по которым вы сможете найти свое место проживания, если вы потеряетесь.

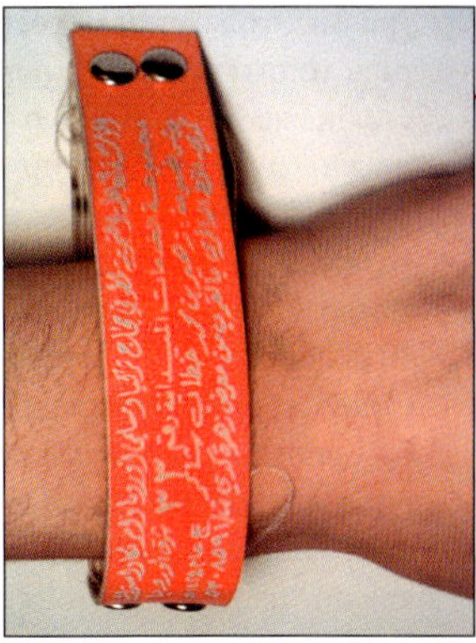

Браслет паломника

В мечети *аль-Масджид аль-Харам*

Теперь все формальности позади, и вы, немного отдохнув с дороги, можете посетить Запретную мечеть, к которой столь долго стремились. Обратите внимание на следующие советы, касающиеся поведения внутри мечети:

1. При совершении молитвы мужчинам по возможности необходимо выбрать место рядом с мужчинами, а женщинам встать в рядах позади них. Для этого имеются отмеченные сектора отдельно для мужчин и женщин.
2. Входы и выходы Заповедной мечети предназначены для прохода и не должны перекрываться людьми, совершающими молитву. Люди идут настолько близко друг к другу, что можно задеть и поранить другого даже кольцом или часами. Советуем, чтобы паломники-мужчины из вашей группы образовали круг, внутри которого идут женщины.
3. Недопустимо препятствовать свободному потоку людей вокруг Каабы, сидя около нее, молясь в потоке людей или стоя около Черного камня, *аль-хиджра*, *макама Ибрахим*. Это повышает риск травматизма как для самого человека, так и для окружающих.
4. При большом скоплении людей достаточно указать на Черный камень, сказав при этом *Аллах акбар*, а не стремиться поцеловать его ценой нанесения боли и травм другим людям.
5. Не проходите перед молящимся как в Заповедной мечети, так и в любой другой мечети! А также не позволяйте другим проходить перед вами во время молитвы. Совершайте молитву, поставив что-либо в качестве преграды перед собой.
6. Учитесь ориентироваться внутри мечети. И договаривайтесь заранее с вашими спутниками из группы об условленном месте встречи и часе, на случай, если вы потеряетесь. Рекомендуется встречаться на площади перед мечетью напротив оговоренного входа в мечеть.
7. Если у вас очень чувствительная кожа или имеются порезы или

травмы, то внутри мечети старайтесь ходить в носках (рекомендуется даже брать с собой запасные носки, если вы планируете провести в мечети много времени). Втирайте в кожу стоп оливковое масло, это поможет предотвратить образование трещинок и т. п.

8. Совет женщинам: прикрепите себе сзади на платки какой-нибудь опознавательный знак (общий для всей вашей группы), например яркую цветную ленточку или др. (одинакового цвета для всей группы), это рекомендуется сделать с самого первого дня — перед первой поездкой в мечеть в Мекке.

9. Собираясь на ночную или утреннюю молитву в мечеть, возьмите с собой молитвенный коврик, так как мраморный пол в это время бывает довольно холодным.

10. Пожилые и немощные люди при совершении *тавафа* и *са'й* могут воспользоваться колясками за определенную плату.

11. У входа в мечеть есть камера хранения, однако у нее всегда длинная очередь, поэтому многие паломники оставляют свои сумки с покупками прямо у дверей мечети, подвесив на какой-нибудь крючок. Случаев воровства там не наблюдалось. Очевидно, срабатывает стереотип: раз кто-то оставил свои вещи без присмотра, значит, ничего ценного там нет.

Посещение Медины и обратный путь

Паломник имеет право посетить город Медину один раз в течение периода *хаджа* (согласно указу Министерства по делам *хаджа*):

1. При желании вы можете посетить Медину до начала *хаджа* на автобусах. Для этого необходимо известить ШГОС и сделать необходимые заказы за 48 часов до отправления.

2. При желании посетить Медину после *хаджа* вы должны выполнить те же предписания при условии, что у вас должно оставаться не менее 11 дней до отъезда на родину. При этом наличие билета будет основанием для оформления заказа.

Для оформления заказа билета на самолет при отъезде вам необходимо представить удостоверение, а также удостоверения членов семьи или друзей, для кого бронируются билеты. Если вы прибыли с группой, то руководитель группы является вашим представителем по всем вопро-

Улица в Медине

сам. Если вы решите отменить заказ, то должны лично прийти в ШГОС и отменить его не менее чем за 24 часа до вылета.

При отъезде в Джидду после завершения *хаджа* необходимо не менее чем за 24 часа до выезда сделать заказ в ШГОС, предъявив удостоверение. Паломник имеет право находиться в аэропорту за 12 часов до вылета. Имейте в виду, что в период *хаджа* Саудовские власти категорически запрещают поездки в другие города независимо от причины. В случае, если дата вашего вылета сразу после *хаджа*, вы должны поставить в известность ШГОС, предъявив авиабилеты, которые подтверждают время вылета.

В ДНИ *ХАДЖА*

В долине Мина

На 8-й день месяца *зу-ль-хиджжа*, отправляясь в Мину, возьмите с собой следующее:

1. Необходимую литературу, сборники *ду'а* и т.п.
2. Аптечку, включая витамины.
3. Пластмассовый коврик паломника (обычно продается повсюду, очень дешев, легок, практичен и удобен, он продается в комплекте с надувной подушкой, складывается, имеет ручки).
4. Женщинам и маленьким детям рекомендуется взять с собой свитера, шали или теплые пледы, так как в палатках включают сильные кондиционеры и становится довольно прохладно, что зачастую может вызвать простуду; мужчины могут взять одеяла, которыми разрешается укрываться в холодное время.
5. Диабетикам и людям, страдающим желудочными заболеваниями, рекомендуется взять с собой подходящие консервы и овощи на случай, если им не подойдет предложенная пища.
6. 1,5-литровую бутылку для воды или контейнер для воды (это очень поможет в день 'Арафы и в Муздалифе). Ни в коем случае не отправляйтесь на' Арафат или в Муздалифу, не имея с собой хотя бы небольшого запаса воды.

После размещения в Мине убедитесь, что электропровода в палатке хорошо заизолированы, а на вашем участке имеются огнетушитель, ведра с водой и песком.

Стояние в долине 'Арафат

О стоянии в долине 'Арафат по прибытии на место вас предупредят руководители групп. Строго соблюдайте сроки стояния на 'Арафат. Запомните месторасположение вашей палатки, чтобы можно было легко найти ее.

Уважаемый паломник! Важно помнить, что помимо вас в палатке разместятся и другие люди. Даже если палатка не заполнена, не занимайте не свое место (вместе с членами вашей семьи), из-за чего другие паломники могут оказаться без места, это правило касается как долины Мина, так и ʻАрафат. При этом учитывайте, что для каждого паломника в палатках выделено место размером 1,3×2 м.

Находясь в святых местах, проявляйте терпение и выдержку, не выходите на проезжую часть, так как это может создавать неудобства, пробки на дорогах. Пропускайте пожилых людей и детей, особенно во время посадки в автобусы.

С самого утра, после утренней молитвы, автобусы отвозят паломников из Мины в долину ʻАрафат. Постарайтесь сразу зайти в автобус, так как в противном случае (если он уедет без вас) вам придется ждать много часов до появления следующего. При задержке автобуса и при других обстоятельствах здоровым и сильным людям советуем идти пешком (это увеличит *саваб*).

При отправлении на ʻАрафат желательно иметь при себе сумму около 100 риалов в банкнотах по 10 риалов на случай, если вы решитесь брать такси от ʻАрафата до долины Муздалифа. Всякое случается — автобус может подвести и сильно запоздать, ведь в тот день нескольким миллионам паломников будет нужно попасть в Муздалифу!

Находясь в долине ʻАрафат, не стремитесь во что бы то ни стало попасть на гору ар-Рахма (гору милости). Помните, что, согласно *хадису* Пророка ﷺ, *ду'а* принимаются ВЕЗДЕ в пределах территории ʻАрафат, а времени у паломника мало, поэтому не тратьте его напрасно.

Перед отправлением в Муздалифу обязательно сходите в туалет и совершите заново омовение. Имейте в виду: в Муздалифу вы прибудете ночью, найти туалет в темноте в незнакомом месте будет нелегко.

Совет семьям и близким людям, путешествующим вместе: старайтесь попадать всегда в один и тот же автобус (такси), чтобы избежать лишнего беспокойства и ненужных хлопот. Не омрачайте и не усложняйте сами себе эти священные дни, когда каждый миг нужно посвятить *ʻибадату*. Особенно важно находиться вместе при отправлении в Муздалифу.

Дни *ташрика*

Не задерживайтесь с отправкой из долины Муздалифа в Мину, к *джамрат аль-ʻАкаба* (месту бросания камней).

Не стремитесь попасть к столбам-*джамарат* сразу же в первой половине дня. В это время там больше всего людей и сильная давка. Пожилым людям в целях безопасности идти туда в это время просто не советуем! Они могут попросить, чтобы за них бросил камешки кто-нибудь другой. Ближе к вечеру это сделать гораздо легче.

Если вы не хотите лично участвовать в обряде жертвоприношения, вам предлагается внести на специальный счет в любом отделении Islamic Development Bank 450 риалов (около $120), и это засчитывается как участие в ритуале жертвоприношения. Взамен вы получаете ваучер, который по сути является единственным документом, формально подтверждающим факт паломничества. Интересно, что еще в 2005 г. ваучер стоил 250 риалов, то

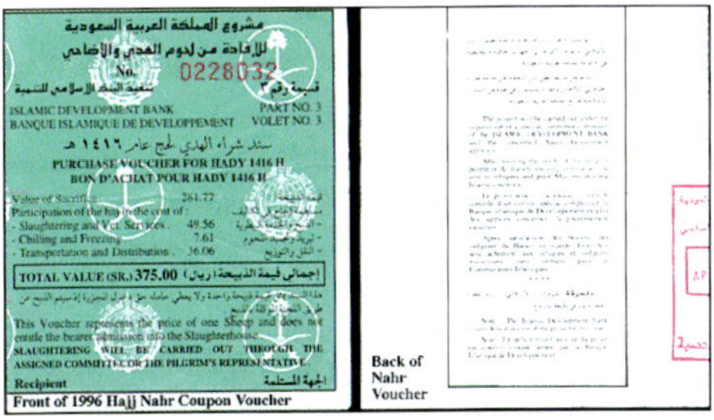

Документ, подтверждающий совершение обряда жертвоприношения

есть за год цена на животное выросла почти в 2 раза.

Не отставайте от группы, оказывайте особое внимание больным и пожилым людям. Не ходите в одиночку, так как в Мине легко затеряться. После завершения дней *ташрика* необходимо поехать в Мекку для совершения прощального *тавафа*. Если вы обессилены, то предварительно отдохните хотя бы несколько часов и наберитесь сил, так как поездка может оказаться очень затяжной из-за пробок на дорогах. Если вы способны пешком преодолеть путь примерно в 5 км, то доберетесь быстрее. Путь пешком со средней скоростью по прямой пешеходной дороге из Мины в Мекку занимает около часа.

Садясь в такси, заранее договоритесь с водителем о сумме, чтобы избежать недоразумений. Не отчаивайтесь, если вы не знаете языка, покажите на пальцах или же, что еще лучше, конкретной банкнотой.

Важное предостережение: как бы ни было жарко, старайтесь не пить ледяную воду. Такая вода будет бесплатно раздаваться на дорогах, но если у вас слабое здоровье — советуем вам воздержаться от ее употребления. По возможности ешьте фрукты и пейте свежие соки. Если вы употребляете консервы или пьете соки из банки, то перед тем как открыть банку, обязательно ее помойте. Не забудьте взять с собой домашнюю аптечку первой помощи. Если вы путешествуете с больными или пожилыми людьми, то, отправляясь в Мину, возьмите для них легкие поролоновые матрасы ($ 4–5).

Находясь в *ихраме*, не повторяйте ошибок многих, а именно: не ругайтесь, не спорьте, не теряйте самообладания, не тратьте попусту время на обыденные разговоры и походы по магазинам, не пользуйтесь ароматным

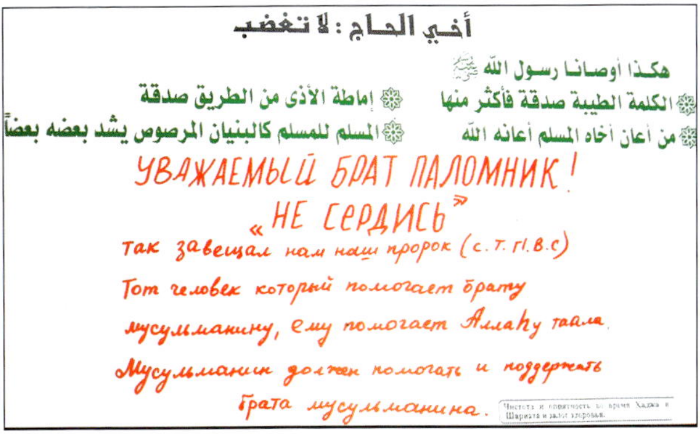

мылом или зубной пастой (вместо зубной пасты используйте *мисвак*). Не волнуйтесь и не расстраивайтесь, если не знаете арабского языка и длинных *ду'а*. Читайте *ду'а* на вашем родном языке, произносите *зикр* (например, *Аллах акбар* («Аллах Велик!»), *Субхана-ллах* («Слава Аллаху»), *Астагфиру-ллах* («Прошу прощения у Аллаха» и т. д.)

Всегда следите за своими действиями и помните о *сунне*: начинайте свой день с поминания Аллаха, берите пищу только правой рукой; заходите в мечеть с правой ноги, а выходите с левой и т. д.; и, самое главное, любое действие сопровождайте произнесением *бисми-ллях* («Во имя Аллаха»). Даже если вы не делали этого раньше, то непременно начните как можно скорее, и это войдет у вас в привычку на всю жизнь.

Что делать и не делать в *хадже*

ДЕЛАТЬ:

- ✓ Сохранять спокойствие и быть сдержанным, терпеливым в условиях возможного раздражения со стороны людей, толкотни, давки. Вы избежите ненужных споров и конфликтов, если сконцентрируетесь на цели *хаджа* и настроитесь на доброе отношение к другим паломникам. Будьте внимательны! Сторонитесь случайных, тем более умышленных ссор, драк и давки.
- ✓ В конце каждого дня анализировать свое поведение, поступки, относясь к себе критически и задавая вопрос: «А все ли я делал ради Аллаха? Всегда ли мое поведение было правильным?» Если вам только покажется, что вы обидели кого-то, обязательно попросите прощения у этого человека и произнесите *истигфар* (*Астагфиру-ллах*).
- ✓ Сосредоточиться на поклонении. Качество лучше количества. Учитывайте свои физические возможности. Не превышайте запас своих жизненных сил, что может стать причиной ослабления организма и болезни. Первое время многие паломники все свое время проводят в молитвах в мекканской мечети, а потом жалуются на недомогания. Не очень приятно провести большую часть времени лежа в кровати или ходить с температурой во время *хаджа*.
- ✓ Носить личные документы и большие суммы денег при себе только во внутренних карманах одежды, не оставлять их в сумках, пакетах и т. д. В связи с имевшими место случаями воровства, особые меры предосторожности соблюдайте в местах большого скопления людей. Держите чемоданы всегда закрытыми и не оставляйте там денег, ценных вещей и документов. Женщинам рекомендуется носить кошелек под одеждой, например, на шее. Пусть он все время будет при вас.
- ✓ Осторожно относиться к случайным знакомствам с земляками — эмигрантами из России, а также из стран СНГ, в особенности предлагающими коммерческие сделки.
- ✓ Приобретать промышленные товары в крупных специализированных торговых центрах (где

цены на аналогичные изделия ниже, а качество выше, чем в мелких лавках в центре города). Непременно сохранять чек от покупки (который в большинстве случаев также играет роль гарантийного талона).

- ✓ Постоянно носить браслет и карточку паломника. Иметь при себе памятки с адресами и телефонами представителей принимающей стороны, гостиницы, а также Посольства и Консульства РФ в стране пребывания.
- ✓ Изучить и запомнить месторасположение палаток вашей группы в Мине и ‘Арафате, указанных на информационных стендах. Если вы потеряетесь, то не потратите много времени на поиски группы.
- ✓ Быть отзывчивым на просьбы других паломников. Если вы в состоянии, окажите помощь своими действиями, советом, разъяснением и т. д.

НЕ ДЕЛАТЬ:

- ✗ Не держать все деньги в одном месте — имейте при себе потайное место, откуда сложно будет незаметно украсть деньги. Старайтесь не оставлять без присмотра личный багаж, а в припаркованном автомобиле документы, деньги и ценные вещи.
- ✗ Не ожидать, что *хадж* — это безоблачное путешествие. Будьте готовы к трудностям, возможным разочарованиям на пути преодоления испытаний.
- ✗ В целях вашей безопасности не принимать ни от кого пакетов, бандеролей, посылок, конвертов для последующей их передачи адресатам по прибытии в Россию.
- ✗ Не нарушать законы и правила, установленные в Саудовской Аравии. Закон суров в отношении наказания нарушителей.
- ✗ Не вступать в ненужные религиозные споры. Вы увидите множество различий в религиозной практике других паломников. Терпение и понимание будут вашими верными помощниками и сделают *хадж* наиболее осмысленным и приятным.

Наконец самый лучший совет — следуйте за Книгой Аллаха и *сунной* Пророка Мухаммада ﷺ и не сворачивайте с этого пути.

Надеемся, что данные советы пригодятся вам и помогут сохранить не только нервы, но и ценное время, которое надо всегда расходовать разумно, а особенно во время паломничества, постоянно занимаясь *зикром*, чтением *тальбийи*, *ду‘а*, Корана, совершением дополнительных молитв и т. д.

ЧРЕЗВЫЧАЙНЫЕ СИТУАЦИИ

Телефоны экстренных служб

Полиция: **999**

Скорая помощь: **997**

Дорожно-транспортные происшествия: **993**

Бытовые происшествия: **998**

В сезон *хаджа* в Мекке действует Российская *хадж*-миссия, которая всегда может прийти на помощь паломникам. Вы можете обратиться в нее в случае утери документов, за медицинской помощью и т. д.

Вы отстали, потерялись, заблудились

Необходимо знать, что есть места чрезмерного скопления людей, в частности у столбов-*джамарат* в Мине, при совершении ритуала бросания камней и обходе паломниками Каабы. В отдельные моменты количество участников одного только ритуала достигает более миллиона человек, и поэтому неосторожное действие может повлечь серьезные последствия, особенно для физически ослабленных людей. В таких ситуациях можно потерять друг друга из виду. Поэтому члены групп или родственники должны заранее определить место встречи на тот случай, если они потеряются в толпе. Каждый паломник должен знать местонахождение своей гостиницы или палатки.

Если вы отстали от своей группы, не впадайте в панику. Сначала постарайтесь внимательно поискать глазами знакомых вам людей, вспомните, как они были одеты, в каком направлении двигались. Возможно, они ушли недалеко от вас. Если поиски не привели к успеху и вы не ориентируетесь на местности, то единственный способ найти дорогу обратно в гостиницу — это обратиться за помощью к полицейскому, показав ему адрес гостиницы или ваш опознавательный браслет и карточку, либо остановить такси и дать водителю адрес гостиницы. В случае, если у вас не будет адреса, где вы проживаете, полицейский отвезет вас в организацию, обслуживающую российских паломников. Они свяжутся с представителем группы и доставят вас в гостиницу.

Вы заболели

Как правило, редко кому удается избежать заболеваний в период *хаджа*. Мусульмане верят, что болезнь является очищением души и организма от грехов и болезней. Самые распространенные заболевания во время *хаджа*: простуда, грипп, расстройство кишечника, солнечный перегрев, обезвоживание. Если вы заболели, то имейте в виду, что в местах большого скопления людей, как то: в аэропорту, в мекканской мечети, в Мине и т. д. — имеются общественные медицинские пункты, куда каждый больной может обратиться за бесплатной медицинской помощью и бесплатно получить необходимые лекарства. Обратите внимание на большие информационные стенды со схемами территории, где эти пункты обозначены в виде полумесяца.

Следует позаботиться о сохранности кожи на ногах. При повреждении ноги необходимо немедленно произвести дезинфицирование (перекисью водорода или слабым раствором марганцовки) и заклеить бактерицидным пластырем. Желательно иметь с собой запасные сандалии.

Нижеперечисленные меры предосторожности и профилактики помогут вам избежать или облегчить течение болезни.

Простуда

Холодные соки, вода, перепады температуры из-за работающих кондиционеров, ослабление организма и иммунитета — вот основные причины простудных заболеваний. Если еще добавить к этому вирусы, которые в огромном количестве обитают в местах большого скопления людей, то без респиратора вы рискуете подхватить грипп, кашель или насморк в первые же дни прибытия. Поэтому старайтесь не пить холодных напитков, как бы ни было жарко. Проветривайте комнату и включайте кондиционеры, когда сами не находитесь внутри. Надевайте респираторы всякий раз, когда посещаете людные места. ***Внимание!*** Помните, что беременным женщинам категорически нельзя принимать антибиотики! Срочно обратитесь к врачу в случае острого заболевания.

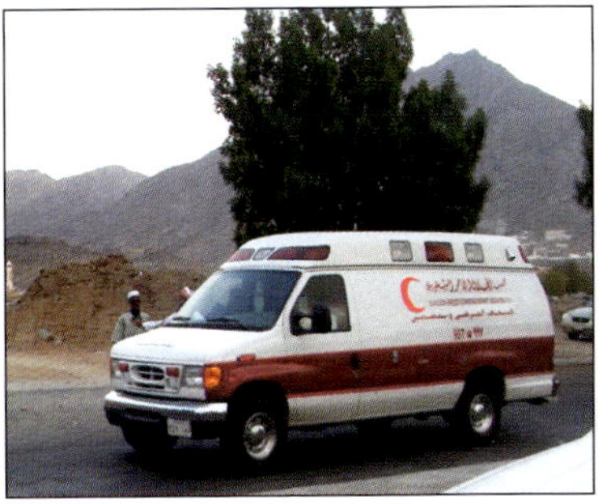

Желудочные расстройства

Злоупотребление соками из свежих фруктов, плохо вымытые овощи и фрукты, несвежие продукты питания, тестирование блюд национальной кухни — все это может стать причиной диареи или болезненных ощущений в животе. Пейте воду только из закрытых бутылок, купленных в магазинах, и не смешивайте сок с водой из-под крана. Соблюдайте правила гигиены в отношении приготовления пищи. Остерегайтесь пробовать незнакомые вам фрукты и специфические блюда.

Запоры

Смена воды, обилие риса и отсутствие супов в арабской кухне могут вызвать длительные запоры. Имейте с собой необходимые лекарства, например, *сенаде* или *дюфалак.*

Солнечный удар, ожог

Для того чтобы избежать солнечного удара, старайтесь не находиться много под прямыми солнечными лучами. На территории Запретной мечети всегда можно найти место в тени. Мужчины на улице могут воспользоваться белыми зонтиками, чтобы как-то прикрыть голову. Выйдя из состояния *ихрама*, возможно использование специальных солнцезащитных средств. Это сохранит белую и чувствительную кожу от ожогов и покраснений.

Обезвоживание

Утоляйте жажду как можно чаще. Нет ничего лучше, чем вода из источника *Замзам*. Она прекрасно утолит жажду, взбодрит и придаст сил, ее температура оптимальна для организма. Пейте также теплый чай и неохлажденные фруктовые соки.

Вас арестовали

Если вас арестовали или задержали местные правоохранительные органы, требуйте встречи с консулом России в стране пребывания. До встречи с российскими сотрудниками не подписывайте никаких бумаг, объяснений или признаний, особенно в тех случаях, когда нарушены ваши гражданские и имущественные права.

Следует помнить, что в отношении лиц, допустивших правонарушения (торговля без оформления лицензий или торговля в неустановленных местах, пребывание в Королевстве после истечения срока действия визы), может быть произведен арест или наложен денежный штраф. Лица, допустившие правонарушения в КСА, могут быть осуждены и по законам *шари'ата* подвержены суровым физическим наказаниям.

Вы потеряли паспорт

Если вы потеряли заграничный паспорт, то об этом необходимо заявить обслуживающему агентству или полицейским органам. Полиция обязана выдать справку о потере паспорта заявителем, после чего он может обратиться в Генконсульство РФ в Джидде, в котором принимается решение о возможности выдачи документа для скорейшего возвращения в Россию. Оформление оплачивается консульским сбором по действующему тарифу через местное отделение банка.

Внезапная смерть

Как показывает практика, летальные исходы в период *хаджа* в основном связаны с сердечно-сосудистыми заболеваниями и гипертоническим кризом, автоавариями, дорожно-транспортными происшествиями, давками в местах массовых скоплений паломников.

В случае наступления смерти паломника за рубежом руководитель группы, сопровождающие члены семьи, родственники, друзья должны сообщить о случившемся в Штаб Группы Оперативных Служб (ШГОС) в КСА, а если смерть наступила в странах транзита, то незамедлительно следует проинформировать Посольство или Генконсульство России в странах пребывания. Важно помнить, что наступление смерти должно получить документальное подтверждение органов власти страны пребывания и оформлено в виде свидетельства о смерти, где отражаются сведения об умершем: возраст, гражданство, причина смерти и т. д. Если смерть члена группы паломников не будет документально подтверждена властями страны пребывания, то у членов всей группы могут возникнуть серьезные проблемы с пограничными службами при пересечении государственных границ, а по возвращении в Россию — и в принятии решения судебного органа РФ об установлении факта смерти или об объявлении лица умершим.

Национальное законодательство КСА предусматривает возмещение ущерба, т. е. выплату так называемых «кровных денег», если смерть паломника наступила не в результате естественных причин, хронического заболевания, а по чьей-то вине или в результате автоаварии, ДТП, давки в местах скопления людей и т. д. При этом в соответствии с нормами *шари'ата* решением суда КСА устанавливается виновный в гибели иностранного паломника, и при условии подтверждения судом наступления смерти иными, не естественными обстоятельствами, наследники могут претендовать на получение «кровных денег». Размер выплаты «кровных денег» определяется решением суда.

ПОЛЕЗНАЯ ИНФОРМАЦИЯ

Денежные вопросы

Саудовская Аравия — недешевая страна, но можно тратить достаточно мало, если планировать свои расходы. Валюту можно обменять в банках и частных обменных пунктах, причем в последнем случае вы наверняка сделаете это по более выгодному курсу. В банкоматах Сауди Каиро Банк можно снять наличные с кредитной карты. Всегда носите с собой квитанцию об обмене денег, так как у вас могут ее попросить.

В ресторанах давать чаевые необязательно. Оставлять или не оставлять чаевые — решать вам. Но в счет не входит плата официантам, так что если вы можете, то добавьте несколько риалов, оплачивая счет. Цены в некоторых местах договорные. На бедуинских рынках вы можете свободно торговаться, а в других местах вы просите скидку, вам снижают цену один раз, и после этого вы либо покупаете товар, либо уходите.

Валюта

Основной денежной единицей Саудовской Аравии является саудовский *риал* (SR). Он состоит из 100 *халалов.* В обороте имеются банковские дензнаки достоинством в 1, 5, 10, 20, 50, 100, 500 риалов. Советуем всегда иметь при себе мелкие купюры и монеты для оплаты частного такси на несколько человек, покупки фруктов и соков и т. д.

Денежная купюра достоинством 20 риалов

Стоимость жизни

1. *Приблизительные цены на питание в день:*

экономичное $3–5, среднее $10–20, высококлассное $20 и более.

Вода (1 л) — SR1.

Сок — SR1–2.

Мороженое — SR 2.

Молоко (1 л) — SR3–4.

Овощной обед — SR5–7.

Мясной обед — SR10–15.

Обед с жареной курицей — SR10–12.

Обед с курицей-гриль — SR12–15.

Чай — SR1.

Шаверма — от SR2,5 до 4.

Советы по питанию для малообеспеченных или экономных паломников: шаверма + чай (дешевле в районе Заповедной мечети, рядом с бедуинскими рынками). Дневные затраты такого рациона составят около $3. А вместо чая можно пить воду *Замзама*, которая вообще бесплатная.

2. *Приблизительные цены на жилье:* экономичное $5–20, среднее $20–60, высококлассное от $60.

3. *Одежда*

Рубашка — SR10–15.

Мужская *джилябийа* — SR10–15.

Женское платье — SR10–50.

4. *Услуги*

Такси (Мекка–Медина) — SR50–60.

Стрижка — SR10.

Банковские карты

В отделениях саудовских банков имеются банкоматы, которые принимают банковские карты международных платежных систем. Пластиковые карты, несомненно, делают ваше путешествие комфортнее. Среди преимуществ, которые дают своим владельцам пластиковые карты, следует отметить:

- Удобство безналичных расчетов по карте. С ее помощью можно управлять своим счетом, снимать наличные в банкоматах, совершать покупки в магазинах. При этом не нужно постоянно мучиться вопросом: «Сколько же следует взять с собой денег?».
- Безопасность хранения средств. Кроме того, потеря карты не означает потери денег. Карта — это лишь средство доступа к вашему счету в банке. В случае утери карты — вы просто блокируете утерянную карту и перевыпускаете новую.
- Удобство пользования за границей. У держателя международной пластиковой карты при пересечении границ нет необходимости декларировать размещенные на карте денежные средства.
- Снятие наличных денежных средств осуществляется в любой валюте, а если точнее, то в валюте той страны, где вы находитесь. Конвертация денежных средств осуществляется в автоматическом режиме по курсу платежной системы, к которой принадлежит карта. Потери при конвертации — минимальные.

Внимание! При выборе банка, эмитирующего пластиковую карту, узнайте, начисляются ли проценты на остатки денежных средств, размещенных на карточном счете. Помните, что банковские проценты являются недозволенными в исламе. Поэтому открывайте банковскую карту, на денежные остатки которой не начисляются банковские проценты.

Лучше всего открывать карточный счет в той валюте, в которой удобнее его пополнять, и хранить денежные средства — в российских рублях. Если за границей деньги на счете неожиданно закончатся, то внести их на рублевый счет смогут ваши знакомые и родственники.

Часы работы магазинов, банков, ресторанов

Государственные учреждения работают с 7.30 (или 8.00) до 12.30, после перерыва на обед и намаз с 16.30 до 19.00. Банки работают с 8.00 до 12.00, после перерыва с 16.30 до 19.00. Еще два перерыва на намаз делаются примерно с 17.45 до 18.00 и с 20.30 до 20.45. Базары и магазины работают до 21.00–22.00. Большинство ресторанов и кафе во время *хаджа* работает с 9.00 утра и до позднего вечера.

Выходные дни в Саудовской Аравии — четверг и пятница. Два официальных праздника в год проводятся в соответствии с исламским календарем. В эти дни закрываются все государственные учреждения, частные фирмы, школы и университеты. *'Ид аль-фитр* (праздник разговения) отмечают с 25-го числа месяца *рамадан* до 5-го числа месяца *шавваль*. *'Ид аль-адха* — с 5-го числа месяца *зу-ль-хиджжа* до 15-го числа *зу-ль-хиджжа*.

Ювелирный магазин

Покупки

Во время *хаджа* в базар превращаются все улочки, ведущие к Заповедной мечети. Можно увидеть товар, привезенный со всего мира, так как совмещение паломничества с торговлей не запрещено. Покупая что-то на улицах городов, можно и должно торговаться: это вполне соответствует сложившейся веками традиции. В результате цену можно сбить примерно на треть, а российским паломникам «из уважения» и «потому что русских очень мало приезжает», как рассказывают вернувшиеся, скидывают и 50%. В качестве сувениров паломники покупают в основном брелоки с изображениями мечетей, Каабы или четки. Стоят они всего 1–3 риала, и если покупать несколько штук, то можно еще и выторговать оптовую скидку. Четки и брелоки, сделанные не из дерева или пластика, а из драгоценных камней и украшенные серебром, могут стоить $10, $100 и больше.

Не забудьте купить мединские финики сорта *‘аджва*. Однако не увлекайтесь покупками, помните, что *хадж* — это не шоп-тур. Покинув мечеть и проведя длительное время на рынках, вы почувствуете, как тает ваш *иман* и мысли устремляются к суете этого мира. Не дайте Шайтану обмануть вас!

Сувенирная лавка

Городской транспорт (такси и автобусы)

В Мекке и Медине можно воспользоваться услугами двух видов такси. Первое — официальное такси с опознавательным значком. Оно обойдется дороже, нежели частное такси или «попутка», которая собирает по дороге в мечеть всех желающих. Цена в таком такси договорная и варьируется от 1 до 5 риалов в зависимости от расстояния и количества посадочных мест.

Если вы планируете путешествовать на машине, то здесь действительны международные водительские права. Цены на аренду машин контролируются правительством и в целом приемлемы. Движение в Саудовской Аравии левостороннее.

Связь и информация

Справочная: **905**

Воздушные авиалинии «Сауди Аэрлайнс»: **543–3333**

Справочная аэропорта: **684–2000**

Служба обеспечения водой: **545–2240**

Телефонная связь

В Мекке и Медине вы найдете таксофоны, работающие по телекартам и монетам. Карточки стоят около 120 SR. Позвонить можно также из гостиницы, предварительно сообщив об этом администратору. В Джидде, Мекке, Медине работает сотовая связь, обслуживаемая операторами Saudi Telecom и Thuraya. Стоимость исходящего звонка в Москву по мобильному телефону днем — $1.17, ночью — $1.79 (оператор Saudi Telecom) за минуту разговора. Стоимость входящего звонка — $2.44 (МТС), неоплачиваемое время — 5 сек. При этом звонящий оплачивает тариф за звонок абоненту МТС, независимо от того, где находится его собеседник (т. е. столько же, как когда абонент МТС находится в Москве). Звонок по стране пребывания: днем — $0.16, ночью — $0.26. Стоимость SMS-сообщения — $0.10 на национальную сеть; $0.23 на другие номера. Входящие короткие текстовые сообщения (при условии поддержки приема SMS местным оператором) не оплачиваются, если не оговорено иное.

Код телефонной связи с Россией — 7, код Москвы — 495, Санкт-Петербурга — 812, Казани — 8432, Уфы — 3472, Махачкалы — 8722, Нижнего Новгорода — 8312.

Полезные адреса

Посольство России в КСА: Ar-Riad Al-Vasiti str., Rahmania, bld., 13 (г. Эр-Рияд, квартал Рахмания, ул. Васити, 13), тел. 481–1875 (круглосуточно).

Генеральное консульство в Джидде: Jeddah, Al-Hamra, Alandalus st., 14 (квартал Хамра, ул. Андалуз, 14), тел. (02) 655–9255, 665–9212, факс (02) 665–9232.

Компания «Муасаса Туркия» (организация по обслуживанию паломников из РФ): тел. (02) 542–7003.

Компания «Аль-Адиля» (организация по обслуживанию паломников из РФ в Медине): тел. (04) 834–3893.

Посольство Королевства Саудовская Аравия в РФ: Москва, 3-й Неопалимовскийпер.,4,М.«Парккультуры». Приемная: 245–3491, секретарь: 245–2310, 246-9471, факс 245–3970.

Прививочный центр в Москве: М. «Кузнецкий мост», ул. Неглинная, 14, п/к № 13, каб. 30, тел. 921–9465 (прием: пн., ср. 15.00–19.00, вт., чт. 9.00–13.00).

Фото- и видеосъемка

В Мекке и Медине допустимо вести фото- и видеосъемку как на обычные, так и на цифровые аппараты. Исключением является фотографирование:

- внутренней территории двух священных мечетей (запрещается проносить фото- и видеокамеры внутрь зданий);
- правительственных зданий;
- военных объектов, дворцов и др.

Следует избегать фотографирования местных жителей и прохожих, особенно женщин. Это является правонарушением. Не советуем брать с собой видеокамеру — это будет занимать ваше время и отвлекать от главной цели — *хаджа*, а *хадж* — это не турпоездка. Можно взять с собой фотоаппарат, чтобы поснимать улицы Мекки и Медины, сделать памятные снимки вашей группы. Однако помните, что проносить фотоаппарат в Заповедную мечеть категорически запрещено, поэтому подумайте, где его оставить при входе в мечеть.

Руководство паломникам

Разработано Министерством по *хаджу* КСА

Внутри пешеходного тоннеля

При прохождении пешеходного тоннеля не задерживайтесь внутри него, не останавливайтесь и не присаживайтесь для отдыха.

Если вы заметите скопление людей внутри тоннеля, подождите, пока не станет возможным дальнейшее движение.

Если где-то внутри тоннеля произошел несчастный случай, продолжайте движение, не останавливаясь и не создавая толпу вокруг пострадавших.

В тоннеле двигайтесь со средней скоростью, т. е. не слишком быстро, чтобы не создавать паники, и не слишком медленно, чтобы не мешать остальным.

Если возникли какие-то проблемы внутри тоннеля, сообщите об этом дежурным по тоннелю, чтобы они могли принять необходимые меры.

В случае столпотворения следуйте надписям, указывающим аварийные выходы из тоннеля.

Не ложитесь для отдыха у входа и выхода из тоннеля, чтобы не стать причиной столпотворения.

Не оставляйте мусор в тоннеле, который станет помехой движению.

Действия во время пожара

Во время возникшего пожара убедитесь, что все паломники вашей группы вышли за пределы палаточного лагеря, при необходимости используя аварийные выходы.

Свяжитесь со Службой Спасения по телефону 1998. Если огонь небольшой, используйте средства огнетушения до прибытия Службы.

Находитесь ближе к земле, чтобы избежать перегрева и отравления угарным газом.

Если огонь быстро распространяется, покиньте место очага пожара и сообщите всем паломникам о незамедлительной эвакуации.

Отдых на дорогах

Пешеходные дороги и тротуары предназначены для передвижения паломников, а не для сна или отдыха. Во избежание несчастных случаев и затора на дорогах не используйте дороги в качестве остановок для отдыха и сна.

После окончания обряда бросания камней помните, что есть специальные места для отдыха паломников.

Вне территории палаточного городка

- Убедитесь, что вы всегда носите индивидуальную карточку паломника.
- Постарайтесь узнать месторасположение вашей палатки и дорогу к ней, так как долина Мина разделена на сектора, обозначенные номерами и различными цветами.
- Не ходите между машинами на проезжей части, пользуйтесь для этого пешеходными дорогами.
- Носите с собой зонтик для защиты от солнца и дождя.
- Игнорируя меры предосторожности, вы рискуете собственным здоровьем и жизнью.
- Будьте осторожны, когда заходите и выходите из автобусов. Будьте вежливы и не толкайте других пассажиров.
- Дайте дорогу машинам «скорой помощи» и не мешайте их движению.

Внутри палаточного городка

- Зажигайте огонь, включайте электрические приборы только в специально отведенных для этого местах.
- Избегайте перегрузки источников электроэнергии.
- Постарайтесь узнать месторасположение ближайших аварийных выходов.
- Держите проход к аварийным выходам свободным.
- В случае опасности сохраняйте спокойствие и старайтесь оказывать помощь пожилым людям.
- Соблюдайте меры безопасности, если вы курите. Выбрасывайте сигарету в урну только после того, как убедитесь, что она потушена. Помните, что курение ЗАПРЕЩЕНО *шари‘атом* и вредит здоровью.
- Соблюдайте чистоту. Выбрасывайте мусор в урны.
- В целях безопасности следуйте инструкциям, расположенным на информационных щитах внутри лагеря.

Действия во время ливня

Во время сильного дождя следуйте следующим инструкциям:

- Старайтесь подняться на высокое место.
- Будьте готовы покинуть опасное место, если сделано предупреждение или если вы увидите признаки приближающегося ливня.
- Не пытайтесь перейти ливневый поток, если уровень воды выше колен.
- Будьте особо бдительны, если дождь идет в ночное время.

Действия во время камнепадов

Не поднимайтесь высоко в горы. Будьте осторожны, если поднимаетесь или спускаетесь по каменистой местности. Помните, что подниматься легче, чем спускаться. Рассчитывайте свои силы. Предупредите других об опасных местах.

Действия во время сильного ветра и молнии

Выключите все электроприборы из сети. Находитесь внутри палатки, если не было команды об эвакуации. Не стойте рядом с мостами, линиями электропередач, высокими деревьями.

Внутри автомобильного тоннеля

Выключите двигатель, если возник затор в тоннеле, чтобы уменьшить выброс выхлопных газов.

В случае возникновения аварии эвакуируйте пассажиров из машины и двигайтесь по направлению к выходу.

Не паркуйте машину рядом с входом/выходом из тоннеля.

Краткий разговорник

По-русски	Произношение	По-арабски
В аэропорту	**Фи-ль-маṭāр**	في المطار
Таможенный контроль	аль-джумрук	الجمرك
Паспортный контроль	мурāḳабат джавāзāти-с-сафар	مراقبة جوازات السّفر
Заграничный паспорт	джавāзу-с-сафар	جواز السّفر
Я еду в …	ана з̱āхиб илӯ …	أنا ذاهب إلى …
Я …	ана…	أنا …
один	ваḥдӣ	وحدي
со своей семьёй	ма‘а ‘аилятӣ	مع عائلتي
с группой	ма‘а маджмӯ‘а	مع مجموعة
Носильщик!	йā шаййāль!	يا شيّال
Где …	айн …	أين
Мой багаж	ḥаḳā’ибӣ	حقائبي
Пункт возврата багажа	истирдāду-ль-ḥаḳā’иб	استرداد الحقائب
Зал ожидания	ṣāляту-ль-интиẓāр	صالة الانتظار
Выход	аль-махрадж	المخرج
Такси	ат-тāксӣ	التّاكسي
Я потерял свой багаж	фаḳадт ḥаḳā’ибӣ	فقدت حقائبي
Такси	**тāксӣ**	تاكسي
Где я могу взять такси?	айн мумкин āхуз̱ тāксӣ?	أين ممكن آخذ تاكسي؟
Пожалуйста, отвезите меня …	мин фадлик, ваṣṣыльнӣ ила …	من فضلك، وصّلني إلى …
в гостиницу	ль-фундуḳ	الفندق
в аэропорт	ль-маṭāр	المطار
Сколько это стоит?	би кам хāз̱ā?	بكم هذا؟
В гостинице	**фи-ль-фундуḳ**	في الفندق
Гостиничный номер	ġурфа	غرفة
У вас есть свободный номер?	халь ‘индакум ġурфа фāриġа?	هل عندكم غرفة فارغة؟
Сколько стоит номер в сутки?	кам уджрата-ль-ляйля?	كم أجرة الليلة؟

Я бы хотел одно/двухместный номер	урӣд ғурфа ли шаҳ̱ç/ли шаҳ̱çáйн	أريد غرفة لشخص | لشخصين
Я пробуду здесь …	са᾽укӣм ҳунā ли муддат …	سأقيم هنا لمدة …
одну ночь	ляйля вāҳида	ليلة واحدة
десять дней	ʻашрат айāм	عشرة أيام
Ресторан	матʻам	مطعم
Ключ от номера	мифтаҳ ли-ль-ғурфа	مفتاح للغرفة
Ванная комната	ҳаммāм	حمّام
Лифт	мисʻад	مصعد
Кровать	сарӣр	سرير
Подушка	висāда	وسادة
Одеяло	баттāнийа	بطّانيّة
Мыло	çāбӯн	صابون
Туалетная бумага	варақу-ль-ҳаммāм	ورق الحمّام
Есть ли в номере	халь ҳунāк фи-ль-ғурфа	هل هناك في الغرفة
телефон / телевизор / кондиционер	тилифӯн / тилӣвизйӯн / такйӣф ҳавā?	تلفون | تليفزيون | تكييف هواء
В номере не работает кондиционер (вентилятор)	ля йаʻмаль такйӣф ҳавā (аль-мирваҳа) фи-ль-ғурфа	لا يعمل تكييف هواء (المروحة) في الغرفة
Я хочу переехать в другой номер	урӣду-ль-интиқāль илā ғурфа уҳ̱ра	أريد الانتقال إلى غرفة أخرى
Я уезжаю сейчас	уғāдиру-ль-᾽āн	أغادر الآن
Могу я получить счёт?	мумкин туʻтӣни-ль-ҳисāб?	ممكن تعطيني الحساب
В ресторане / кафе	**фи-ль-матʻам / мақҳā**	في المطعم | المقهى
Завтрак	аль-футӯр	الفطور
Обед	аль-ғадā	الغداء
Ужин	аль-ʻашā	العشاء
Меню	қā᾽имат таʻāм	قائمة طعام
Пожалуйста, столик на одного/двух/трех человек	ма᾽ида ли шаҳ̱ç / ли шаҳ̱çайн / ли с̱алāс̱ ашҳ̱āç, ляу çамаҳт	مائدة لشخص | لشخصين | لثلاث أشخاص لو سمحت
Официант!	йā джарсӯн!	يا جرسون!
Я хотел бы …	урӣд …	أريد …
хлеб	ҳубз	خبزا

масло	зубда	زبدة
молоко	ḥалӣб	حليبا
салат	салята	سلطة
яичницу	байḍ маḳлӣ	بيضا مقليّا
мясной суп	шурбат ляḥм	شربة لحم
куриный суп	шурбат фирāх̮	شربة فراخ
овощной суп	шурбат х̮уḍāр	شربة خضار
картофель-фри	баṭāṭис маḳлӣ	بطاطسا مقليّا
рыбу	самак	سمكا
соль	мильḥ	ملحا
перец	фильфиль	فلفلا
овощи	х̮уḍāр	خضارا
фрукты	фавāких	فواكه
бутылку воды	зуджāджат мийāх	زجاجة مياه
стакан сока	кӯб мина-ль-'аṣӣр	كوبا من العصير
чай	шāй	شايا
кофе	ḳаḥва	قهوة
сахар	суккар	سكّرا
мороженое	айс крӣм	أيس كريم
Счёт, пожалуйста	аль-ḥисāб, ляу самаḥт	الحساب، لو سمحت
В городе	**фи-ль-мадӣна**	في المدينة
Как мне добраться до …	кайф аṣыль илā …	كيف أصل إلى …
улицы	шāри'	شارع
площади	сāḥа	ساحة
пятничной мечети	джāми'	جامع
мечети	масджид	مسجد
Заповедной мечети (Мекка)	-ль-масджиди-ль-ḥарāм	المسجد الحرام
мечети Пророка (Медина)	-ль-масджиди-н-набавӣ	المسجد النّبوي
Я потерялся	ана тух̮т	أنا تهت
Где это?	айн хāẕā?	أين هذا؟
Куда ты идешь (вы идете)?	илā айн таẕхаб (и)?	إلى أين تذهب (تذهبي)؟
В гостиницу	иля-ль-фундуḳ	إلى الفندق
Здесь/сюда	хунā/ иля хунā	هنا | إلى هنا
Там/туда	хунāк/илā хунāк	هناك | إلى هناك

Внизу/наверху	тах̣т/фаук̣	تحت | فوق
Направо/налево	ʻаля-ль-йамӣн/ʻаля-ль-сāр	على اليمين | على اليسار
Прямо	ʻалӯ т̣ӯль	على طول
Напротив / за	мук̣āбиль / х̮альф	مقابل | خلف
Рядом …	би джāниб, к̣арӣб мина-ль-…	بجانب، قريب من ال …
Внутри/снаружи	дāх̮иль/х̮āридж	داخل | خارج
В автобусе	фи-ль-х̣āфиля	في الحافلة
В магазине	**фи-ль-мах̣алль**	في المحلّ
Где ближайший (ая) …	айн ак̣раб … ?	أين أقرب …
магазин одежды	мах̣алль малябис	محلّ ملابس
аптека	с̣айдалийа	صيدليّة
ювелирный магазин	мах̣алль муджаух̣арат	محلّ مجوهرات
рынок	сӯк̣	سوق
торговый центр	марказ тиджāрӣ	مركز تجاريّ
обувной магазин	мах̣алль ах̮зийа	محلّ أحذية
Я бы хотел купить …	урӣд ширā …	أريد شراء …
У вас есть …?	халь ʻиндакум …?	هل عندكم …
Сколько это стоит?	бикам х̱āз̱ā?	بكم هذا؟
Это дорого. Я хотел бы что-нибудь дешевле	х̱āз̱ā кас̱ӣр. Урӣд шайʼ арх̮ас̣.	هذا كثير .أريد شيء أرخص
Вы не могли бы показать?	мумкин турӣнӣ …?	ممكن تريني؟
Я хочу вещь другого цвета/формы/размера	урӣд шайʼмин ляун/шакль/к̣ыйас ах̮ар	أريد شيء من لون | شكل | قياس آخر
Большой/маленький	кабӣр/саг̣ӣр	كبير | صغير
Дорогой/дешёвый	г̣āли/рах̮ӣс̣	غال | رخيص
Тяжёлый/лёгкий	с̱ак̣ӣль/х̮афӣф	ثقيل | خفيف
Длинный/короткий	т̣авӣль/к̣ас̣ӣр	طويل | قصير
Узкий/широкий	д̣аййик̣/вāсиʻ	ضيّق | واسع
Могу я примерить это?	мумкин уджарриб х̱āз̱ā?	ممكن أجرب هذا؟
Где примерочная?	айн г̣урфату-ль-к̣ийāс?	أين غرفة القياس؟
Я возьму это	саʼāх̮уз̱ х̱āз̱ā	سآخذ هذا
Пожалуйста, можно поменять это?	мумкин таг̣йӣр х̱āз̱ā, ляу самах̣т?	ممكن تغيير هذا، لو سمحت

Где я могу оплатить?	айн адфа‘?	أين أدفع؟
Спасибо	шукран	شكرا
В банке	**фи-ль-банк**	في البنك
Где ближайший …	айн аḳраб…?	أين أقرب؟
банк	банк	بنك
банкомат	ṣаррāф āлӣ	صرّاف آلي
пункт обмена валюты	мактабу-ṣ-ṣарф	مكتب الصّرف
Я бы хотел поменять доллары/евро на риалы	урӣд тагӣйр дӯлярāт/йуврӯ иля̄ рийāль	أريد تغيير دولارات | يورو إلى ريال
В полицейском участке	**фи маркази-ш-шурṭа**	في مركز الشرطة
Я хочу сообщить о …	урӣд таблӣг ‘ан	أريد تبليغ عن …
краже/ ограблении/ несчастном случае	сараḳа/иḳтиḥāм/ḥāдис̱	سرقة | اقتحام | حادث
У меня украли …	суриḳа миннӣ …	سرق مني …
паспорт	джавāзу-с-сафар	جواز السفر
деньги	нуḳӯд	نقود
кошелёк	маḥфаẓа	محفظة
Мне необходимо связаться с российским консульством	ахтāдж иля-ль-иттиṣāль би-ль-ḳунṣулийати-р-русийа	أحتاج إلى الاتّصال بالقنصلية الرّوسية
У врача	**‘инда-ṭ-ṭабӣб**	عند الطّبيب
Где я могу найти врача?	айн мумкин аджид ṭабӣб	أين ممكن أجد طبيبا؟
Я болен	ана марӣд	أنا مريض
Он (а) потерял (а) сознание	ḥува/ḥийа фāḳиду-ль-ва‘й	هو | هي فاقد الوعي
У него (неё) кровотечение	хува йанзиф/хийа танзиф	هو ينزف | هي تنزف
Мне больно	‘индӣ алям	عندي ألم
У меня …	‘индӣ …	عندي …
диарея	исḥāль	إسهال
простуда	бард	برد
головная боль	ṣудā‘	صداع
зубная боль	алям фӣ синнӣ	ألم في سنّي
солнечный удар	дарбат шамс	ضربة شمس
сердечный приступ	азма ḳальбийа	أزمة قلبية
болит живот	алям фи-ль-баṭн	ألم في البطن
астма	рабв	ربو

высокое давление	иртифа̄ʻ д̣аг̣т̣и-д-дам	ارتفاع ضغط الدّم
У меня жар/озноб	ашʻур би-ль-х̣ума̄	أشعر بالحمى
Я …	ана …	أنا ...
диабетик	мус̣а̄б би-с-суккарӣ	مصاب بالسّكريّ
эпилептик	мус̣а̄б би-с̣-с̣ураʻ	مصاب بالصّرع
инвалид	муʻа̄к̣	معاق
беременна	х̣а̄миль	حامل

Общие фразы

Здравствуйте! (Мир вам!)	ас-саля̄му ʻаляйкум	السّلام عليكم!
Здравствуйте (ответ)	ʻаляйкуму-с-саля̄м!	عليكم السّلام!
Здравствуйте! (Привет!)	мархабан!	مرحبا
До свидания	маʻа-с-саля̄ма	مع السّلامة
До встречи	иля-ль-лик̣а̄ʼ	إلى اللقاء
Простите (будьте добры)	ляу самах̣т(и)	لو سمحت
Извините (виноват)	а̄сиф(а)	آسف (آسفة)
Пожалуйста	мин фад̣ляк(ик)	من فضلك
Спасибо	шукран	شكرا
Не стоит благодарности	ʻафван	عفوا
Да/нет	наʻам/ля	نعم | لا
Как тебя зовут?	масмак(ик)	ما اسمك؟
Меня зовут …	исмӣ …	اسمي ...
Как дела?	кайф халяк(ик)?	كيف حالك؟
Хвала Аллаху, хорошо	би х̮айр, аль-х̣амду ли-лля̄х̣	بخير، الحمد لله
Откуда ты приехал (а)?	мин айн анта (анти)?	من أين أنت؟
Я из России	ана мин рӯсиййа̄	أنا من روسيا
Я	ана...	أنا ...
русский/русская	рӯсӣ (рӯсӣйа)	روسيّ (روسيّة)
татарин/татарка	татарӣ (татарӣйа)	تتريّ (تتريّة)
дагестанец/дагестанка	да̄г̣истанӣ / да̄г̣истанӣйа	داغستانيّ (داغستانيّة)
Я	ана…	أنا ...
один	вах̣дӣ	وحدي
со своей семьёй	маʻа ʻа̄илятӣ	مع عائلتي
с мужем/женой	маʻа зауджӣ / зауджатӣ	مع زوجي(زوجتي)
Я	ана…	أنا ...

женат /замужем	мутазаввидж (а)	متزوّج (متزوّجة)
неженат/не замужем	ġайр мутазаввидж (а)	غير متزوّج (متزوّجة)
разведён (а)	мутạлляķ (а)	مطلّق (مطلّقة)
помолвлен (а)	х̱ā̇тыб/мах̱тӯба	خاطب (مخطوبة)
Я	ана…	أنا ...
инженер	мух̣андис	مهندس
бизнесмен	раджуль а‘мāль	رجل أعمال
служащий	муваẓẓаф(а)	موظّف (موظّفة)
торговец	тāджир	تاجر
пенсионер (ка)	мутаķā‘ид(а)	متقاعد (متقاعدة)
студент (ка)	ṭāлиб(а)	طالب (طالبة)
домохозяйка	раббат манзиль	ربة منزل
Вы говорите по-русски/по-английски?	татакаллям(ӣ) би-р-рӯсийа / би-ль-инджилӣзийа?	تتكلم (تتكلمي) بالرّوسية بالإنجليزية؟
Что это означает?	мā ма‘нā х̣āẕā?	ما معنى هذا؟
Я понимаю	афх̣ам	أفهم
Я не понимаю	лӯ афх̣ам	لا أفهم
Чьё это?	лиман х̣āẕā?	لمن هذا؟
Моё/твоё/его/её	лӣ/ляк (ляки)/лях/ляхā	لي | لكَ | له | لها
Наш/ваш/их	лянā/лякум/ляхум	لنا | لكم | لهم
Уйдите!	имши (имшӣ)	امش (امشي) !
Покажите мне …	аринӣ (арӣнӣ)	أرني (إريني) ...
Смотрите!	унзур(ӣ)!	انظر (انظري) !
Подойдите сюда	та‘āля (та‘аляй) илӯ х̣унā	تعال (تعالي) إلى هنا
Пошли!	йаллāх̣!	يالله!
Подождите!	инṭаẓыр(и)/ляхẓа!	انتظر (انتظري) لحظة !
Дайте	а‘ṭӣни/х̣āт(ӣ)	أعطني(أعطيني) | هات (هاتي)
Возьмите	х̱уẕ(ӣ)	خذ (خذي)
Не могли бы вы помочь мне?	мумкин тусā‘иднӣ?	ممكن تساعدني؟
Берегись!	х̣аẕāри!	حذار !
На помощь!	ан-наджда!	النّجدة !

Сообщите в полицию!	иттаçыль би-ш-шурта̣!	اتصل بالشّرطة!
Вызовите врача!	иттаçыль би т̣абӣб!	اتصل بطبيب!
Пожар!	х̣арӣк̣!	حريق!

Время

Когда?	матā?	متى؟
Вчера	амс	أمس
Сегодня	аль-йаум	اليوم
Завтра	г̣адан, букра	غدا، بكرة
Сейчас	аль-āн	الآن
Рано	бāкиран	باكرا
Поздно	мута᾽ах̮х̮иран	متأخرا
Вскоре	к̣арӣбан	قريبا
Утром	фи-ç-çабāх̮	في الصّباح
Вечером	фи-ль-масā	في المساء
Ночью	би-ль-ляйль	باللّيل
После обеда	ба῾да-з̧-з̧ухр	بعد الظّهر

Количество

0	çыфр	صفر	50	х̮амсӯн	خمسون
1	вāх̣ид	واحد	60	ситтӯн	ستّون
2	ис̱найн	اثنين	70	саб῾ӯн	سبعون
3	с̱алāс̱а	ثلاثة	80	с̱амāнӯн	ثمانون
4	арба῾а	أربعة	90	тис῾ӯн	تسعون
5	х̮амса	خمسة	100	ми᾽а	مائة
6	ситта	ستّة	101	ми᾽а ва вāх̣ид	مائة وواحد
7	саб῾а	سبعة	114	ми᾽а ва арба῾ат ῾ашар	مائة وأربعة عشر
8	с̱амāнийа	ثمانية	200	ми᾽атāн	مائتان
9	тис῾а	تسعة	1000	альф	ألف
10	῾ашара	عشرة	2000	альфāн	ألفان
11	ах̣ад ῾ашар	أحد عشر	7000	саб῾ат аляф	سبعة ألاف
12	ис̱нā ῾ашар	اثنا عشر	1 000 000	мальйӯн	مليون
13	с̱алāсат ῾ашар	ثلاثة عشر	Первый (ая)	авваль (ӯлā)	أوّل/ أولى
14	арба῾ат ῾ашар	أربعة عشر	Второй (ая)	с̱āни/с̱āнийа	ثان /ثانية
15	х̮амсат ῾ашар	خمسة عشر			

16	ситтат ʻашар	ستة عشر	Третий (ая)	с̱āлис̱(а)	ثالث /ثالثة
17	сабʻат ʻашар	سبعة عشر	Четвёртый (ая)	рāбиʻ(а)	رابع /رابعة
18	с̱амāнийат ʻашар	ثمانية عشر	Пятый (ая)	х̱āмис(а)	خامس /خامسة
19	тисʻат ʻашар	تسعة عشر	Шестой (ая)	сāдис(а)	سادس /سادسة
20	ʻишрӯн	عشرون	Седьмой (ая)	сāбиʻ(а)	سابع /سابعة
21	вāх̣ид ва ʻишрӯн	واحد وعشرون	Восьмой (ая)	самин(а)	ثامن /ثامنة
22	ис̱найн ва ʻишрӯн	اثنين وعشرون	Девятый (ая)	тāсиʻ(а)	تاسع /تاسعة
23	с̱алāс̱ат ва ʻишрӯн	ثلاثة وعشرون	Десятый (ая)	ʻāшир(а)	عاشر /عاشرة
30	с̱алāс̱ӯн	ثلاثون	Половина	нисф̣	نصف
40	арбаʻӯн	أربعون	Четверть	рубʻ	ربع
			Треть	с̱ульс̱	ثلث

Дни недели

Понедельник	аль-ис̱найн	الإثنين
Вторник	ас̱-с̱улāс̱ā	الثّلاثاء
Среда	аль-арбаʻā	الأربعاء
Четверг	аль-х̱амӣс	الخميس
Пятница	аль-джумʻа	الجمعة
Суббота	ас-сабт	السّبت
Воскресенье	аль-ах̣ад	الأحد

Месяцы (европейские и арабские)

Январь	йанāйир/к̣āнӯну-с̱-с̱āнӣ	يناير /كانون الثاني
Февраль	фабрāйир/шуббāт̣	فبراير /شبّاط
Март	мāрс/āз̱āр	مارس /آذار
Апрель	абрӣль/нӣсāн	أبريل /نيسان
Май	мāйӯ/аййāр	مايو /أيار
Июнь	йӯнийӯ/х̣азӣрāн	يونيو /حزيران
Июль	йӯлийӯ/таммӯз	يوليو /تمّوز
Август	аг̣устус/āб	أغسطس /آب
Сентябрь	сибтамбир/айлӯль	سبتمبر /أيلول
Октябрь	уктӯбир/тишрӣна-ль-авваль	أكتوبر /تشرين الأوّل
Ноябрь	нуфамбир/тишрӣна-с̱-	نوفمبر /تشرين الثاني

Декабрь	с̱а̄нӣ дӣсамбир/к̣а̄нӯну-ль-авваль	ديسمبر /كانون الأوّل

Времена года

Зима	аш-шита̄	الشّتاء
Весна	ар-рабӣʿ	الرّبيع
Лето	ас̣-с̣айф	الصّيف
Осень	аль-х̮арӣф	الخريف
Летом	фи-с̣-с̣айф	في الصّيف

Распространенные надписи

اتجاه واحد	Одностороннее движение
اتجاهان	Двустороннее движение
اتجاه القبلة	Направление *киблы*
اجذب	К себе
ادفع	От себя
استلام الحقائب	Пункт получения багажа
إعلان	Объявление
الزم اليسار	Держитесь левой стороны
الزم اليمين	Держись правой стороны
انذار الحريق	Пожарная тревога
بداية ...	Здесь начинается ...
بنك	Банк
تحويل	Объезд
تخفيضات	Скидки
التسجيل	Регистрация
جسر	Мост
الجمارك	Таможня
الجوازات	Паспортные визы
خاص	Служебный (вход)
خروج	Выход
خطر	Опасно
دخول	Вход
درجة أولى	Первый класс
درجة ثانية	Второй класс
دور	Этаж
حمامات عامة	Туалеты
رجال	Мужской (туалет)
سكوت	Соблюдайте тишину!
سلَم	Лестница
سلم متحرّك (سلم كهربائي)	Эскалатор

سيّدات	Женский (туалет)
شرطة (مركز الشرطة)	Полиция
طريق سريع	Автомагистраль
طريق مسدود	Путь закрыт
طريق مشاة	Пешеходная дорога
عرض خاص	Распродажа
فندق	Гостиница
قف	Стоп!
لا تتخطّى	Не обгонять!
للحجّاج	Для паломников
للعاملين فقط	Только для персонала
ماء للشّرب	Питьевая вода
ماء زمزم	Вода из источника *Замзам*
مبنى البلدية	Мэрия
المجازر	Места забоя жертвенных животных
مجانا	Бесплатно (вход свободный)
محجوز	Забронировано
محطّة وقود	Автозаправочная станция
محلّ	Магазин
مخرج	Выход
مخرج الطّوارئ	Запасной выход
مدخل	Вход
مركز خدمات الحجّاج	Центр по обслуживанию паломников
مركز صحّي	Медицинский центр
مستشفى	Больница
مسجد	Мечеть
مصعد	Лифт
مطعم	Ресторан
معلومات	Информация
مغادرة	Отправление
مغلق	Закрыто
مفتوح	Открыто
المفقودات	Бюро находок

مقهى	Кафе
مكتب الاستعلامات	Справочное бюро
مكتب البريد	Почтовое отделение
ممنوع الاقتراب والتّصوير	Не приближаться! Фотосъёмка запрещена
ممنوع التّدخين	Не курить!
ممنوع التّصوير	Фотосъёмка запрещена
ممنوع الدّخول	Вход воспрещён
ممنوع دخول خروج فقط	Въезд запрещён, только выход
ممنوع اللّمس	Руками не трогать
ممنوع الوقوف	Стоянка запрещена
موقف الحافلات	Стоянка автобусов
موقف السّيارات	Автостоянка
موقف خاصّ	Частная стоянка
نفق مشاة	Пешеходный туннель
نفق سيارات	Автомобильный туннель
نهاية ...	Здесь заканчивается ...
هدى السّرعة	Сбавьте скорость
وصول	Прибытие

Указатель, обозначающий границы Мины (надпись на указателе: «Здесь заканчивается Мина»)

البقيع	Кладбище *аль-Баки‘* (Медина)
بيت النبي	Комната Пророка в мединской мечети
جبل أحد	Гора Ухуд
جبل الرحمة	Гора ар-Рахма в долине ‘Арафат
جمرة العقبة (الجمرة الكبرى)	*Джамрат аль-‘Акаба* (Мина)
الجمرة الوسطى	*аль-джамрат аль-вуста* (средний столб) (Мина)
الجمرة الصغرى	*аль-джамрат ас-сугра* (малый столб) (Мина)
عرفة (عرفات)	‘Арафат
المدينة المنوّرة	Лучезарная Медина
مزدلفة	Муздалифа
المسجد الحرام	Заповедная мечеть (Мекка)
مسجد الخيف	Мечеть *аль-Х̮айф*
مسجد قباء	Мечеть Куба
المسجد النبيّ	Мечеть Пророка (Медина)
مسجد نمرة	Мечеть Намира
مكة المكرّمة	Высокочтимая Мекка
منى	Мина
وادي محسّر	*Вади* Мухассир
وادي عرنة	*Вади* ‘Урана

«Стоп» — дорожный знак

ГЛОССАРИЙ

Аят — часть *суры*, наименьший выделяемый отрывок Корана.

Азан — первый призыв к молитве.

‘Акида — вероучение; догмат веры.

Ансары — мединские сподвижники Пророка Мухаммада.

‘Аср — послеполуденная молитва.

‘Ашура — 10-е число священного для мусульман месяца *мухаррам*.

Бану — род, племя.

Барака — благодать, даруемая Аллахом.

Басмала — произнесение слов «Во имя Аллаха Милостивого, Милосердного» (*Бисми-лляхи-р-рахмани-р-рахим*).

Бид‘а — недозволенное новшество.

Бурку‘ — покрывало над входом в Каабу.

Ваджиб — категория поступков и действий, рассматриваемых *шари‘атом* как обязательные. За выполнение *ваджиба* мусульманин получит большое вознаграждение, а сознательное его невыполнение является грехом.

Вади — сухое русло реки, наполняющееся водой во время сильных дождей.

Везирь — высший чиновник в Арабском *Халифате*.

Витр — дополнительная ночная молитва, состоящая из нечетного числа *рак‘атов* (1, 3, 5 и т. д.).

Вуду — омовение определенных частей тела, совершаемое перед молитвой.

Вукуф — основной обряд *хаджа*, стояние в долине ‘Арафат 9-го *зу-ль-хиджжа.*

Гусль — полное омовение.

День ‘Арафы — 9-е число месяца *зу-ль-хиджжа*, когда паломники выполняют обряды *хаджа*, а остальные мусульмане постятся.

Джамарат — три каменных столба в долине Мина, символизирующие Шайтана.

Джахилийа — эпоха язычества, время до возникновения ислама.

Джибриль (*Джабраиль*) — ангел, через которого Аллах ниспосылал откровения Пророку Мухаммаду ﷺ.

Джинны — разумные существа, сотворенные Аллахом из огня.

Дни ташрика — три дня, следующие за праздником жертвоприношения (11-го, 12-го и 13-го *зу-ль-хиджжа*).

Динар — золотая монета в 4,235 г.

Дирхам — серебряная монета в 3,13 г.

Ду‘а — мольба, с которой верующий обращается к Аллаху.

Закят — обязательная милостыня, один из пяти столпов ислама.

Зикр — поминание Аллаха.

Зу-ль-хиджжа — последний месяц в мусульманском календаре, время совершения *хаджа.*

Зухр — полуденная молитва.

‘Ибада — соблюдение установленных исламом обрядов, ритуальная практика.

‘Ид аль-адха (тур. *курбан-байрам*) — праздник жертвоприношения, отмечаемый по окончании *хаджа* 10-го *зу-ль-хиджжа.*

‘Идда — период, в продолжении которого женщина после смерти мужа или развода не имеет права выходить замуж.

Изар — нижняя часть *ихрама*, которой паломник опоясывает бедра.

Икама — повторный призыв к молитве, объявляемый перед самым ее началом.

Имам — предстоятель на молитве, духовный руководитель.

Иман — вера.

Ихрам — 1) особое состояние, в которое вступает паломник, совершающий большое (*хадж*) или малое (*‘умра*) паломничество; 2) одеяние паломника из двух кусков белой ткани.

‘Иша — ночная молитва.

Кибла — направление в сторону Каабы, которое соблюдают мусульмане при совершении молитвы.

Кисва — покрывало Каабы.

Коран — Священное Писание мусульман, ниспосланное Аллахом Пророку Мухаммаду ﷺ.

Магриб — вечерняя молитва.

Мазхаб — богословско-правовая школа, толк. В настоящее время каноническими суннитскими *мазхабами* признаются маликитский, хамбалитский, ханафитский и шафи‘итский; последние два наиболее распространены в России.

Мамлюк — раб, купленный в детстве и воспитанный во дворце правителя для несения военной службы. Из мамлюков вышло немало полководцев и правителей.

Аль-Масджид аль-Акса — мечеть в южной части Иерусалима, одна из важнейших святынь ислама.

Аль-Масих ад-Даджжаль (ад-Даджжаль) — ложный мессия, который явится в мир накануне Судного дня.

Матаф — открытое пространство вокруг Каабы, где совершают обход (*таваф*) паломники.

Махмаль — богато украшенный паланкин, навьюченный на верблюда. Его ежегодно присылал в Мекку правитель, обладавший почетным титулом «служителя обоих священных городов».

Махрам — мужчина, находящийся в родственных связях с женщиной, исключающих брак с ней.

Мечеть — молитвенное здание ислама.

Микат — время и место, устанавливаемые *шари‘атом* для вступления в состояние *ихрама*.

Минарет — составная часть мечети в виде башни, с которой произносится призыв к молитве (*азан*).

Минбар — возвышение в мечети, с которого *имам* произносит *хутбу*.

Михраб — ниша в стене мечети, указывающая направление к Мекке.

Му’аззин — человек, обязанностью которого является произнесение призыва к молитве (*азан*).

Мудд — мера сыпучих тел, 1/4 л са‘.

Мухаджир — сподвижник Пророка ﷺ, переселившийся с ним из Мекки в Медину.

Нафиля — дополнительное богоугодное деяние.

Нийа (*нийят*) — формула намерения.

Рак‘ат — цикл молитвенных поз и движений, сопровождаемый произнесением определенных формул и чтением *аятов Корана*.

Ратль — мера веса, равная примерно 500 г.

Рида — верхняя часть *ихрама*, которая набрасывается на плечи.

Рукн — столп, неотъемлемая часть.

Са‘ — мера сыпучих тел, составляющая в зависимости от *мазхаба:* 2751 г или 3800 г.

Садака — добровольная милостыня.

Саджда — земной поклон, один из элементов молитвы (*салят*).

Са‘й — один из элементов *хаджа* и *‘умры*, ритуальный бег между холмами ас-Сафа и аль-Марва в Мекке.

Салят (тур. *намаз)* — каноническая молитва, одна из пяти основ ислама.

Султан — правитель.

Сунна — образ действий Пророка ﷺ, его поступки и высказывания.

Сура — глава Корана.

Таваф — семикратный обход вокруг Каабы.

Такбир — произнесение слов *Аллах акбар!* («Аллах Велик!»).

Тальбийа — особое обращение к Аллаху, произносимое паломником во время *хаджа*.

Тахара — состояние ритуальной чистоты, а также обрядовые действия, выполняемые для ее достижения.

Тахаллюль — выход из состояния *ихрама*.

'Умра — малое паломничество в Мекку, которое может совершаться в любое время года.

Фикх — мусульманское право.

Хадж мабрур — безупречный *хадж*, наградой за который, согласно одному из *хадисов*, будет рай. По разъяснениям мусульманских богословов, это такой *хадж*, в продолжение которого паломник не совершал грехов. По мнению некоторых из них, под *хаджем-мабрур* следует понимать *хадж*, принятый Аллахом, или *хадж*, совершенный исключительно ради Аллаха, а не из желания стяжать мирскую славу.

Хадис — предание о словах и поступках Пророка Мухаммада ﷺ.

Халиф — глава мусульманской общины, замещающий Посланника Аллаха ﷺ.

Халяль — действия, относящиеся к категории дозволенных.

Харам — заповедные территории Мекки и Медины, где все живое находится под покровительством Аллаха. В пределах *харама* запрещено носить оружие, охотиться, вырубать деревья и т. д.

Аль-Харамайн аш-Шарифайн — две священные мечети: Заповедная мечеть в Мекке и мечеть Пророка в Медине.

Хиджаб — одежда мусульманки, покрывающая ее тело, за исключением лица и кистей рук.

Хиджра — переселение в 622 г. Пророка Мухаммада ﷺ из Мекки в Медину, ставшее точкой отсчета мусульманского летосчисления.

Хутба — религиозная проповедь, произносимая *имамом* по пятницам и в дни религиозных праздников.

Шари'ат — комплекс предписаний, которые формируют убеждения и нравственные ценности мусульман, а также выступают источниками конкретных норм, регулирующих их поведение.

Шахада — формула исповедания веры: *Ашхаду алля иляха илля-ллах, ва ашхаду анна мухаммадан расулю-ллах* («Свидетельствую, что нет бога, кроме Аллаха, а Мухаммад — Посланник Аллаха»), первая из пяти основ ислама.

Шахид — воин, павший в сражении за веру.

Шайтан — враг Аллаха, сбивающий людей с верного пути.

Шариф — наследственный правитель Мекки (до 1924 г./1343 г. х.), ведущий свое происхождение от внука Пророка Мухаммада ﷺ аль-Хасана.

Ширк — многобожие, поклонение другим божествам помимо Аллаха.

Эмир — военачальник, наместник *халифа* или *султана*.

ИСТОЧНИКИ И ЛИТЕРАТУРА

1. Ахбар Макка ва ма джа‘а фиха мин аль-асар ли Мухаммад ибн ‘Абдаллах аль-Азраки. Байрут, 1403 г.х.
2. Вафа аль-вафа би ахбар дар аль-Мустафа талиф аш-шайх …Нур ад-Дин ‘Али ибн Джамаль ад-Дин … ас-Самхуди//alwaraq.net
3. Аль-Джами‘ ас-сахих ли Аби ‘Абдаллах Мухаммад ибн Исма‘ил аль-Бухари//muhaddith.org
4. Аль-Джами‘ ас-сахих ли Аби-ль-Хусайн Муслим ибн аль-Хаджжадж аль-Кушайри//muhaddith.org
5. Лисан аль-‘араб ли Мухаммад ибн Мукаррам ибн Манзур// muhaddith.org
6. аль-Муватта ли Аби ‘Абдаллах Малик ибн Анас//muhaddith.org
7. аль-Муснад ли-ль-имам Ахмад ибн Ханбаль//muhaddith.org
8. Му‘джам аль-бульдан ли Аби ‘Абдаллах Йакут аль-Хамави//alwaraq.net
9. Ас-Сира ан-набавийа ли Мухаммад ‘Абд аль-Малик ибн Хишам. Б.м.: Му’ассасат ‘улюм аль-Куран. б.г.
10. Ас-Сунан аль-кубра ли-ль-Байхаки Ахмад ибн аль-Хусайн//muhaddith.org
11. Ас-Сунан ли Аби ‘Абдаллах ибн Йазид ибн Маджа//muhaddith.org
12. Ас-Сунан ли Аби Давуд Сулайман ибн аль-Аш‘ас ас-Сиджистани//muhaddith.org
13. Ас-Сунан ли Мухаммад ибн ‘Иса ат-Тирмизи// muhaddith.org
14. Ас-Сунан ли-н-Наса ’и//muhaddith.org
15. Ат-Табакат аль-кубра ли Мухаммад ибн Са‘ад//alwaraq.net
16. Ат-Табари. Тарих ар-русуль ва-ль-мулук //alwaraq. net
17. Тафсир аль-Джалалайн би хамиш аль-Куран аль-карим ли-ль-‘алляма Джаляль ад-Дин Мухаммад ибн Ахмад аль-Махалли ва аль-‘алляма Джаляль ад-Дин ибн Аби Бакр ас-Суйути. Байрут, 1999.
18. Фатх аль-бари шарх сахих аль-Бухари ли Ибн Хаджар аль-‘Аскалани//muhaddith.org
19. ‘Абд аль-Хамид Махмуд Тахмаз. Ханафитский мазхаб в новом обличье. Пер. с араб. А. Нирша. Н. Новгород: Медина, 2005.
20. Ибн Хаджар аль-‘Аскалани. Булуг аль-марам. Достижение цели в уяснении священных текстов, на которые опирается мусульманское право. Пер. и комм. Э. Р. Кулиев. М.: Умма, 2003. Кн. 4–6.

21. Ибн Джубайр. Путешествие. М.: Наука, гл. редакция вост. литературы, 1984.

22. Коран. Пер. с араб. и комм. М.-Н. О. Османова.

23. Сахих аль-Бухари. Пер. с араб. и комм. А. Нирша. Изд. 1-е. М., 2002. Т. 1, 2.

24. Burckhardt J. L. Travels in Arabia//etext.library.adelaide.edu.au/b/burckhardt/john_lewis/arabia

25. Burton R. Pilgrimage to Al-Madinah and Meccah//etext.library.adelaide.edu.au/b/burton/richard/b97p

26. Бартольд В. В. Халиф и султан/Сочинения. М., 1966. Т. VI.

27. Большаков О. Г. История Халифата. М.: Издательская фирма «Восточная литература» РАН, 1998–2000. Т. 1–3.

28. Иванов Н. А. Османское завоевание арабских стран. 1516–1574. Изд. 2-е, дополненное. М.: Издательская фирма «Восточная литература» РАН, 2001.

29. Ислам. Энциклопедический словарь.

30. Васильев А. М. Пуритане ислама? Ваххабизм и первое государство Саудидов в Аравии (1744/45–1818). М.: Наука, глав. редакция вост. литературы, 1967.

31. Давудов З. Путеводитель паломника. Махачкала: Ихлас, 2003.

32. Луцкий В. Б. Новая история арабских стран. Изд. 2-е. М.:Наука, гл. редакция вост. литературы, 1966.

33. Аль-Атляс аль-мусаввар ли Макка аль-мукаррама ва-ль-маша‘ир аль-мукаддаса та’лиф Ми‘радж ибн Нуваб Мурза ва-д-дуктур ‘Абдаллах ибн Салих Шавуш. Ар-Рияд, 1424 г.х.

34. Тарих Макка-ль-мукаррама кадиман ва хадисан ад-дуктур Мухаммад Ильяс ‘Абд аль-Гани. аль-Мадина аль-Мунаввара, 2001.

35. Китаб аль-фикх ‘аля аль-мазахиб аль-арба‘а талиф ‘Абд ар-Рахман аль-Джазири. Дж.1. аль-Кахира, б.г. Аль-Фикх аль-ислями ва адиллятуху аль-камиль ва-ль-ара аль-мазхабия ва ахамм ан-назария аль-фикхия ва тахкик аль-ахадис ан-набавия ва тахрибуха … талиф ад-дуктур Вахба аз-Зухайли. Дж. 3. Димашк, б. г.

36. Аль-Фикх аль-ислями ва адиллятуху аль-камиль ва-ль-ара, аль мазхабия ва ахамм ан-назария аль-фикхия ва тахкик аль-ахадис ан-набавия ва тахрибуха… талиф ад-дуктур Вахба аз-Зухайли. Дж. З. Димашк, б. г.

37. The Blessed Mecca. The Radiant Medina. Motivate Publishing, Pacific Press Service Ltd. 1997, 2003.

38. Города Королевства Саудовская Аравия (араб.). Викалат Ниджада Ал-И‘слямия, 2005.

Авторы-составители:
Г. Ф. Нуруллина, П. О. Гусейнова

ПУТЕВОДИТЕЛЬ ПАЛОМНИКА

Высокочтимая Мекка — Лучезарная Медина

Ответственный за выпуск *С. С. Раимов*
Ведущий редактор *Е. Ю. Румановская*
Редактор *А. Г. Кудряшова*
Научный редактор *Х. А. Мадраимов*
Художественный редактор *И. Н. Фатуллаев*
Оформление *К. Б. Муганлинский*
Фотографии *Валитов Исмаил Абуллович*
Номачи Али Казуйоши
Верстка *М. В. Вдовин*

ИД № 06073 от 19.10.01.

Подписано в печать 31.10.06. Гарнитура «Petersburg».
Формат 84×108 1/32. Усл. печ. л. 12,60. Печать офсетная.
Тираж 5000 экз. Заказ №

ООО «Издательство «ДИЛЯ»
198095, Санкт-Петербург, Митрофаньевское ш., д. 18, лит. «Ж».

Отпечатано в ООО “Типографии «НП-Принт»
193019. Санкт-Петербург, Наб. Обводного канала, 14